Friedrich Gottlieb Klopstock, geboren am 2. Juli 1724 in Quedlinburg, ist am 14. März 1803 in Hamburg gestorben.

Sprachlich ›revolutionär‹ und zugleich altfränkisch-zopfig zu sein – das sind wohl die geläufigsten Assoziationen angesichts der Werke Klopstocks. Sie beziehen sich sowohl auf den *Messias* und auf die *Deutsche Gelehrtenrepublik*, auf die meisten *Oden* wie auch auf die *Grammatischen Gespräche*. In ihrer Kombination haben sich diese extremen Grundelemente der Klopstock-Rezeption geradezu als Garantie gegen ein lesendes Interesse ›bewährt‹. Die vorliegende Edition will auch gar nicht an diesem in vieler Hinsicht berechtigten und schon zu Klopstocks Lebzeiten eingespielten ›Bild‹ seiner bekanntesten Werke rütteln. Sie will vielmehr einen anderen und unbekannteren Klopstock präsentieren: den Autor der *kleinen ästhetischen Schriften*, einer ebenso luziden wie gedankenreichen, ebenso nüchternen wie rhythmisch gelungenen Prosa.

Klopstocks kleine Schriften, aus denen hier eine Auswahl vorgelegt wird, sichern ihm einen Rang unter den bedeutenden deutschen Prosaschriftstellern. Doch nicht nur das: seine Gedanken über die genuin sprachliche Natur der Poesie stellen einen wegweisenden, in seiner Radikalität noch immer aktuellen Versuch dar, Dichtung nicht mehr von der ›Nachahmung‹ und von der Wiedergabe von ›Inhalten‹ her zu verstehen, sondern als eine »Aktion« eigener Art, deren Wesentliches sich für Klopstock in der »Wortbewegung« selbst, in der transsemantischen Dimension des Rhythmus ereignet. Schon Klopstocks Terminologie (»Wortbewegung«, »Aktion«, »Darstellung«) deutet weit voraus auf vieles, was seit einigen Jahrzehnten unter den Stichworten ›Literarizität‹ bzw. ›Poetizität‹ verhandelt wird.

Klopstocks längste und bedeutendste dichtungstheoretische Schrift *Vom deutschen Hexameter* nimmt einen zeitgenössischen Streit über die Nachahmung des Hexameters zum Anlaß, im Anschluß an die großen antiken Theoretiker des (Prosa-)Rhythmus eine grundlegende Theorie der »Wortbewegung« zu umreißen. Dieser Text, seit Mitte des 19. Jahrhunderts nicht mehr in einer Klopstock-Ausgabe publiziert, steht im Zentrum der vorliegenden Ausgabe. Um ihn gruppiert sind die wichtigsten anderen dichtungstheoretischen Texte Klopstocks.

insel taschenbuch 1038
Friedrich Gottlieb Klopstock
Gedanken über die Natur
der Poesie

Friedrich Gottlieb Klopstock

Gedanken über die Natur der Poesie

Dichtungstheoretische Schriften

Herausgegeben von
Winfried Menninghaus

Insel

insel taschenbuch 1038
Erste Auflage 1989
Originalausgabe
© Insel Verlag Frankfurt am Main 1989
Alle Rechte vorbehalten
Vertrieb durch den Suhrkamp Taschenbuch Verlag
Umschlag nach Entwürfen von Willy Fleckhaus
unter Verwendung des Klopstock-Porträts
von Jens Juel aus dem Jahre 1780
Foto: Gleimhaus, Halberstadt
Satz: MZ-Verlagsdruckerei GmbH, Memmingen
Druck: Nomos Verlagsgesellschaft, Baden-Baden
Printed in Germany

1 2 3 4 5 6 – 94 93 92 91 90 89

Inhalt

Von der Nachahmung des griechischen
Silbenmaßes im Deutschen

Vielleicht wäre es am besten das Schicksal des neuen Silben-maßes der Entscheidung der Welt so zu überlassen, daß man gar nicht darüber schriebe. Ich habe dies bisher geglaubt, und ich würde meine Meinung auch nicht ändern, wenn es nicht Kenner gäbe, die zwar die Alten gelesen, aber sich nicht so genau um ihre Versarten bekümmert haben, daß sie die Nachahmung derselben entscheidend sollten beurteilen können. Diese haben wirklich dem neuen Silbenmaße schon so viel Gerechtigkeit widerfahren lassen, daß sie verdienen, veranlaßt zu werden, es ganz beurteilen zu können. Ich darf, ohne mir zu sehr zu schmeicheln, vermuten, daß einige so freundschaftlich gegen mich gesinnt sein werden, lieber zu wollen, daß ich über diese Sache, die sie vielleicht eine Kleinigkeit nennen, nicht schreiben möchte. So ver-bunden ich ihnen für dies Urteil sein müßte; so wenig halte ich auch die letzten Nebenzüge der schönen Wissenschaften für Kleinigkeiten, besonders, wenn es Kenner der höheren Schönheiten sind, für die man sie aufdeckt.

Bei der Untersuchung des neuen Silbenmaßes selbst kömmt es darauf an, daß man erweise: Wir können den Griechen und Römern in ihren Silbenmaßen so nahe nach-ahmen, daß diese Nachahmung, besonders größern Wer-ken, einen Vorzug gebe, den wir, durch unsre gewöhnliche Versarten, noch nicht haben erreichen können. Eine Ne-benuntersuchung würde sein, eben dies von lyrischen Ge-dichten zu behaupten, denen wir zwar, durch einige unsrer Silbenmaße, einen freiern Schwung, als den großen Gedich-ten, gegeben haben; die aber, weil sie so vieler Schönheiten fähig sind, daß sie unmittelbar nach dem Trauerspiele ihren

Platz nehmen dürfen, noch tonvoller und harmonischer zu sein verdienen.

Homers Vers ist vielleicht der vollkommenste, der erfunden werden kann. Ich verstehe unter Homers Verse nicht Einen Hexameter allein, wiewohl jeder seine eigne Harmonie hat, die das Ohr unterhält, und füllt; ich meine damit das ganze Geheimnis des poetischen Perioden, wie er sich vor das stolze Urteil eines griechischen Ohrs wagen durfte, den Strom, den Schwung, das Feuer dieses Perioden, dem noch dazu eine Sprache zu Hülfe kam, die mehr Musik, als Sprache, war. Homer blieb, auch in Betrachtung des Klangs, ein solcher Meister seiner Sprache, daß er die Griechen verführt zu haben scheint, ihre Verse mehr abzusingen, als herzusagen.

Sein Hexameter hat die angemessenste Länge, das Ohr ganz zu füllen; und er überläßt es den Alkäen, so die vollkommensten lyrischen Verse sind, es, aus andern Absichten, mit einem kürzern, fallenden Schlage zu erschüttern. Er hat den großen, und der Harmonie wesentlichen Vorzug der Mannigfaltigkeit. Da er aus sechs verschiednen Stücken, oder Füßen, besteht; so kann er sich immer durch vier, bisweilen auch durch fünf Veränderungen, von dem vorhergehenden oder nachfolgenden Verse unterscheiden. Und da diese Füße bald zwo bald drei Silben haben; so entsteht daher eine neue Abwechslung.

Durch das, so ich bisher angeführt habe, und dann durch die glückliche Wahl der Silbentöne, und ihrer Verhältnisse gegeneinander; und durch den abwechselnden Abschnitt des Verses, bei welchem der Leser bald längere bald kürzere Zeit innehalten muß, erreicht der homerische Vers eine Harmonie, die itzt fließt, dann strömt, hier sanft klingt, dort majestätisch tönt. Denn dies alles in dem höchsten Grade des Wohlklangs, und nach den feinsten Grundsätzen desselben, hervorzubringen, sind vorzüglich die griechische, und dann auch die römische Sprache am geschicktesten. Die Anzahl ihrer Buchstaben und Töne ist beinahe einander gleich, und jedes einzelne Wort hat daher schon viel Wohlklang, eh es noch durch die Stelle, die es in der Verbindung des Verses bekömmt, wenn ich so sagen darf, in den Strom der Harmonie einfließt, und dadurch seinen bestimmtesten und vollsten Wohlklang hören läßt.

Es kömmt uns itzt darauf an, zu untersuchen, wie nahe wir diesem großen Originale kommen können? Der wesentliche Charakter unsrer Sprache, in Absicht auf ihren Klang, scheint mir zu sein, daß sie voll und männlich klingt, und mit einer gewissen gesetzten Stärke ausgesprochen sein will. Wer ihr Schuld gibt, daß sie rauh klinge, der hat sie entweder niemals recht ausgesprochen gehört; oder er sagt es nur, weil es einige seiner Nation auch gesagt haben. Mit größerm Rechte könnte man der französischen Sprache den Vorwurf machen, daß sie wenig volltönige Wörter habe, und noch weniger, wegen ihrer flüchtigen und fast übereilten Aussprache, periodisch zu werden fähig; der italienischen, daß sie zu sehr von dem gesetzten und vollen Akzente ihrer Mutter ins Weiche und Wollüstige ausgeartet; und vielleicht der starken Sprache der Engländer, daß sie zu einsilbig sei, und zu oft, statt zu fließen, fortstoße, als daß sie die Fülle des griechischen Perioden so nahe, wie die deutsche, erreichen könne. Kennern des griechischen Wohlklangs glaube ich meine Vorstellung von dem Klange unsrer Sprache noch deutlicher zu machen, wenn ich sage, daß sie mit dem Dorischen des Pindar Ähnlichkeit habe, zugleich aber den Unterscheid voraussetze, der, zwischen dem Dorischen des Pindar, und der griechischen Schäferdichter, ist. Ohne mich in die Entscheidung einzulassen, welche von unsern Provinzen am besten deutsch rede? so kömmt es mir doch als wahr vor, daß ein Sachse das Hochdeutsche, oder die Sprache der Skribenten, und der guten Gesellschaften, mit leichterer Mühe rein und ganz aussprechen lernen kann, als einer aus den übrigen Provinzen. Und wie einer von diesen seine Sprache spricht, so rein, so volltönig, so jeden Ton und Buchstaben, den die richtige Rechtschreibung setzt, zwar ganz, aber doch nicht selten, bei der Häufung der Buchstaben, mit unübertriebner Leisigkeit: dies ist die Regel der längern und kürzern Silben, der Art ihrer Länge und Kürze, und also auch der Harmonie des Verses überhaupt. Ich muß gestehn, es gibt zweifelhafte Aufgaben bei dieser Regel; und wir wären glücklich, wenn wir eine große Stadt in Deutschland hätten, die von der Nation, als Richterin der rechten Aussprache, angenommen wäre. Aber wir dürfen hierauf wohl itzt nicht hoffen, da Berlin eifersüchtiger darauf zu sein scheint, den zweiten Platz nach Paris, als den ersten in Deutschland, zu behaupten. Gleichwohl liebe ich meine Landsleute so sehr, daß ich von ihnen glaube, daß sie in den Städten, wo es nicht mehr unbekannt ist, daß Achtung und Sorge für einheimische schöne Wissenschaften eine von den vorzüglichsten Ehren einer Nation sind, sich bemühen werden, ihre Sprache recht auszusprechen; und, wofern sie sich auch hierin noch einige Nachlässigkeit verzeihen wollten, doch, wenn sie öffentlich reden, oder gute Schriften in Gesellschaften vorlesen, sich selbst und ihren Skribenten die Ehre erweisen werden, daß sie ihre volltönige und mächtige Sprache richtig aussprechen.

Diese Aussprache vorausgesetzt, ahmen wir dem homerischen Verse so nach. Wir haben Daktylen, wie die Griechen, und ob wir gleich wenige Spondäen haben; so verliert doch unser Hexameter dadurch, daß wir statt der Spondäen meistenteils Trochäen brauchen, so wenig, daß er vielmehr fließender, durch die Trochäen, wird; weil in unsern Silben überhaupt mehr Buchstaben sind, als bei den Griechen. Es ist wahr, die Griechen unterscheiden die Länge und Kürze ihrer Silben nach einer viel feinern Regel, als wir. Wenn wir unsre Sprache nach ihrer Regel reden wollten, so hätten wir fast lauter lange Silben. Dieses ist der Natur des Gehörs zuwider, welches eine ungefähr gleiche Abwechslung von langen und kurzen Silben verlangt. Die Aussprache hat sich daher nach den Fordrungen des Ohrs gerichtet. Und dieses ist biegsam genung gewesen, sich an die Kürze eines Vokals zu gewöhnen, auf den zween oder auch wohl drei Buchstaben folgen; und es wird nur alsdann verdrießlich, wenn diese Buchstaben mit einer gewissen Ungelenkigkeit der Zunge ausgesprochen werden. Ob wir nun gleich auf der einen Seite, in Absicht auf die Feinheit des Wohlklangs verlieren; so gewinnen wir, in Betrachtung einer ganz neuen Mannigfaltigkeit, welche die Griechen nicht hatten, beinahe mehr, als uns, durch die genaue Feinheit, entgeht. Zum Beweise dessen wähle ich vorzüglich den Daktylus, weil er hinter der langen Silbe zwo kurze hat. Da unsre kurze Silbe auf zwo Arten, und bisweilen auch auf die dritte, kurz ist; der Griechen ihre hingegen nur auf eine und selten auf zwo Arten: so entstehn daher so verschiedne Daktylen, und zugleich so viel Mannigfaltigkeit mehr, daß diese in einem Perioden die Harmonie schon ungemein erhöht, und denn einem ganzen Werke zu einem Vorteile gereicht, der nicht sorgfältig genung gebraucht werden kann. Dazu kömmt, daß uns die Verschiedenheit der Daktylen auch deswegen angenehm sein muß, weil sie in unsern Hexametern mehr, als in den griechischen vorkommen. Dieser in einigen Fällen notwendige öftere Gebrauch der Daktylen, ist auch wohl die Ursach gewesen, warum einige Neuere den so genannten spondäischen Vers, der den Hexameter mit zween Spondäen, statt eines Daktyls und Spondäen, schließt, mit dem Homer öfters brauchen, ohne deswegen etwas wider den Virgil zu haben, der die Ursach nicht hatte, und es daher nur selten tat.

Wenn wir also unsern Hexameter, nach der Prosodie unsrer Sprache, und nach seinen übrigen Regeln, mit Richtigkeit ausarbeiten; wenn wir in der Aussuchung harmonischer Wörter sorgfältig sind; wenn wir ferner das Verhältnis, das ein Vers gegen den andern in dem Perioden bekömmt, verstehen; wenn wir endlich die Mannigfaltigkeit auf viele Arten voneinander unterschiedner Perioden nicht nur kennen, sondern auch diese abwechselnde Perioden, nach Absichten, zu ordnen wissen: dann erst dürfen wir glauben, einen hohen Grad der poetischen Harmonie erreicht zu haben. Aber die Gedanken des Gedichts sind noch besonders; und der Wohlklang ist auch besonders. Sie haben noch kein anders Verhältnis untereinander, als daß die Seele zu eben der Zeit, durch die Empfindungen des Ohrs unterhalten wird, da sie der Gedanke des Dichters beschäftigt. Wenn die Harmonie der Verse dem Ohre, auf diese Weise gefällt, so haben wir zwar schon viel erreicht; aber noch nicht alles, was wir erreichen konnten. Es ist noch ein gewisser Wohlklang übrig, der mit den Gedanken verbunden ist, und der sie ausdrücken hilft. Es ist aber nichts schwerer zu bestimmen, als diese höchste Feinheit der Harmonie. Die Grammatici haben sie, »den lebendigen Ausdruck« genannt, und sie oft dann nur im Virgil oder Homer gefunden, wenn diese sie etwa übertrieben, und ihr also ihre eigentliche Schönheit, die vorzüglich in der Feinheit besteht, genommen; oder in andern Stellen nicht daran gedacht hatten, daß Scholiasten kommen, und ihnen hier eine Schönheit von dieser Art Schuld geben würden. Verschiedne Grade der Langsamkeit oder Geschwindigkeit; etwas von sanften oder heftigen Leidenschaften; einige feinere

Minen von demjenigen, was in einem Gedichte vorzüglich Handlung genannt zu werden verdient, können, durch den lebendigen Ausdruck, von ferne nachgeahmt werden. Wenn der Poet dieses tut; so braucht er, oder glücken ihm vielleicht einige seiner zartesten Künste der Ausbildung, die ihm eben so leicht mißlingen können, sobald er zu sehr mit Vorsatz handelt, oder seine Einbildungskraft das enge Gebiet dieser Nebenzüge zu hitzig erweitert, und sich aus der Harmonie eines Gedichts in die Musik versteigt. Ich muß zwar zugestehn, daß es Fälle gibt, wo der lebendige Ausdruck dasjenige stark sagen muß, was er sagen will. Aber überhaupt sollte man die Regel festsetzen, sich demselben vielmehr zu nähern, als ihn zu erreichen. Und die Anwendung dieser Regel sollte man nur bei der Beurteilung seiner Arbeit nötig haben. Denn wenn diese Art Schönheit recht gelingen soll, so muß sie im Feuer der Ausarbeitung fast unvermerkt entstehn.

Auf eine Verbesserung der Harmonie von einer ganz andern Art, und die nur den Vers an sich angeht, haben sich einige unter uns eingelassen, da sie eine Silbe mehr vor den homerischen Hexameter setzten, um wie es scheint, durch einen jambischen Anfang das Ohr, wegen der Ungewöhnlichkeit des neuen Verses, schadlos zu halten. Aber sie haben zween nicht unwichtige Einwürfe wider sich. Da der Hexameter eben so lang ist, als ihn das Ohr verlangt, wenn es einen merklichen Absatz einer vollen Harmonie, und nicht mehr auf einmal fordert; so dehnen sie die Länge des Verses über die Grenzen der Natur aus. Weil sich aber diese Grenzen nur durch ein gewisses Urteil des Ohrs bestimmen lassen; so kann ich mich, wegen seiner wahrscheinlichen Richtigkeit, nur auf die beständigen Muster der Griechen und Römer berufen, die doch sonst so abgeneigt nicht waren, neu zu sein, und in ihren theatralischen Jamben oft so sehr voneinander unterschieden sind, daß es eben daher so schwer wird, diese Versart genau zu bestimmen. Der zweite Einwurf ist, daß die, so die Silbe noch hinzusetzen, nicht selten in Gefahr sind, zween Verse statt eines zu machen.

Noch eine andre Sorgfalt, dem neuen Verse eine gute Aufnahme zu verschaffen, war ein Einfall, der in dieser Absicht sehr glücklich war. Sobald man ihn aber zur Regel machen wollte, würde man ihn übertreiben. In einem lyrischen Gedichte wurden die Regeln des griechischen Silbenmaßes völlig nach der Prosodie der Alten beobachtet. Ohne die Schwierigkeit zu berühren, auch nur einige kleine Stücke in dieser Art zu verfertigen, scheint mir diese ganz gebundne Nachahmung, der Natur unsrer Sprache, ihres Hexameters und seiner Harmonie, entgegen zu sein. Man weiß, daß Ovidius schon hüpfend wurde, statt den majestätischen und eigentlichen Wohlklang Virgils zu übertreffen.

Weil ich mich über das, was ich bisher von dem alten und neuen Hexamter gesagt habe, nicht gern in Exempel ausbreiten möchte; so will ich nur eins anführen, die Kenner der Alten an den poetischen Perioden zu erinnern. Da zu wenige sind, die Homers Sprache bis auf ihr Silbenmaß kennen, so soll Virgil seine Stelle vertreten. Er sagt vom Salmoneus:

> *Quattuor hic invectus equis, & lampada quassans*
> *Per Grajûm populos mediæque per Elidis urbem*
> *Ibat ovans, divûmque sibi poscebat honorem:*
> *Demens! qui nimbos & non imitabile fulmen*
> *Aer' & cornipedum cursu simularat equorum!*
> *At pater omnipotens dens' inter nubila telum*
> *Contorsit, (non Ille faces nec fumea tædis*
> *Lumina!) præcipitemqu' immani turbin' adegit!*

Da wir uns diesem feurigen Klange, dieser Fülle der Harmonie, durch Nachahmung nähern können; so begreife ich nicht, warum wir es, besonders in größern Gedichten, die auch in jeder Nebenausbildung Anstand und Männlichkeit erfordern, nicht tun sollen. Unsre eingeführten langen Jamben, haben, außer der beständigen Einförmigkeit, den nicht weniger wesentlichen Fehler, daß sie aus zween kleinen Versen bestehn, und daß ein gewisser Abschnitt dieses zu selten hindern kann. Dazu scheint ihnen ohne den Reim etwas wesentliches zu fehlen. Der zehnsilbigte Vers hat viel Vorzüge vor dem zwölfsilbigten. Er ist an sich selbst klingender, und überdies kann man seinen Abschnitt verändern. Es ist der Vers der Engländer, der Italiener, und auch einiger Franzosen. Selbst Milton und Glover haben ihn gebraucht. Er scheint aber gleichwohl für die Epopee zu kurz, und dies doch nicht so sehr in der englischen, als in der deutschen Sprache. Wem dieser Umstand zu unwichtig vorkömmt, eine Regel daraus zu machen, dem gestehe ich zu, daß der zehnsilbigte Jambe die Wahl eines epischen Dichters verdiente, wenn der Hexameter unnachahmbar wäre. Der Trochäe ist zu lang, zu schleppend, und in größern Werken noch schwerer auszuhalten, als der zwölfsilbigte Jambe. Was soll also der Verfasser einer Epopee wählen? Wenn ich nicht ganz irre; so muß er entweder nicht in Versen schreiben, und sich seine Worte wie Demosthenes, oder Fénelon von derjenigen Harmonie, welcher die Prosa fähig ist, zuzählen lassen; oder er muß sich zu dem Verse der Alten entschließen.

Aber vielleicht ist in lyrischen Werken diese Entschließung nicht so notwendig? Und wir können, ohne die Silbenmaße der alten Ode, pindarisch oder horazisch sein? Ich gebe zu, daß unsre lyrischen Verse einer größern Mannigfaltigkeit fähig sind, als die andern; daß wir einige glückliche Arten gefunden haben, wo, durch die Abwechslung der längern und kürzern Zeilen; durch die gute Stellung der

Reime; und selbst manchmal durch die Verbindung zwoer Versarten in Einer Strophe, viel Klang in einige unsrer Oden gekommen ist. Aber daraus folgt nicht, daß sie die horazischen erreicht haben; daß es unsern Jamben oder Trochäen möglich sei, es der mächtigen alkäischen Strophe, ihrem Schwunge, ihrer Fülle, ihrem fallenden Schlage, gleich zu tun; mit den beiden choriambischen zu fliegen; mit der einen im beständigen schnellen Fluge; mit der andern mitten im Fluge, zu schweben, dann auf einmal den Flug wieder fortzusetzen; dem sanften Flusse der sapphischen, besonders wenn sie Sappho selbst gemacht hat, ähnlich zu werden; oder die feine Ründe derjenigen Oden im Horaz zu erreichen, die nicht in Strophen geteilt sind. Horaz ist ein solcher Meister in der lyrischen Harmonie, daß seine Versarten einige besondre Anmerkungen verdienen, um uns recht aufmerksam auf ihre Schönheit zu machen, eine Schönheit, die in seinen meisten Arten mit einer so glücklichen Sorgfalt erreicht ist, daß sie verführen könnte, einige Kleinigkeiten wider ein paar andre Arten bei ihm zu sagen, welche die feine Wahl der übrigen nicht ganz zeigen. Wenn Horaz am höchsten steigen will, so wählt er die Alkäen, ein Silbenmaß, welches, selbst für den Schwung eines Psalms, noch tönend genung wäre. Er läuft da am oftesten mit dem Gedanken in die andre Strophe hinüber, weil es, so zu verfahren, dem Enthusiasmus des Ohrs und der Einbildungskraft gemäß ist; da jenes oft noch mehr als den poetischen Perioden, der nur in Eine Strophe eingeschlossen ist, verlangt, und diese den Strom des schnellfortgesetzten Gedanken nicht selten fordert. Horaz wußte entweder den Einwurf nicht, daß, wegen des Singens, die Strophe und der Periode zugleich schließen müßten, weil ihm die Sänger und die lyrische Musik seiner Zeit denselben nicht machten: oder er opferte die kleinere Regel der größern auf. Die eine

Choriambe, die aus vier Versen, und nur einem ungleichen besteht, hat viel Feuer, sanfteres, und heftigeres, wie Horaz will, dazu eine ihr eigne lyrische Fülle. Aber sie dürfte wohl, wegen der Gleichheit ihrer drei ersten Zeilen, nur sehr selten aus so vielen Strophen bestehen, als die Alkäische. Die zweite Choriambe, die der vorigen bis auf den dritten Vers gleicht, welcher sich, mit einem sanften Abfalle herunterläßt, würde denjenigen Oden vorzüglich angemessen sein, die sich von der hohen Ode etwas zu dem Liede herablassen. Die Stellung dieser dritten Zeile allein sollte uns schon abschrecken, neue Silbenmaße zu machen. Sappho hat eine Ode erfunden, deren Harmonie, ob wir gleich nicht einmal zwei ganze Stücke von ihr haben, sie am besten getroffen hat. Die drei ersten Zeilen sind in dieser Strophe einander gleich, und wenn der gewöhnliche, an sich harmonische Abschnitt immer wiederholt wird, so verliert die Harmonie des Ganzen; ein kleines Versehen, das Horaz mehr begangen, als vermieden hat. Es ist zwar dies desto leichter zu verzeihen, je verführender der Abschnitt an sich durch seinen Wohlklang ist, und je weniger man ihm in den ersten zwo Strophen die Eintönigkeit ansieht, die er schon in der dritten und vierten verursacht. In der Ode an Pettius besteht die Strophe nur aus drei Zeilen, da eine vierzeiligte einer viel vollern Harmonie und eben der Ründe fähig ist. Die zweite Zeile ist vielleicht zu kurz, oder schlösse doch besser die Strophe. Vielleicht wäre auch in der Ode an Melpomene, und in den andern von eben dem Silbenmaße, der längere Vers glücklicher der erste, als daß er der zweite ist.

Wenn diese Fragmente einer Abhandlung (denn ich kann es keine Abhandlung nennen) einigen Lesern von Geschmack einen bestimmtern Begriff von dem Silbenmaße der Alten gemacht haben sollten, als sie bisher davon gehabt haben; so wird es ihnen vielleicht nicht unangenehm sein, wenn ich noch etwas von der Kunst, Gedichte zu lesen, hinzusetze. Es ist mit Recht der zweite Wunsch jedes Dichters, der für denkende Leser geschrieben hat, daß sie diese Geschicklichkeit besitzen möchten; eine Geschicklichkeit, die Boileau, der sie besaß, für so wichtig hielt, daß er dem glücklichen Vorleser den zweiten Platz nach dem Dichter anwies. Zu unsern Zeiten, da man so sehr aufgehört hat, sich aus der guten Vorlesung ein Geschäft zu machen, ist es genung, dies wenige davon zu sagen. Zuerst müßten wir die Biegsamkeit unsrer Stimme, und den Grad ihrer Fähigkeit, den Wendungen und dem Schwunge des Gedankens mit dem Tone zu folgen, durch leichte und scherzhafte Prosa, kennenlernen. Hierauf versuchten wir die poetische Erzählung, und das Lied. Ein Schritt, der schwerer ist, als er scheint. Dann gingen wir zu dem Lehrgedichte, oder dem Trauerspiele fort. Hier würden wir finden, daß auch die sorgfältigste Reinigkeit der Jamben den Fehler der Eintönigkeit nicht ersetzen konnte; und daß sogar Jamben von genauerer Ausarbeitung, durch die immer wiederkommende kurze und lange Silbe unvermerkt verführt, von der eigentlichen Aussprache mehr abwichen, als selbst diejenigen Hexameter, die mit weniger Sorgfalt gearbeitet sind. Von den Jamben erhüben wir uns weiter zu den volleren Perioden der Redner. Wenn wir diese lesen könnten; so fingen wir mit dem Hexameter an. Wir brauchten hierbei seine prosodische Einrichtung eben nicht zu wissen: und da die Geschicklichkeit, die Redner zu lesen, vorausgesetzt wird; so dürften wir nur mit der gesetzten Männlichkeit, mit der vollen und ganzen Aussprache, und, wenn ich so sagen darf, mit dieser Reife der Stimme, den Hexameter lesen, mit der wir die Prosa lesen. Wollten wir die Prosodie des Hexameters noch dazu lernen; so würden wir dem gearbeiteten seine völlige Gerechtigkeit widerfahren lassen; dem weniger sorgfältigen mehr Zierlichkeit geben; und des rauhen ganze Rauhigkeit aufdecken können. Wir würden auch durch diese Kenntnis bestimmter wissen, wie man den Vers zwar noch anders, als den besten prosaischen Perioden lesen: aber niemals in die schülerhafte Verstümmlung desselben verfallen müsse, durch welche die Stücke des Verses dem Hörer vorgezählt; und nicht vorgelesen werden. Zuletzt könnten wir uns mit den lyrischen Stücken beschäftigen, die dem Alcäus, der Sappho, oder dem Horaz gefolgt sind. Sollten einige ihrer Strophen, den Perioden des Hexameters, wenn er in seiner ganzen Stärke ist, und im vollen Strome fortfließt, auch nicht in Betrachtung der Vollkommenheit der poetischen Harmonie überhaupt, gleichkommen; so sind wieder andre Strophen, die diesem nur sehr wenig nachgeben, und dann verschiedne, von einer Ründe, und von so zierlichen Feinheiten des Wohlklangs, daß man von der lyrischen Dichtkunst überhaupt sagen kann, daß sie am nächsten an die Musik grenze.

Von der Sprache der Poesie

Die Sprache meines zweiten Vaterlandes, und diejenige, in welcher ich schreibe, haben so viel Ähnliches miteinander, daß ich mir schmeichle, folgende Anmerkungen werden denen nicht mißfallen, welche die deutsche Sprache lieben, wenn sie gleich ihre mütterliche noch mehr lieben. Vielleicht teile ich ihnen auch über den Ausdruck der dänischen einige Gedanken mit, wenn ich mit ihren Eigenschaften noch bekannter geworden bin.

Ich weiß nicht, ob es wahr ist, was man in vielen Büchern wiederholt hat, daß bei allen Nationen, die sich durch die schönen Wissenschaften hervorgetan haben, die Poesie eher als die Prosa zu einer gewissen Höhe gestiegen sei. So viel ist unterdes gewiß, daß keine Nation weder in der Prosa noch in der Poesie vortrefflich geworden ist, die ihre poetische Sprache nicht sehr merklich von der prosaischen unterschieden hätte.

Die Griechen, und wer wird ihnen den vollkommensten poetischen Ausdruck absprechen? unterschieden diesen von dem prosaischen nicht allein auf alle Arten, auf welche es Nationen von Geschmack immer getan haben; sie gingen noch weiter, und taten es selbst durch den veränderten Klang der Wörter. Eben das Wort, das auch in Prosa gebräuchlich war, wurde, durch eine Silbe mehr oder weniger, durch Hinzusetzung, Wegnehmung oder Veränderung eines Buchstabens, zum poetischen Worte gemacht.

Die Römer ahmten den Griechen zwar in dieser letzten Unterscheidung der Prosa und der Poesie nur sehr selten nach; aber wie sehr ist gleichwohl der Ausdruck des Cicero und des Virgil unterschieden?

Nach der langen Barbarei sind die schönen Wissenschaften zuerst nach Italien gekommen. Wer weiß nicht, daß die italienische Sprache, diese älteste Tochter der römischen, auf die meisten Vorrechte ihrer Mutter Anspruch macht? Sie hat eine nicht geringe Anzahl Wörter, die der Poesie allein gewidmet sind. Der Vers berechtiget sie, den Klang der Wörter zu verändern; und sie ist ungemein biegsam, jeder Wendung eines poetischen Gedankens zu folgen.

Die Franzosen, welche die Prosa der Gesellschaften, und was derselben nahe kömmt, mit der meisten Feinheit und vielleicht am besten in Europa schreiben, haben ihre poetische Sprache unter allen am wenigsten von der prosaischen unterschieden. Einige von ihren Genies haben selbst über diese Fesseln geklagt, die sich die Nation von ihren Grammaticis und von ihren Petitsmaîtres hat anlegen lassen. Unterdes würde man sich sehr irren, wenn man glaubte, daß ihre Poesie gar nicht von ihrer Prosa unterschieden wäre. Sie ist dies bisweilen sehr, und wenn sie es nicht ist; so haben wir wenigstens das Vergnügen, da, wo wir bei ihnen den poetischen Ausdruck vermissen, schöne Prosa zu finden: ein Vergnügen, das uns diejenigen unter den Deutschen selten machen, welche an die wesentliche Verschiedenheit der poetischen und der prosaischen Sprache so wenig zu denken scheinen.

Ich würde den poetischen Ausdruck der Engelländer für den stärksten, und für denjenigen halten, der sich, den griechischen und römischen ausgenommen, am meisten von der Prosa unterschiede; wenn sie nicht so viele fremde Wörter, und mit ihnen alle Nebenbegriffe derselben in ihre Sprache aufgenommen hätten. Diese Nebenbegriffe bei den aufgenommenen Wörtern zu denken; ist mindstens denen unter den Engelländern und Fremden unvermeidlich, welche die Sprachen kennen, aus denen jene Wörter entlehnt sind. Ich gebe zu, daß die englische Sprache gleichwohl auch viel Eignes habe; und ich rechne unter dies Eigne selbst den neuen Schwung, den sie den ausländischen Wörtern manchmal zu geben gewußt hat: allein man wird, auf der andern Seite, auch nicht leugnen können, daß ihr neuer, kühner und glücklicher poetischer Ausdruck, den Nebenbegriffen der aufgenommnen oft sehr prosaischen Wörter, nicht selten unterliege.

Es ist schon lange her, daß Luther die Deutschen durch die Art, auf welche er die poetischen Schriften der Bibel übersetzt hat, von dem Unterschiede der prosaischen und poetischen Sprache hätte überzeugen können. Aber sie haben von diesem großen Manne überhaupt weniger gelernt, als sie von ihm hätten lernen sollen. Opitz hat sie nach ihm an jenen Unterschied von neuem erinnert; Haller noch stärker: allein sie scheinen noch immer daran zu zweifeln.

Wenn man alle Stufen des prosaischen Ausdrucks hinaufgestiegen ist; so kömmt man an die unterste des poetischen. Die höchste prosaische und die letzte poetische scheinen sich ineinander zu verlieren. Es ist dem Redner, wenn er in seinem stärksten Feuer ist, nicht allein erlaubt; sondern er muß sich auch einige Schritte höher erheben, als er gewöhnlich soll. Auch der Poet darf, nachdem ihm die Personen, die er aufführt, oder die Sachen, die er vorstellt, dazu Gelegenheit geben, sich ein wenig weiter herunterlassen, als es ihm überhaupt zu tun erlaubt ist. Allein niemals dürfen sie auf beiden Seiten zu weit gehn. Doch die Regeln, wie weit sie gehn, und nicht gehn sollen, gehören zu meiner Materie nicht.

Um dasjenige, was ich sagen werde, genauer zu bestimmen, muß ich gleich anfangs anmerken, daß ich von dem Unterschiede der Gedanken und Empfindungen nicht rede, die der prosaische Skribent, und derer, die der Poet vor andern ausdrücken soll. Wenn ich dies tun wollte; so würde ich vor allen festsetzen: Daß es Gedanken und Empfindungen, oft nur einen gewissen Grad, eine Wendung, eine Art von Ausbildung derselben gibt, die allein in der Poesie; und andre, die nur in Prosa gebraucht werden müssen. Dies weiter auszuführen, würde aus zwo Ursachen überflüssig sein. Der gute Poet weiß es schon; und Leser von Geschmack finden Wahrheiten von dieser Art lieber in Gedichten selbst, als in Untersuchungen der Kritik. Ich werde daher nur von dem Ausdrucke dieser verschiednen Gedanken und Empfindungen etwas weniges sagen. Ich gebe zugleich zu, daß noch vieles, welches ich unberührt lasse, davon gesagt werden könne.

Wenn man den Gedanken hat; so wählt man das Wort, welches ihn ausdrückt. Wenn wir das rechte Wort nicht wählen; so tun wir eben das, was derjenige tut, der durch eine Miene etwas sagen will, und dem die Miene mißlingt. Es ist dem Zuschauer oder dem Leser unangenehm, daß sie uns entweder nicht genug verstanden; oder daß sie die vergebne Mühe bemerkten, mit der wir uns bestrebten, uns zu erklären.

Die Poesie soll überhaupt vielseitigere, schönre, und erhabnere Gedanken, als die Prosa, haben. Wenn wir sie ausdrücken wollen; so müssen wir Wörter wählen, die sie ganz ausdrücken. Hier finden wir gleich anfangs eine nicht geringe Anzahl, von denen wir gar keinen Gebrauch machen können. Sie haben in dem Munde des Volks allen ihren Nachdruck verloren; oder sie haben niemals einigen gehabt. Die Sprache hat also für den Poeten weniger Wörter und dies ist der erste Unterschied der Poesie und der Prosa. Wir finden ferner viele Wörter, die zwar, in dieser oder jener Art der Poesie, noch edel genug wären; die es aber für die Art, in der wir arbeiten, nicht sind; ein neuer Unterschied, mindstens für diejenigen, die in jener Art der Poesie schreiben.

Wie werden wir diesen Mangel ersetzen? Denn wir haben nun wirklich eine ärmere Sprache. Noch eine Anmerkung; so ist sie es noch mehr. Gewisse Wörter sind zwar edel genung; aber wir können sie, wegen ihres Übelklangs, oder auch wegen des Silbenmaßes, das wir gewählt haben, nicht brauchen.

Die edlen und für die Poesie vorzüglich brauchbaren Wörter sind, fürs erste, diejenigen, die keine niedrige oder lächerliche Nebenbegriffe veranlassen. Der Richter von der Niedrigkeit oder dem Lächerlichen der Nebenbegriffe ist allein der Geschmack. Die Franzosen finden vieles lächerlich, das es nicht ist. Wir treffen hier den rechten Punkt, wenn wir ihnen, in einer gewissen Entfernung, folgen.

Ferner sind für die Poesie vorzüglich brauchbare Wörter, die wirklich etwas sagen, und nicht nur zu sagen scheinen. Mich deucht, die Deutschen können bei dieser Untersuchung nie zu sorgfältig sein. Ihre Sprache hat wirklich noch eine nicht geringe Anzahl von Wörtern dieser Art.

Es ist nicht nötig, zu sagen, daß Wörter von ausgemachter Stärke unter die für die Poesie brauchbarsten gehören; allein es möchte vielleicht nicht überflüssig sein, die Deutschen zu erinnern, daß diejenigen Wörter, die mit Geschmack zusammengesetzt sind, unter die von ausgemachter Stärke zu zählen sind. Es ist der Natur ihrer Sprache gemäß, sie zu brauchen. Sie sagen sogar im gemeinen Leben: Ein gottesvergeßner Mensch. Warum sollten sie also den Griechen hierinnen nicht nachahmen, da ihnen ihre Vorfahren schon lange die Erlaubnis dazu gegeben haben?

Der poetische Ausdruck soll sich nicht immer, besonders in gewissen Dichtarten, durch die Stärke, unterscheiden; er kann dies auch oft, nachdem ihn der Gedanke dazu veranlaßt, durch angenehme und sanfte Wörter tun. Unterdes verdient keine von Horazens Anmerkungen öfter wiederholt zu werden, als diese: Ihr sucht angenehm zu sein; und ihr seid ohne Nerven, ohne Seele!

Die deutsche Sprache, die nun anfängt gebildet zu werden, hat noch neue Wörter nötig. Ich rechne unter die neuen auch einige wenige veraltete, die sie zurücknehmen sollte. Aber, durch die Neuheit an sich selbst erhält ein Wort keine Vorzüge. Außerdem, daß sein Schicksal sehr von der ungezwungnen Ableitung oder Zusammensetzung abhängt; so befördert, oder hindert auch seine Aufnahme die Güte oder Unbrauchbarkeit des Stammworts, von welchem es entstanden ist. Sogar eine zu nahe Verwandtschaft, mit einem andern Worte von niedriger Bedeutung, kann dem neuen Worte schaden. Himmling hätte man nicht wagen sollen, weil dem Leser himmeln dabei einfallen könnte. Wenn ein Deutscher aus einem Alten einen Ausdruck, der ein Bild zeigt, bloß übersetzt und dazu in seiner Sprache ein ebenso edles Wort wählt, als Virgil oder Homer in der seinigen gebraucht hatte; so kann derjenige, der ihn mit Recht tadeln will, nur folgendes anführen. Ihm mißfällt entweder das Bild selbst; oder er tadelt den Dichter, daß es sich in seine Stelle nicht so gut schickt. Ist keine von beiden seine Ursache; so ist er verdrießlich darüber geworden, daß, *fusus*, hingegossen, im Deutschen heißt. Außer den bisher angeführten Eigenschaften guter Wörter, sie sein neu, oder schon aufgenommen, kömmt es noch sehr, wenn sie gut bleiben sollen, auf die Stelle, wo sie stehn, an. Sie sind dem Gedanken, den sie ausdrücken sollen, alsdenn erst angemessen, wenn sie an der rechten Stelle stehn. Der Leser macht besonders hier eine beständige, zwar sehr schnell gedachte, aber dennoch genaue Vergleichung zwischen dem Gedanken und dem Worte. Er fühlts, was wir haben sagen wollen; was wir gesagt; und was wir nicht gesagt haben.

Die Anmerkungen, die ich bisher über die Güte der Wörter gemacht habe, gelten zwar größtenteils auch von der Prosa; allein es ist die Pflicht des Dichters, sie mit noch genauerer Sorgfalt zu beobachten.

Wenn er mit der Wahl der Wörter glücklich gewesen ist; so erhebt er sich auch, durch die veränderte Ordnung derselben, über die Poesie. Nur selten sind die Leidenschaften, welche die Prosa ausdrückt, so lebhaft, daß sie eine notwendige Veränderung der eingeführten Wortfügung erfordern. Die Poesie erfordert dieselbe oft. Denn die Abschilderung der Leidenschaften ist dasjenige, was in einem guten Gedichte herrschen soll. Die Regel der zu verändernden Wortfügung ist die: Wir müssen die Gegenstände, die in einer Vorstellung am meisten rühren, zuerst zeigen. Die Stellen, wo in dem Gedichte die Einbildungskraft herrscht, sollen ein gewisses Feuer haben, das sich der Leidenschaft nähert. Eine neue Ursache, die Wörter anders, als nach der gewöhnlichen Ordnung der Prosa, zusammenzusetzen. Doch dürfen wirs hier nicht mit gleicher Kühnheit tun. Eine fast unmerkliche Veränderung der Wortfügung möchte auch denen Stellen manchmal angemessen sein, wo wir zwar vornehmlich beschäftigt sind, den Verstand zu unterhalten, aber uns auch erinnern, daß wir es als Poeten tun müssen. Bisweilen darf uns sogar der dadurch zu erreichende Wohlklang veranlassen, die Wörter zu versetzen. Ich meine nicht, daß es geschehen soll, den Vers bloß zu machen; sondern ihm durch diese Hülfe eine gewisse glückliche Wendung zu geben.

Aber nicht allein die Wahl guter Wörter, und die geänderte Verbindung derselben unterscheiden den poetischen Perioden von dem prosaischen. Es sind noch verschiedne von denen anscheinenden Kleinigkeiten zu beobachten, durch welche Virgil vorzüglich geworden ist, was er ist.

Ich nehme an, daß die Wörter des Perioden und die Ordnung derselben, der Handlung, die der Periode ausdrücken soll, gemäß sind. Aber gleichwohl gefällt er noch nicht genug. Hier ist eine Redensart, wo nur ein Wort sein sollte. Und nichts tötet die Handlung mehr, als gewisse Begriffe in Redensarten ausdehnen. Es kann auch bisweilen das Gegenteil sein. Hier sollte eine glückliche Redensart stehen. Der Gedanke erfordert diese Ausbildung. Dort sind die Partikeln langweilig, welche die Glieder des Perioden fast unmerklich verbinden sollten. Sie sinds, unter andern, wenn sie zu viel Silben haben. Ein: *dem ungeachtet* könnte die schönste Stelle verderben. Sie sinds ferner, wenn sie da gesetzt werden, wo sie, ohne daß die Deutlichkeit oder der Nachdruck darunter litte, wegbleiben konnten. Das *doch*, mit dem man wünscht, gehört vornehmlich hierher. In einer andern Stelle stand die Interjektion nicht, wo sie stehen sollte. Das *Ach* fing den Perioden an; und es hätte glücklicher vor den Wörtern gestanden, welche die Leidenschaften am meisten ausdrücken. Ein andermal hat der Verfasser nicht gewußt, von welcher Kürze, und von welcher Stärke das Partizipium gewesen sein würde. Darauf hat er es wieder gesetzt, wo es nicht hingehörte.

Wenn in den poetischen Perioden zu diesen Fehlern noch die beiden größern kommen, daß die Hauptwörter teils nicht gut gewählt, teils nicht nach der Natur der Handlung geordnet sind; so haben wir eine Statüe, die weder Bildung noch Stellung hat. Alles ist kraftlos und ohne Charakter. Die eine Hand ist zu groß; der eine Fuß zu breit. Die Gelenke sind geschwollen. Sie hat nichts Fleischiges, kein Leben. Gleichwohl sehn wir, daß der Hauptgedanke des Künstlers gut war. Aber er ist unter dem Ausdrucke erlegen. Die besten Gedanken sind in der Gefahr, auf diese Art verdorben zu werden.

In vielen poetischen Schriften, welche die Deutschen noch nicht zu lesen aufhören, sind diese Fehler beinahe gar nicht vermieden worden. Es sind nur wenige, in welchen man nach den Grundsätzen, davon ich einige angeführt habe, gearbeitet hat. Allein diese wenige haben die Sprache noch nicht völlig so bilden können, wie sie, nach ihrer Natur, gebildet werden sollte. Die Mittel, die zu diesem Zwecke näherführen könnten, scheinen mir folgende zu sein.

Die deutsche Sprache ist reich; allein sie hat nicht selten einen unnützen Überfluß. Sie kann nicht zu streng in der Enthaltung von solchen Wörtern und Redensarten sein, die, wenn man es genau untersuchte, nicht einmal in Prosa geduldet werden sollten. Wenn man diese Wörter wegnimmt, so ist die Sprache dadurch zwar noch nicht arm geworden; aber es würde doch gut sein, jenen sehr entbehrlichen Überfluß durch einen wahren Reichtum zu ersetzen. Ich meine gar nicht, daß sich jeder, dem es nur einfällt, in diese Ersetzung mischen solle. Selbst die wenigen guten Skribenten sollten es mit der behutsamsten Sorgfalt und Beurteilung tun. Auf die feurige Stunde der Ausarbeitung muß, besonders auch in Absicht auf den Ausdruck, die kältere der Verbeßrung folgen. Und nie darf diese ihren Rechten etwas vergeben.

Der deutsche Poet, der zu unsern Zeiten schreibt, findet eine Sprache, die männlich, gedankenvoll, oft kurz, und selbst nicht ohne die Reize derjenigen Annehmlichkeit ist, die einen fruchtbaren Boden schmückt, wenn sie mit sparsamer Überlegung verteilt wird; und die, wenn man sie zu sehr verschwendet, ein Blumenbeet aus einer schönen Gegend macht. Sie kann gleichwohl, wie mich deucht, auf zwo Arten noch weiter ausgebildet werden. Die eine ist: Ihre Skribenten richten sich nach der Wendung, die sie einmal genommen hat. Sie gehen auf dem Wege fort, den Luther, Opitz und Haller (ich nenne diese großen Männer nicht ohne Ursache noch einmal) zuerst betreten haben. Die andre Art ist: Sie ahmen der griechischen Sprache, der römischen und einigen unsrer Nachbarn nach: jenen, weil sie durch Meister gebildet worden sind, deren Werke in allen Jahrhunderten Muster bleiben werden; und diesen, insofern sie teils von jenen ersten Mustern gelernt haben, teils eigne Schönheiten besitzen. Der glückliche Maler, der seine eigne Kolorit hat, die ihn nachahmungswürdig macht, wird sich nicht schämen, von andern großen Meistern zu lernen, ob er sich gleich sehr dabei hüten wird, dasjenige, was er entlehnt, auf eine Art anzubringen, die seiner eignen nicht angemessen wäre. Die Römer ahmten den Griechen auf diese Art, nach. Und vielleicht hat die deutsche Sprache noch mehr Verwandtschaft mit der griechischen, als die römische mit ihr hatte. Wie glücklich die Engländer und Italiener in der Nachahmung jener beiden Sprachen oft gewesen sind, weiß jeder, der sie gelesen hat. Daß Ronsard es nicht war, daran ist weder Homers und Virgils, noch Corneilles Sprache Schuld.

Die Grenzen dieser Nachahmung können viel bestimmter bei dieser und jener Stelle gezeigt, als durch allgemeine Regeln festgesetzt werden. Ich werde mich nur auf eine Untersuchung einlassen.

Jede Sprache hat ihre Idiotismos. Man nimmt öfters Ausdrücke für Idiotismos an, die es zwar insofern sind, daß sie wirklich in einer Sprache so oft vorkommen, daß sie ihr allein eigen zu sein scheinen; die aber gleichwohl keine grammatikalischen Idiotismi sind. Ich habe oft gefunden, daß man wider die Übersetzung eines solchen Idiotismi am Ende nichts mehr sagen konnte, als daß man diesen Gedanken in dieser Sprache nicht denken wollte. Welches besonders deswegen lächerlich war, weil man zugegeben hatte, daß er in der andern Sprache schön wäre.

Die Römer gingen so weit, daß sie auch die grammatikalischen Idiotismos der Griechen nachahmten. Meine Meinung ist nicht, daß die Deutschen dieses auch tun sollen; (ob ich gleich nicht zu viel zu wagen glaube, wenn ich die sparsame Nachahmung einiger Wortfügungen ausnehme) ich meine nur, daß sie sich das Geschrei derjenigen, welche die platte Sprache des Volks allein für gut Deutsch zu halten scheinen, nicht abhalten lassen sollen, den Griechen und Römern in ihren glücklichen Ausdrücken der Poesie nachzuahmen. Viele von diesen Ausdrücken könnten zwar auch, weil sie oft von ihnen gebraucht werden, Idiotismi heißen; sie sind aber vielmehr, auf der Seite des poetischen Ausdruckes überhaupt, anzusehn, und dies so sehr, daß dabei gar nicht mehr die Frage von der Grammatik irgend einer Sprache ist; sondern von den Regeln desjenigen poetischen Ausdrucks, der in jede gebildete Sprache aufgenommen zu werden verdiente.

Wenn man die hebräische Sprache allein, als eine morgenländische ansehn wollte; so würde man leicht darauf verfallen können, die Nachahmung derselben, wegen des zu großen Unterschieds der abendländischen und der morgenländischen Sprachen, schlechterdings zu verwerfen. Allein man hört mit Recht auf, sie bloß in diesem Gesichtspunkte anzusehn, wenn man anmerkt, daß die Verfasser des alten Testaments, (ich betrachte hier ihre Werke bloß als menschliche,) das Übertriebne der morgenländischen Sprachen, ohne ihrem Feuer und ihren glücklichen Kühnheiten etwas zu vergeben, vermieden haben; daß wir, mit ihrer Art sich auszudrücken, schon vertraut geworden sind; und daß sie uns Begriffe sagen lehren, die für uns so wichtig sind, und von welchen wir fast keine Spur in den heidnischen Skribenten finden. Diese Umstände zusammengenommen machen den poetischen Ausdruck des alten Testaments besonders denen, die heilige Gedichte schreiben, zu einer reichen Quelle der Nachahmung, die ihnen dann am besten gelingen wird, wenn sie dem morgenländischen Ausdrucke, wo er am kühnsten ist, in einer gewissen Entfernung, zu folgen wissen.

Gebildete Sprachen haben vieles miteinander gemein; und vieles, das sie voneinander unterscheidet. Ich will nur etwas von dem, das einige nachahmungswürdige Sprachen voneinander unterscheidet, anführen. Die feurige bildervolle Kürze der hebräischen Sprache; die Fülle, und die angemeßnen feinen Bestimmungen der griechischen; den Anstand, die Würde und den hohen Ton der römischen; die Stärke und die Kühnheit der englischen; die Biegsamkeit und die Annehmlichkeit der italienischen; und die Lebhaftigkeit und sorgfältige Richtigkeit der französischen, wird die männliche und ungekünstelte deutsche Sprache desto glücklicher erreichen, je freier die Art und je reifer die Wahl sein werden, womit sie nachahmen wird.

Es scheint mir, daß eine von ihren guten Eigenschaften eine gewisse Biegsamkeit sei, etwas von dem Tone andrer Sprachen anzunehmen. Derjenige würde mich falsch erklären, der glaubte, daß ich ihrem Originalcharakter hierdurch etwas vergeben wollte. Sie könnte vielleicht mehr geben, als sie nimmt. Sie ist, wie die Nation, die sie spricht. Sie denkt selbst, und bringt die Gedanken andrer zur Reife. Man wird mir also die Gerechtigkeit widerfahren lassen, und von mir glauben, daß, wenn ich wünsche, daß sie einige angenehme oder starkgezeichnete Züge der Alten und Ausländer entlehnen möge, um sich vollends zu bilden, daß ich weit entfernt bin, mich dadurch für diejenige sklavische Nachahmung zu erklären, welche die Hälfte Deutschlands angesteckt zu haben scheint, und die es noch dahin bringen kann, daß die Ausländer glauben werden, die Deutschen am richtigsten von andern Nationen zu unterscheiden, wenn sie dieselben Nachahmer nennen.

Vom gleichen Verse

Aus einer Abhandlung vom Silbenmaße

SELMER: Wir unterhielten uns zuletzt von den lyrischen Versarten der Alten, und einigen Nachahmungen derselben; ich will Ihnen jetzt neue vorlesen, die mir zur Untersuchung sind mitgeteilt worden. Von andern schon bekannten neuen wollen wir zuletzt reden. Die Silbenmaße des *ähnlichen Verses* nahmen ihren Haupton aus einer Klasse der Füße; die Silbenmaße des *gleichen Verses* tun dies nur selten; und wenn es geschieht, so verbinden sie mehr Füße der angeführten Art. Es ist der Strophe wesentlicher, daß sie jetzt *steige*, jetzt *sinke*, nun *abwechsle*, dann *schwebe*, oder auch *übergehe*. Ich muß mich erklären. Langsamkeit und Schnelligkeit haben Grade. Wenn die Langsamkeit oder die Schnelligkeit zunimmt, so *steigt* die Strophe; und *sinkt*, wenn eine von beiden abnimmt. Wenn diese oder jene bald abnimmt, und bald zunimmt; so *wechselt* die Strophe ab. Bleiben sich die eine oder die andre von ungefähr gleich, so *schwebt* sie; und *gehet* endlich von der Langsamkeit zur Schnelligkeit, oder von dieser zu jener *über*. Vielleicht gibt es noch mehr Arten Strophen; allein ich zweifle, daß hier Mehrheit und Schönheit vereinigt werden können.

Wir sprachen neulich von einer Schönheit des Rhythmus, die keine Beziehung auf Langsamkeit oder Schnelligkeit hatte, und die in gewissen verhältnismäßigen, und dadurch gefallenden Silbenstellungen bestand. Diese kommt bei meiner Einteilung nicht in Betrachtung; aber dadurch sage ich gar nicht, daß sie den lyrischen Versarten nicht vorzüglich angehöre.

WERTHING: Etwas müssen Sie uns doch auch hier davon

sagen. Wenn z. E. die Bewegung zunimmt, und diese Schönheit des Rhythmus sich vermindert?

SELMER: Ich ziehe die Strophen vor, in denen beide zugleich zunehmen.

MINNA: Und wenn nun, bei dem Sinken der Strophe, der schöne Rhythmus stiege?

SELMER: So würde die Strophe dadurch gewinnen. Denn diese Schönheit des Rhythmus darf nur selten, etwa einiges Kontrastes wegen, vermindert werden; aber das Nachlassen der Bewegung ist zum Ausdrucke gewisser Leidenschaften notwendig.

WERTHING: Meinen Sie, daß die Strophe vom Langsamen zum Schnellen, oder umgekehrt, auf einmal *übergehe*?

SELMER: Dies wäre kein Übergang mehr; sondern ein Sprung; und den dürfen nur Dithyramben tun.

MINNA: Wie steigt die Strophe am besten?

SELMER: Eine der guten Arten des Steigens ist, wenn sie in den beiden ersten Versen zu schweben scheint; in dem dritten etwas, aber in dem vierten noch merklicher, als von dem zweiten zum dritten, zunimmt.

MINNA: Welche Art der Strophen ziehen Sie vor?

SELMER: Das würde uns sehr weit führen, wenn wir in diese Untersuchung hineingehn wollten. Vielleicht werden Sie selbst, wenn ich gelesen haben werde, nicht sagen können, welche Art Sie vorziehn.

MINNA: Nun so werden Sie mir doch wenigstens sagen, welche Art der *Abwechslung* Sie vorziehn?

SELMER: Ich kann mich nun einmal auf das Vorziehn nicht einlassen; aber eine gute *Abwechslung* ist es, wenn sich der zweite Vers leise, der dritte merklicher senket, und der vierte nicht zu stark wieder steigt; oder wenn der zweite und dritte Vers eben so steigen, und der vierte auf gleiche Weise sinkt.

WERTHING: Die *schwebende* Strophe (ich stelle mir ihre Verse dabei von größerm Umfange vor, als lyrische Verse gewöhnlich haben), scheint mir eines sehr vollen Ausdrucks fähig zu sein.

SELMER: Eines vollen Ausdrucks; aber nur von einfachen Gegenständen. Sobald diese zu ihrem Inhalte gewählt werden; so ist die Strophe vortrefflich. Doch es kann ja überhaupt keine Versart ihre Kraft recht zeigen, wenn sie dem Inhalte nicht angemessen ist.

MINNA: Wenn in der *schwebenden* Strophe jeder Vers durch genug Veränderung der rhythmischen Schönheit (wir sprachen ja erst davon) von dem andern unterschieden ist; so denk' ich, muß ich ihr einen kleinen Vorzug geben. Ich glaube, die musikalische Deklamation würde mich, wenn ich irrte, allein zurechtweisen können.

WERTHING: Die musikalischen Rhythmen zu solchen Strophen, wie uns Selmer vorlesen wird (ich kenne schon einige davon), fehlen uns noch. Die Rhythmusstellung unsrer Musik gleicht den Verhältnissen der Baukunst noch zu sehr; und es ist vielleicht noch lange hin, eh' sie ein großer Komponist den Gruppen der Malerei ähnlich macht.

SELMER: Wir kämen zu weit ab, wenn wir uns auf die singende Deklamation einließen. Ich werde mich bemühn, Ihnen die Bewegung der Strophen, die ich habe, durch die redende auszudrücken. Unterbrechen Sie mich nicht durch Anmerkungen. Sie können mir sie hernach machen. Wenn ich in einem fortlese; so übersehen Sie die Mannichfaltigkeit des *lyrischen Zeitausdrucks*, welcher in diesen Strophen ist, desto leichter. Sie erinnern sich doch noch, Minna: Alles, was die Sprache sagen kann, sagt sie, durch den *Wortsinn*, insofern nämlich die Wörter, als zu Zeichen gewählte Töne, einen gewissen Inhalt haben, ohne noch dabei auf den Klang, und die Bewegung dieser Töne zu sehen; durch den

Zeitausdruck, insofern die *Bewegung*, und durch den *Ton-
ausdruck*, insofern der *Wohlklang* ausdrücken hilft.

MINNA: Ob ich mich erinnre? Ich soll keine Anmerkun-
gen machen. Aber ein paar Fragen werd' ich doch wohl tun
dürfen.

SELMER: Kurze denn wenigstens; wenn's nicht anders
sein kann.

MINNA: Lassen Sie mich mit einsehn.

SELMER: Damit Sie die übergeschriebenen Silbenmaße
recht beurteilen, muß ich Ihnen sagen, daß die Komma die
Verse in ihre Rhythmen abteilen. Teilt man anders ab; so
macht man, ob gleich eben die Reihe Längen und Kürzen
bleibt, eine ganz andre Strophe. Die Bildung derjenigen,
welche der Erfinder im Sinn hatte, wird zerstört. Doch dür-
fen, der Mannichfaltigkeit wegen, bisweilen einige Verän-
drungen des Rhythmus gemacht werden. Es ist genug, wenn
die Strophe, bei der Wiederholung, ihren Hauptcharakter
nur nicht verliert. Die untergesetzten veränderten Längen
oder Kürzen zeigen an, daß der Dichter sie manchmal brau-
chen dürfe; doch unter der Bedingung, daß der Fuß beinah
derselbe bleibe; und dies geschieht, wenn er Wortfuß ist.

Schnelle, steigende Strophen.

1.

∪ ∪ — ∪̲ — ∪ —, — ∪ ∪ —,
∪ ∪ — ∪̲ — ∪ ∪ —, — ∪ —,
∪ ∪ — ∪̲, ∪ ∪ — ∪̲, — ∪ —,
— ∪ —, — ∪ ∪ —, — ∪ ∪ ∪ —·

Da der Gottmensch: Werde Welt! rufte, da ward,
Wie der Tau träuft, zahllos ihr Heer, die er schuf,
Daß ihr Heil stets sich erhöbe. Allen rief
Er vom Kreuz höheres Heil, ewiges herab!

2.

‿ — ‿ ‿ —, — ‿ —,
‿ ‿ — ‿ — ◡̄, — ‿ ‿ —,
‿ — ‿ ‿ — — ‿ ‿ —,
‿ ‿ — ‿ ‿ ‿ —, — ‿ ‿ ‿ —.

Er betet, da stürzt hoch herab
Ein Gebot vom Thron her, Flammen herab!
Das Opfer versank schnell in der Glut,
Und die Wasser am Altar brannten in die Höh'.

3.

◡̄ — ‿ — ◡̄, — ‿ ‿ — ‿ ◡̄,
◡̄ — ‿ — ◡̄, — ‿ ‿ — ‿ ◡̄,
— ‿ ‿ — ‿ —,
— ‿ — ‿ ‿ — ‿ ‿ —.

Dann heiß' ich's kommen! Städte von Mauern hoch
Und Hügeln, fallen öde zur Trümmer hin!
Scham, und des Todes Furcht
Senkt zur Erde des Streitenden Arm!

4.

‿ — ‿ ‿ —, — ‿ —, — ‿ ‿ —,
‿ ‿ — — ‿ ‿ — ‿ ‿ —, ◡̄ — ‿
‿ ‿ — ‿ ‿ —, — ‿ ‿ — ‿ ◡̄,
‿ ‿ — ◡̄, ‿ ‿ —, ‿ ‿ —.

Ertönet sein Lob, Erden, tönt's, Sonnen, Gestirn'!
Ihr Gestirn' hier in der Straße des Lichts, hallt's feiernd
Des Erlösenden Lob, siehe des Herrlichen!
Unerreichten von dem Danklied der Natur!

5.

— — ◡ ◡ —, — ◡ ◡ —, ◡̅ — ◡ ◡ —,
◡ — — ◡ ◡ — ◡, — ◡ ◡ ◡ — ◡ —,
◡ ◡ — ◡ — ◡ ◡ —,
◡ — ◡ ◡ —, — ◡ ◡ ◡ —.

Aussaat, o wie reif schimmerst du her! Laut ruft im Gefild
Die Heerschaar zu der Ernte! Selige, die, Glanz zu Glanz,
Der Vollender sammelt, wie nimmt
Des neuen Aeons Herrlichkeit euch auf!

Schnelle, abwechselnde Strophen.

1.

— ◡ ◡ —, — ◡ ◡ —, ◡ ◡ — ◡,
— ◡ ◡ —, ◡ ◡ — ◡̅, ◡ ◡ — ◡,
— ◡ — ◡ ◡ —, ◡ — ◡,
— ◡ ◡ — ◡ ◡ —.

Zema, du kamst! töne das Lied zu dem Psalter,
Zema, du kamst! so ergieße, durch des Festes
Lauben, sich der Gesang des Bundes,
Zema, du starbst! und erstandst!

2.

◡ ◡ — ◡ — ◡ ◡ —, ◡̅ — ◡
— ◡ ◡ — — ◡̅, — ◡ ◡ —
◡ — ◡ ◡ — ◡ ◡ —,
◡ ◡ — ◡̅, ◡ ◡ — ◡.

Labyrinth war, Erben, der Weg an dunkeln
Felsen empor; Grabnacht hüllt' ihn euch ein:
Das Blut der Entsündigung rann:
Und Gericht hält, wer erlöst ward!

MINNA: In welchen Versen wechselten diese beiden Strophen ab?

SELMER: Jede in dem dritten. Die erste ließ in diesem

Verse ein wenig an Schnelligkeit nach; die andre nahm auf
gleiche Weise zu.

3.

$$- - \breve{\smile} \smile - \breve{\smile}, \smile \smile - \breve{\smile}, - - \smile,$$
$$- \smile -, \smile \smile - \smile -, \smile \smile - \smile -,$$
$$\smile \smile - \breve{\smile}, \smile \smile - -, \smile \smile -$$
$$\breve{\smile} - \smile - -, \smile \smile - \smile.$$

Gott sei und dem Lamm sei, das erwürgt ward, Anbetung!
Jubelpreis dem erhabnen Sohn! Du entriefst der Nacht
Der Verwerfung, die der Tod traf! o wir sind
Entflohn dem Abgrund des Verderbens!

4.

$$- \smile \smile \smile -, - \smile \smile \smile -,$$
$$- \smile \smile -, - \smile \smile -, - \smile \smile -,$$
$$- \smile -, \smile \smile - \smile - \smile \smile -,$$
$$- \smile \smile \smile -, - \smile \smile -, - \smile \smile -.$$

Ach zu dem Triumph schweben wir empor,
Engel, und ihr, Erben des Lichts, kommen zu des Sohns
Himmelsgesang! Du o Tod, du Flug zu dem Genuß!
Gräber, und ihr Graun, Wonne seid ihr, Himmel und sein Heil!

5.

$$\smile \smile - \smile, \smile \smile - \smile, \smile \smile \smile -,$$
$$- \smile \smile - \smile \smile - \smile \smile -,$$
$$- - \smile, \smile \smile -,$$
$$\smile \smile - \smile \smile \smile -.$$

Wie die Freude, wie die Wonne, wie des Triumphs
Inniges, jauchzendes, heiliges Lied
Nachhallen? wie den Preis
Der Vollendeten am Thron?

6.

$$- \smile \smile \smile -, - \smile \smile \smile -, \smile \smile -,$$
$$- \smile \smile \smile -, - \smile \smile \smile \smile -, - \smile -,$$

$$- \cup -, \cup \cup - \cup \cup -,$$
$$- \cup \cup \cup \cup -, - \cup \cup -, - \cup \cup -\cdot$$

Schwinge dich empor, Seele, die der Sohn des Lichts
Erbe sich erschuf! selige, die versöhnt Jesus hat!
Sing ins Chor der Vollendeten am Thron!
Stammelten sie nicht auch Laute, wie du, bebenden Gesang?

Der Schluß des zweiten und der Anfang des dritten Verses
machen in dieser Strophe die *Abwechslung* aus. Wenn der
zweite mit einem Daktylus schlösse, und der dritte in einem
fortliefe, so nämlich: $- \cup - \cup \cup - \cup \cup \cup -$, so würde die
verminderte Schnelligkeit unmerklich sein, und die alsdann
zu schnelle Strophe zu den *steigenden* gehören.

7.

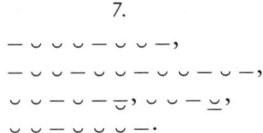

Donnr' es, o Gesang, in der Nacht
Schrecken hinab, zu Gehenna's Empörer hin:
Die am Staub' einst Elend, und der Tod traf,
Sie erwachen zu dem Schaun!

8.

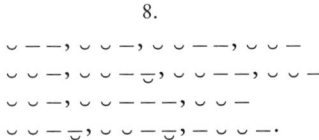

O Aufgang aus der Höh', o des Herrn Sohn! du o Licht
Von dem Licht, der erlöst hat, doch dereinst auch auf den Thron
Des Gerichts mit der Waagschal' steigt, und es wägt,
Was getan hat, wem umsonst floß Golgatha's Blut.

Langsame, steigende Strophe.

∪ ∪ — — ∪, ∪ — — ∪ ∪ — — ∪,
— — ∪, ∪ — — ∪, ∪ — — — ∪,
∪ ∪ — — ∪, ∪ — — ∪ — — — ∪,
∪ — — ∪, ∪ — — ∪, ∪ — — — ∪·

O der Angst Stimme, die herrufend vom Abgrunde
Dumpf tönet', aus Staubwolken zu Licht aufklagte!
Und nunmehr sterbend noch graunvoller schwieg, furchtbarer,
Verstummt, schrecket', als hinsinkend sie Wehklag' ausrief!

Langsame, sinkende Strophe.

— ∪ —, — ∪ —, — — ∪
— — ∪, — — ∪ — ∪ —
∪ ∪ — —, — ∪ — ∪ —,
— ∪ —, — ∪ —, ∪ ∪ — ∪·

Meer, du standst! Gott gebot's! Tagwolke,
Nachtwolke schwebt' hinten nach dem Heer
Des Gesetzvolks. Gott erschreckt', und traf
Pharao's Roß und Mann von der Wolke.

Langsame, abwechselnde Strophen.

1.

∪ — — ∪, ∪ — — ∪, ∪ — — — ∪,
— — ∪, ∪ — — — ∪, ∪ — — — ∪,
∪ — — — — ∪, ∪ ∪ — — ∪,
∪ ∪ — —, — ∪ ∪ — — ∪, — ∪ — ·

Posaunenrufen der Heerlager, die ernstanbetend
Fortzogen, umscholl wehdrohend der Palmstadt Türme:
Der Todstag kam dunkel, und des Herrn Heer zog
Und es sank fürchterlich aufdonnernd Jericho!

2.

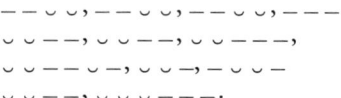

Selbständiger! Hochheiliger! Allseliger! tief wirft, Gott!
Von dem Thron fern, wo erhöht Du der Gestirn' Heer schufst,
Sich ein Staub dankend hin, und erstaunt über sein Heil,
Daß ihn Gott hört in des Gebeintals Nacht.

3.

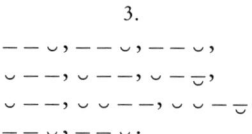

Geh unter, Stadt Gottes, geh unter!
In Kriegsschrein! in Rauchdampf! und Glutstrom!
Versink', ach! die des Herrn Arm von sich wegstieß,
Sei Trümmer, Stadt Gottes!

4.

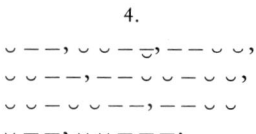

Die Gott rächt, in Gestirnglanz, Glückselige,
In des Heils Kleid, ausduldende Märtyrer,
Zu dem Erb' in dem Lichtreich, kommt freudig ihr,
Die Gott rächt, von dem Nachttal her!

5.

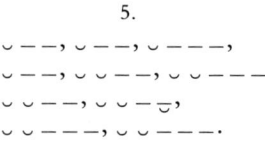

Sie sind's, ach! die wehdroh'nd der Aufruf schreckt,
Sie stehn auch von dem Tod' auf! O verschlöß Nacht stets
Und das Grauntal der Verwesung
Die des Throns Ausspruch in den Abgrund stürzt!

Schnelle, schwebende Strophe.

— ◡ ◡ —, — ◡ ◡ —, ◡ ◡ — ◡,
— ◡ ◡ —, ◡ ◡ — ◡, ◡ ◡ — ◡,
— ◡ ◡ —, ◡ ◡ — —, — ◡ ◡ —,
◡ ◡ — ◡, — ◡ ◡ —, — ◡ ◡ —.

Liebe des Sohns, himmlisches Heil, dem Verstande
Göttliches Licht! vom Altar Glut dem Gefühle!
Tag, der erwacht, in das Meer nicht unterzugehn,
Der Erlösten ewiger Tag, Liebe des Sohns!

Die Bemerkung des Ohrs muß oft sehr fein sein, die den Unterschied, zwischen der *abwechselnden* Strophe, und der Strophe des *Übergangs* macht. Ich würde, wenn ich nicht in Gesellschaft so genauer Untersucher wäre, einige der letzten Art abwechselnd nennen. Die Strophen des *Übergangs* sind sich darin unähnlich, daß der Übergang, bald durch einen oder zwei Verse, bald auch nur durch einen Rhythmus; bald aber in jedem Verse durch veränderte langsamere oder schnellere Rhythmen, gemacht wird. Ich verlange eben nicht, daß Sie, indem ich vorlese, an dieses alles denken sollen; es ist mir genug, wenn Sie nur auf den Eindruck Acht haben, den die Bewegung der Strophen auf Sie macht. Gleichwohl will ich die, welche in jedem Verse *übergehn*, zuletzt lesen. Diese Strophen sind, in einer gewissen Betrachtung, *schwebend*. Bei den eigentlichen *schwebenden* Strophen bleibt sich entweder die Schnelligkeit oder die

Langsamkeit gleich; und bei jenen das *Übergehende*. Doch sparen Sie diese, und alle andre Anmerkungen, für die zweite Lesung auf; und hören jetzt.

Übergehende Strophen.

1.

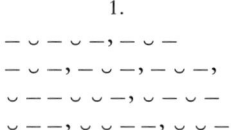

Fanget bebend an, atmet kaum
Leisen Laut; denn es ist Christus Lob,
Was zu singen ihr wagt. Die Ewigkeit
Durchströmt's, tönt von Aeon fort zu Aeon!

2.

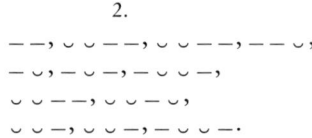

Gott sei, ja dem Sohn sei, der zu Gott geht, Anbetung!
Werft die Krone, werft, Engel, auch ihr
In Triumphgange die Palme,
Daß der Herr sie euch gab, nieder am Thron!

3.

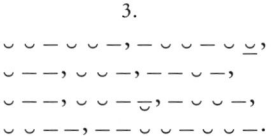

Sie versinkt, sie versinkt Babel! Der Täuscherin
Gefüllt ist mit Gifttrunk, schnelltötend schäumt
Ihr Kelch auf! O es füllt dir, Babel, dafür
Des Gerichts Kelch vollmessend, der wiedervergilt!

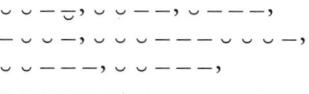

4.

∪ ∪ — ⏑, ∪ ∪ — —, ∪ — — —,
— ∪ ∪ —, ∪ ∪ ∪ ∪ — — ∪ ∪ —,
∪ ∪ — — —, ∪ ∪ — — —,
∪ ∪ ∪ — — —, ∪ ∪ ∪ — — —·

Wo erhöht Er in dem Lichtreich, im Glanz thront, dort
Stieg er herab, und den Gerichtsruf donnerte sein Heer!
Und die Grabnacht gab, die sie wegnahm, her,
Da des Gerichts Ruf tönt', und das Gebirg einsank.

5.

— ∪ —, — ∪ —, ∪ ∪ — — —,
∪ — —, ∪ — ⏑, ∪ ∪ —
∪ — —, ∪ ∪ — —, — ∪ ∪ —,
— ∪, — — ∪, — — ∪, — ∪ ∪ ∪ —·

Tot', erwacht! Tot', erwacht! Der Gerichtstag hallt's,
Der Aufruf der Ernter, das Gefild
Ertönt froh; der Staub hört's da, wo er sanft
Schlummert, hinschallen; Schutzengel rufen ins Gericht!

6.

∪ — —, ∪ — —, ∪ ∪ — ∪,
∪ — ⏑, ∪ ∪ — ⏑, ∪ ∪ — ∪,
∪ ∪ — ∪ ∪ — ∪ ∪ —,
∪ ∪ — ∪ ∪ ∪ —, ∪ ∪ —·

Ihr lieft nicht die Laufbahn des Erdulders,
Des Pilgers, da hinab nicht, wo der Tod war!
Ihr Unsterblichen, sahet das Grab
Nicht eröffnet, und gefüllt mit Gebein.

7.

∪ — — ∪, — ∪ — ∪ — ∪ —,
∪ ∪ — — ∪, — ∪ — ∪ ∪ —
∪ ∪ —, — ∪ ∪ — ∪ ∪ —
∪ — — ∪, ∪ — ∪ ∪ — — —·

Gerichtsdonner, ach zu furchtbar tönest du
In die Grabmahle! Längrer, ewiger Schlaf
Ist ihr Flehn; aber sie kommen aus der Nacht
Und wehklagen: O falle, Gebirg, deck' uns!

8.

◡ ◡ — —, ◡ ◡ — —, ◡ — —, ◡ ◡ — ◡,
◡ ◡ ◡ — —, ◡ ◡ ◡ — —, ◡ ◡ — ◡̆,
◡ — — —, ◡ ◡ — — —, ◡ ◡ — — —,
◡ ◡ — — —, ◡ ◡ ◡ — — —, ◡ ◡ — — —.

Da ihr Gang Flug, und ihr Ausruf Gesang ward der Entzückung,
Da vom Gefild' her sich ihr Triumphzug zum Gerichtsthron
Emporschwang, nahm zu dem Erb' auf Er, den am Kreuz Gott sah,
In das Lichtreich auf, die des Altars Blutruf vom Gericht lossprach!

9.

— — ◡, ◡ — — ◡, ◡ — — ◡, ◡ — — —
— — ◡, ◡ — — ◡, ◡ — — ◡, ◡ —, — ◡ —,
◡ — —, ◡ — — — ◡, ◡ — — —,
◡ ◡ — ◡̆, — ◡ ◡ —, ◡ ◡ — — —.

Wehklagen, und bang Seufzen vom Grauntale des Abgrunds her,
Sturmheulen, und Strombrüllen, und Felskrachen, das laut
                                        niederstürzt',
Und Wutschrein, und Rachausrufen erscholl dumpf auf;
Wie der Strahl eilt, schwebten wir schnell, und in Wehmut fort.

10.

◡ — —, ◡ — —, ◡ — ◡̆, ◡ — — —,
◡ ◡ — —, ◡ ◡ — ◡̆, ◡ ◡ — —, ◡ — — —,
— ◡ ◡ —, — ◡ ◡ —, ◡ ◡ — — —,
— ◡ ◡ —, — ◡ ◡ ◡ —, ◡ ◡ ◡ — — —.

Am Thron rollt die Heerschaar, als göß sie ein Meer weit aus,
Des Gerichts Bücher voll Ernst auf; und die Glanzschrift erschreckt
                                        fernher!
Eilet empor, Erstlinge, schwebt den Triumphflug, kommt,
Richtet mit dem, welchem sich die Höh', und das Gebeintal bückt!

11.

Begleit' Ihn zum Thron auf, o Lichtheer,
Mit der Harf' Ihn, der Posaun'hall, und dem Chorpsalm,
Jesus, Gottes Sohn! Menschlich ist Er!
Gnädig! das rufest du laut, blutiger Altar!

12.

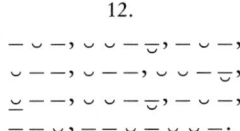

Goldpalast, und bemoost Dach stürzen ein!
Im Erdgrab', und Weltmeer, wer entschlummert
Schon lang lag, der erwacht; wer lebet, hört
Graunvolles Erdbeben, stirbt! und erwacht!

13.

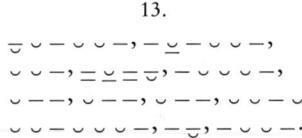

O sie kommen herauf! Mühsam, wandelten sie
In des Tods bangem Nachtpfad; glückliche, befreit,
Entflohn sind sie weit weg vom Elend! und Entzückung
Ist ihr Weinen da herauf, Wehmut himmlischer Ruh!

14.

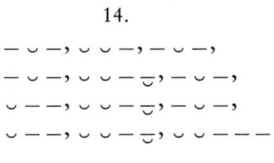

Ernst ist er des Gerichts dunkler Tag;
Todesgang und des Sturms Flug eilt des Herrn
Gerichtstag! Prophezeiung gegen sie,
Bewölkt einst, Prophezeiung, wie erfüllt Gott dich!

15.

```
ᴗ ᴗ —, — — — — ᴗ —,
ᴗ ᴗ ᴗ —, — — — — — ᴗ —,
— ᴗ ᴗ ᴗ —, — ᴗ —, — ᴗ ᴗ ᴗ —,
— ᴗ ᴗ ᴗ ᴗ —, — ᴗ —, — ᴗ ᴗ ᴗ ᴗ —.
```

Das Gewand weiß, bluthell hob zum Thron
Sie sich empor, stand ernst, anschauselig da,
Schimmerte die Braut! Sanften Ton, festliche Melodien,
Freudigeres Gefühl, strömtet ihr, Donnerer in dem Gericht!

Von der ionischen Versart.

SELMER: Sie kennen den schönen Rhythmus des Jonikus.
Ich habe eine mir mitgeteilte Versart nach ihm genannt. Ein
großer Dichter könnte ihr, durch ein Gedicht von vielem
Inhalte, seinen Namen geben; und so würde ich gar nichts
dawider haben, wenn sie ihre griechische Benennung ver-
löre. Ihr Schema ist:

Der Jonikus ist der herrschende Fuß; nach ihm kommen der
Anapäst und der Baccheus von ungefähr gleich oft vor. Da
die beiden ersten schon so viel Bedeutung haben, so durfte
ein dritter, nur unter der Bedingung einer großen Ähnlich-
keit mit dem herrschenden, hinzukommen.

WERTHING: Aber warum wurde, eben dieser Ähnlichkeit wegen, der Baccheus nicht zum zweiten nach dem herrschenden gemacht, und der Anapäst merklich seltner gebraucht?

SELMER: Weil die Versart auf diese Weise eintönig geworden wäre. Der Jonikus ist nicht in der ersten Abteilung; weil er sonst zu oft vorkommen, und also zu stark würde gehöret werden. Der vierte ist ohne den Anapäst, weil der Schluß des Verses den Hauptton der Versart haben soll. Der Baccheus darf nur selten für den Jonikus in der vierten Abteilung gesetzt werden; es muß aber auch nicht zu selten geschehn, damit der Schluß des Verses zwar merklich, aber auch nicht eintönig sei. So oft nach der Regel, und nach der Erlaubnis, ähnliche Füße mit einander abwechseln zu lassen, der Didymäus für den Jonikus steht (in der vierten Abteilung steht er niemals), so ist er allezeit ein Wortfuß, damit er dem Verse seinen Hauptton nicht nehme. Überhaupt sind die Füße in dieser Versart oft Wortfüße. Ihr schnellster Vers ist:

$$\smile \smile -, \smile \smile -, \smile \smile -, \smile \smile - -, \smile - \smile$$

O entfleuch zum Gebein, ins Gefild, wo die Schlacht schweigt, Erobrer

der langsamste:

$$\smile - -, \smile - - \smile, - -, \smile \smile - -, \smile - -$$

Und ruf dort dir selbst, Würgen, Weh zu, daß des Herrn Zorn
nicht donnernd

und vielleicht der schönste:

$$\smile - -, \smile \smile - -, \smile \smile -, \smile \smile - -, \smile - -$$

Der aufsteh, du den Wehruf des Gerichts von dem Thron her
nicht tot hörst.

WERTHING: Zu dem Schlusse eines Verses scheinen mir sieben Silben, davon noch dazu viere lang sind, zu viel zu sein. Man höret nur den letzten Fuß als Schluß.

SELMER: Es kommt nur darauf an, daß der Jonikus vor dem letzten Fuße gewöhnlich wieder gehört werde. Ob Sie diese beiden letzten Füße den Schluß, oder die letztere kleinere Hälfte des Verses nennen, entscheidet in Absicht auf seinen Rhythmus nichts.

WERTHING: Der ionische Vers scheint mir ein wenig zu lang zu sein.

SELMER: Ich vermute, daß Sie den Hexameter zum längsten Verse annehmen, der gemacht werden darf. Wenn dies der Entscheidungsgrund sein soll, so ist der ionische Vers zu lang. Der Hexameter hat, wie Sie wissen, beständig vier und zwanzig Zeiten; der ionische wechselt von acht und zwanzig bis zu zwei und zwanzig ab. Wenn er Inhalt hat, und nicht bloß wegen seines starktönenden herrschenden Fußes eine gewisse Fülle der Deklamation erfordert; so scheint er mir nicht zu lang zu sein.

WERTHING: Man könnte, deucht mich, auch das an ihm tadeln, daß er nicht beständig eben dieselben Zeiten hat.

SELMER: Tadeln Sie es an Sophokles Verse, daß seine Abwechselungen von ein und zwanzig bis zu achtzehn zurückgehn? oder an den andern Silbenmaßen der Griechen, die wir miteinander untersucht haben, daß die Zahl ihrer Zeiten ungleich ist?

WERTHING: Wenigstens ist es ein Vorurteil gegen die ionische Versart, daß die schönste Versart der Griechen, ihre epische, in jedem Verse gleiche Zeiten hat.

SELMER: Ich glaube nicht, daß der Erfinder des Hexameters an die Gleichzeitigkeit seiner Füße gedacht hat. Sie wird nur von denen, und zwar nur einigermaßen gehört, welche die Anmerkung, daß sie da ist, gemacht haben. Was sagen

Sie, Minna? scheinen Ihnen diese beiden Verse, die im Homer aufeinander folgen, gleichzeitig zu sein:

— — — — — — — — —
Tläton gar moirai thümon theson anthroopoisin.

— — — — — — — —
Avtar hog' Hektora dion epei philon ätor apäura!

MINNA: Mir scheint der erste viel länger zu dauern, als der zweite.

WERTHING: Aber bei Versen, die nicht so sehr kontrastieren, als diese, ist die Gleichzeitigkeit merklicher.

SELMER: Ich habe Ihnen schon zugestanden, daß diejenigen, welche die Anmerkung gemacht haben, die gleichen Zeiten einigermaßen hören können. Aber ich frage Sie: denken Sie daran, wenn Sie den Homer deklamieren?

WERTHING: Das tu' ich freilich nicht.

SELMER: Überhaupt seh ich die Gleichzeitigkeit des Hexameters nur als eine Mannichfaltigkeit weniger an. Ich würde sie ein zu künstliches Ebenmaß nennen, wenn sie merklicher wäre.

WERTHING: Nicht jede Mannichfaltigkeit ist eine Schönheit.

SELMER: Aber diejenige, nach welcher die Verse ungleiche Zeiten haben, ist es deswegen, weil sie etwas dazu beiträgt, daß der poetische Periode nicht immer in *gleiche Absätze* geteilt wird. Die Regel, daß der Künstler die Kunst verbergen müsse, fodert hier die Verbindung der Ähnlichkeit mit der Gleichheit. Sonst muß ich von dieser Versart noch anmerken, daß sie durch ihren starken Rhythmus nahe ans Lyrische grenzt.

Neue Silbenmaße

Fragment

SELMER: Der Anapäst, den ich nur sparsam in der tragischen Versart brauchen durfte, hat einen so schönen Gang, daß er verdient in einer andern der herrschende Fuß zu sein. Ich gebe ihm den Baccheus zum Begleiter, weil dieser das Feuer desselben, ohne es zu unterdrücken, am besten mäßigt.

Das Schema der anapästischen Versart ist:

$$\cup \cup -, \cup \cup -, \cup \cup -, \cup \cup - \cup \cup, - \cup -\cdot$$
$$\cup - -, \cup - -, \cup - -, \cup - -\cdot$$

Sie sehen gleich, daß der schnellste Vers dieses Silbenmaßes folgender ist:

$$\cup \cup -, \cup \cup -, \cup \cup -, \cup \cup - \cup \cup, - \cup -\cdot$$

Es erscholl vom Gebirg in der Nacht ein geflügelter Donnerruf.

Und der langsamste:

$$\cup - - \cup, - -, \cup - - \cup, - - \cup, \cup -, \cup -\cdot$$

Da lautheulend Sturmwind' an Felsklüften herbrausten, und Schlag
auf Schlag

Vielleicht hat dieser den schönsten Tonverhalt:

$$\cup \cup -, \cup - -, \cup \cup -, \cup \cup - \cup, \cup - \cup -\cdot$$

Und er sang, was stillsteh'nd der Eurot, von Apollo, der Schäfer war.

Oder der:

$$\cup \cup -, \cup - -, \cup \cup - \cup \cup, - \cup, \cup -, \cup -\cdot$$

Mit dem Wehn des Palmbaums in gelehrigen Hainen entzückt
vernahm.

WERTHING: Für welche Materien würden Sie diese Versart vorzüglich bestimmen?

SELMER: Für alle, die mit einem gewissen feurigen Ernste müssen ausgeführt werden. Überhaupt gehört sie nur für eine Ausführung, die starke poetische Farben hat.

Weil Sie doch so vielwissend in der Kenntnis des Silbenmaßes geworden sind, Minna; so will ich Sie eine andere Versart, die ich habe, entdecken lassen. Hören Sie, und sagen Sie mir das Schema derselben.

Wenn der Morgen in dem Mai mit
　　der Blüten erstem Geruch erwacht;
So begrüßet ihn entzückt vom betauten Zweige
　　des Walds Gesang,
So empfindet, wer in Hütten an dem Walde
　　wohnet, wie schön du bist,
Natur! Jugendlich hellt sich des Greises Blick,
　　und dankt! Lauter freut
Sich der Jüngling. Er verläßt mit des Rehes
　　leichterem Sprung den Busch,
Und ersteigt bald den erhöhteren Hügel, stehet
　　und schaut umher,
Wie Aurora mit dem röthlichen Fuß auf
　　die Gebirge tritt,
Und den Frühling um sich her mit dem Wehn
　　der frühen Luft sanft bewegt.
Wenn der Morgen des Dezembers in
　　des Frostes Düften erwacht, und glänzt;
So begrüßet ihn mit Hüpfen von
　　dem Silberzweige der Sänger Volk,
Und ersinnet für den künftigen Mai
　　neue Gesänge sich,
So empfindet wer in Hütten auf dem Lande
　　wohnet, wie schön du bist,
Natur! Munter erhellt sich des
　　gestärkten Greises Blick! Mehr noch fühlt
Sich der Jüngling. Er enteilt mit des Rehes

leichterem Sprung dem Herd,
Und im Laufe zum besternten Landsee, blickt
er umher, und sieht,
Wie Aurora mit dem rötlichen Fuß halb
im Gewölke steht,
Und der Winter um sich her das Gefild
mit Schimmer bedeckt, und schweigt.
O ihr Freuden des Dezembers! Er ruft's, säumt
nicht, betritt den See,
Und beflügelt sich mit dem Stahle den Fuß. Ein
Städter, sein Freund, verließ
Den Kamin früh. Er entdeckt von dem hohen Roß
in der Ferne schon
Den Landmann, wie er schwebt, und den Kristall
hinter sich tönen läßt.
O ihr Freuden des Dezembers! so ruft
der Städter nun auch, und springt
Von dem Rosse, das in Wolken des Dampfes
steht, und die Mähne senkt.
Jetzt legt auch die Beflüglung des Stahls der
Städter sich an, und reißt
Durch die Schilfe sich hervor. Sie
entschwingen, Pfeilen im Fluge gleich,
Sich dem Ufer! Wie der schnellende Bogen
hinter dem Pfeil ertönt,
So ertönt das erstarrte Gewässer hinter
den Fliegenden.
Mit Gefühle der Gesundheit durchströmt die
frohe Bewegung sie,
Da die Kühlungen der reineren Luft ihr
eilendes Blut durchwehn,
Und die zarteste des Nervengewebs Gleichgewicht
halten hilft.
Unermüdet von dem flüchtigen Tanze schweben
sie Tage lang,
Und musiklos gefällt er. Wenn am Abend
rauchender Winterkohl

Sie geletzt hat, so verlassen sie schnell die
    sinkende Glut des Herds,
Und beseelen sich die Ferse, die Ruh der
    schimmernden Mitternacht
Durch die Freuden des gewagteren Laufs zu
    stören. Sie eilen hin,
und verlachen, wer noch jetzt bei dem Schmause
    weilet, und schlummernd gähnt.
Die Gesünderen und Froheren wünscht der
    kennende Zeichner sich,
Und vertauschte das gelohnte Modell gern mit
    dem freieren!
  Da der Weichling Alzindor so gesprochen,
    gürtet er fester noch
Sein Rauchwerk! Und die Flamme des Kamins
    schwinget noch lärmender
In dem neuen Gehölze sich empor! Dicker
    und höher steigt,
Aus der vollen unermeßlichen Schale, duftend
    von weißem Rack,
Der Punschdampf! An des Schwätzenden Stahlen
    naget indes der Rost!

MINNA: Ihr Blatt. Ich muß es selbst durchlesen. Haben
Sie die Versart schon heraus, Werthing?

WERTHING: Es kommt mir so vor.

MINNA: Wenn Sie Ihrer Sache gewiß sind; so schweigen
Sie. Dies ist Ihre Versart, Selmer. Je gewisser ich meiner
Sache zu sein glaube, desto weniger müssen Sie mich auslachen, wenn ich's nicht getroffen habe; sonst werde ich böse,
und nicht in Scherze böse.

WERTHING: Es ist mir sehr angenehm, daß Sie es nicht in
Scherze werden wollen; aber schreiben Sie.

MINNA: Noch einen Augenblick.

˘ ˘ — ˘, ˘ ˘ — ˘, ˘ ˘ — ˘, — ˘ ˘, — ˘ —.
˘ ˘ —, ˘ ˘ —, ˘ ˘ —, — ˘ —, — ˘ —.
˘ — —, ˘ — —, ˘ — —.

Der Didymäus ist der herrschende Fuß, (an dessen Stelle, der Ähnlichkeit wegen, der Jonikus auch wohl einmal gesetzt wird) der Anapäst derjenige, der am oftesten mit ihm abwechselt; der Baccheus, der am seltensten vorkömmt. Der gewöhnlichere Ausgang ist der Daktyl und Kretikus.

SELMER: Heiners, wollen Sie Richter sein: Ob ich Minna böse machen kann? Da haben Sie unsre beiden Blätter.

HEINERS: Ich muß Ihnen gestehn, daß ich nicht genau genung Achtung gegeben habe.

MINNA: Oder haben Sie vielleicht noch eine andre Ursache, daß Sie den Ausspruch nicht tun wollen?

HEINERS: Lassen Sie mir wenigstens etwas Zeit.

MINNA: Ich kann das nicht abwarten. Sagen Sie mir, Selmer, hab' ichs getroffen, oder nicht?

SELMER: Ich wollte jetzt, ich hätt' es nicht schon so oft gesagt, daß Sie eine sehr angenehme Zuhörerin sind.

MINNA: Wenn ich jemals Dichterin werde, so zieh' ich diese Versart gewiß andern vor. Erst, welche Schnelligkeit, so oft drei kurze Silben hintereinander; und dann hält man diese Schnelligkeit doch auch durch den Baccheus, und den doppelten Kretikus des zweiten Ausgangs auf.

SELMER: Die Anmerkungen, die ich noch darüber zu machen habe, sind ungefähr diese: Der Baccheus darf niemals auf den Didymäus folgen, um die Gleichheit mit dem Schlusse des Hexameters zu vermeiden. Der herrschende Fuß muß wenigstens einmal in jedem Verse vorkommen. Ich nenne dies Silbenmaß nach diesem Fuße das päonische.

Lyrische Silbenmaße:

— ◡ ◡ —, ◡ — ◡ —,
◡ — ◡ ◡ —, — ◡ ◡ —,
◡ ◡ —, — ◡ ◡ — ◡,
◡ — —, ◡ ◡ — ◡.

Klang des Gefühls, du ladest mich
Zum neuen Gesang immer noch ein!
O des Hains Quelle, Siloa,
Die stillstehnd bei der Harfe

◡ ◡ — ◡ — ◡ — ◡ ◡ — ◡ —,
◡ — ◡ ◡ — ◡ — — ◡ ◡ —,
◡ — ◡ — ◡ ◡ — ◡ — ◡ ◡ —,
◡ — ◡ — ◡ ◡ — ◡ — ◡ ◡ —.

Zu der Schlacht, zum Sieg' heran! Der Gespielen Schwert
Beströmte schon Blut! Heran! zum Tode vielleicht.
Sie trauert nicht des Geschreckten Mutter; es weint
Die edle Träne gern, die den Kühnen gebar!

— ◡ — ◡ ◡ — ◡ ◡ — — ◡,
◡ ◡ —, ◡ ◡ —, ◡̱ — —
— ◡ ◡ — ◡̱ — ◡,
◡ — —, ◡ — —, ◡ ◡ — ◡.

Endlich stürzte das Wetter den Schlag furchtbar
In das Meer! und der Strahl zückt' hoch her!
Aber noch schwieg das Meer stets;
Und bleich sah der Steuermann zu der Wolk' auf.

— ◡ ◡ —, ◡ ◡ — ◡ ◡, — ◡ ◡ —, ◡ ◡ — —,
— ◡ ◡ —, ◡ ◡ — — —, ◡ ◡ — ◡ ◡ — ◡,
— ◡ —, ◡ ◡ — ◡ ◡ — ◡ ◡ — ◡ —,
— ◡ ◡ ◡ — ◡ ◡ — — —.

Schrecklich erscholl der geflügelte Donnergesang in der Heerschaar!
Jeden entflammt in des Angriffs Zorn des unsterblichen Namens
Heißer Durst; und je blutiger einem die Wunden strömten,
Desto triumphierender drang der ein!

Vom deutschen Hexameter

Fragment

Es sind etwa dreißig Jahre, daß einige deutsche Dichter den Hexameter der Griechen, dessen Regel die Verbindung des Daktyls und des Spondeen, als künstlicher Füße, ist, durch die Annahme des Trochäen zum neuen künstlichen Fuße, *verändert*, und in diesem Silbenmaße geschrieben haben. Die Veränderung ist wesentlich. Denn sie setzt einen Hauptzug zur Bildung des Verses hinzu: und nicht nur das, sie will auch, daß dieser Hauptzug, der Trochäe nämlich, merklich öfter als der Spondee vorkomme. Unser Hexameter ist also nicht sowohl eine griechisch-deutsche Versart, sondern vielmehr eine deutsche. Durch den Gebrauch der künstlichen oder der Füße der Regel entstehen Wortfüße, welche die eigentlichen Teile des Verses sind, und auf die auch der Zuhörer, den die künstlichen gar nichts angehn, allein achtet. Von jenen bekommen die Griechen nach ihrer Regel siebzehn: und wir nach unsrer zwei und zwanzig, (die fünf- und mehrsilbigen, welche diese Mannichfaltigkeit noch sehr vermehren, werden hier nicht mitgerechnet) und also fast den vierten Teil mehr Abwechslung, oder *so viel mehr Anlaß, gewisse Beschaffenheiten der Empfindung und Leidenschaft und der sinnlichen Gegenstände auszudrücken.*

Das neue Silbenmaß hat viel Widerspruch und viel Beifall gefunden; und diesen zwar, wie ich teils aus eigner Erfahrung weiß, am gewöhnlichsten bei völligen Laien, die unverwahrlost von theoretischer Hörsagerei sich dem Eindrucke überließen: und auf der andern Seite bei tiefen Kennern der Verskunst, die mit dem Alten, bis zu seiner Berichtigung, bekannt, das Neue bald durchschauten.

Der Raum zwischen diesen und jenen ist nicht klein. Die Halbwisser, die ihn einnehmen, hätten aus den schlechten Hexametern lernen können, wie dieser Vers nicht gemacht, und aus den guten, wie er gemacht werden müsse. Aber es fehlte ihnen wohl auch hier an der Gabe der Unterscheidung. Nun so hatten sie ja genung Theoretisches, das von Verschiednen über die Sache geschrieben war; vielleicht aber auch nicht genung. Denn es könnte ja wohl sein, daß man aus Neigung, Vollständigkeit und Kürze zu verbinden, etwan hier und da sehr nahliegende Erläuterungen nicht gegeben, oder Folgerungen dem Leser überlassen, und sich in der Hoffnung, daß er sie machen würde, betrogen hätte. Sollte ich in diesem Punkte, denn ich habe das Theoretische des Hexameters auch berührt, ein Mitschuldiger sein; so denk' ich meinen Fehler durch diese kleine Schrift wieder gut zu machen. Und da ich jetzt nun einmal umständlicher sein will; so werd' ich zugleich auf Verschiednes kommen, das ich auch sonst wohl denen, welche der Umständlichkeit nicht bedürfen, hätte vorlegen mögen.

Warum ich mir ehmals mit diesen Nebensachen zu schaffen gemacht habe, und mich jetzt sogar auf ihre umständlichere Entwicklung einlasse?

Gut, Nebensachen; aber nur in Vergleichung mit der Hauptsache, dem Denken: sonst gehört der Ausdruck des Gedachten, und zwar *in allen seinen Zweigen, zarten und starken*, so wenig zu den Nebensachen, daß dagegen sehr viele Dinge, die für wichtig und groß gehalten werden, zu den wahrsten Nebensächelchen einschrumpfen.

Ich bin sehr entfernt davon, es mir zum Verdienst anzurechnen, daß ich mit dieser so leichten Untersuchung vielleicht sogar jetzt noch zu früh komme.

Verschiednes von dem, was man im Folgenden finden wird, ist teils durch Einwendungen und Angriffe, und teils durch Meinungen, die weder das eine noch das andre sind, veranlaßt worden. Ich habe mich von diesem Faden leiten lassen, um zu zeigen, daß die nähere Beleuchtung der Sache eben so überflüssig nicht sei. Ich nenne niemanden, aber ich führe die Stellen, wider die ich etwas zu erinnern habe, wo nicht immer mit allen Worten, doch niemals so an, daß man sie nicht wieder kennen sollte. Ich mußte dies tun, weil man sonst diese und jene Stelle, wenn sie bei bloßer Anzeige ihres Inhalts weniger kenntlich gewesen wäre, für erdichtet hätte halten können. Es kann sein, daß hier und da Angriffe und Einwendungen unter einander zu stehen kommen. Gleichwohl denk' ich nicht, daß man sie verwechseln werde; weil sich die *Angriffe*, durch stolze Parteilichkeit und demütige Gründe, immer merklich, und oft auffallend unterscheiden.

Bei Erwähnung der Angriffe fürchtet man vielleicht, daß ich ein Betragen, mit dem man zufrieden gewesen ist, jetzt ändre, und mich, nach so langem Stillschweigen, auf das Antworten einlasse. Aber man hat diese Furcht nicht nötig, weil ich nicht mich, sondern eine Versart verteidige, die andre und ich vorgezogen haben. Man wird dies beim Fortlesen von selbst sehen; gleichwohl sag' ich es hier. So viel ist mir daran gelegen, daß man auch nicht einen Augenblick von mir glaube, ich sei nicht bei meiner alten guten Sitte geblieben.

Ein völlig griechischer Hexameter im Deutschen ist ein Unding. Kein deutscher Dichter hat je solche Hexameter gemacht, oder machen wollen. Etliche eingestreute dieser Art können hier nicht in Betrachtung kommen.

Ich kann mich dabei nicht wohl aufhalten, daß bald von griechischem Hexameter im Deutschen; und bald von deutschem die Rede ist. Genung, aus dem ganzen Vortrage, und aus einzelnen Stellen, in denen der Mund ohne Hehl übergeht, fällt sehr deutlich in die Augen, daß jener Unterschied nur zum Scheine gemacht wird, um dem deutschen Hexameter, durch Hülfe dieser Gebärdung, denn doch wenigstens mit einiger Schonung zu begegnen.

In folgenden Stellen wird unverhohlen herausgeredet:

»Der Jambus ist das einzige, wahre, echte, natürliche, heroische Metrum unsrer Sprache.«

»Wenn Homer, ein alter Deutscher im Zeitalter der Minnesänger oder Luthers, frei von klassischer Schulfüchserei und poetischer Pedanterei, gelebt hätte, so hätte er auch seine Ilias in Jamben gesungen.«

»Nichts als Nachahmungssucht, verdammte Nachahmungssucht hat uns auch hier wieder von der Natur abgezogen, und gegen den Genius der Sprache empöret.«

Im deutschen Hexameter ist der Daktyl der herrschende künstliche Fuß. Nach ihm werden der Trochäe am oftesten, und der Spondee am seltensten als künstliche Füße gebraucht. Hieraus folgt unter andern, daß er aus deutschen und griechischen Stücken zusammen gesetzt sei. Diese zu unsrer Sprache in hohem Grade passende Versart ist es, von der ich rede, und deren Verteidigung ich auch insofern, als sie der griechischen gleicht, übernehme. Es geht mich hierbei nichts an, daß es hier und da geschienen hat, als sollte wider das Phantom eines griechischen Hexameters im Deutschen gestritten werden.

1. »Man skandiere das erste das beste prosaische Buch. Eher skandiert man hundert zehnsilbige Jamben oder Trochäen, als nur einen Hexameter heraus.«

Bei dieser Vergleichung würde man dreierlei tun müssen. Erstlich müßte man, weil von Jamben oder Trochäen die Rede ist, auch den kleistischen kurz anfangenden Hexameter mit in Rechnung bringen; zweitens nicht ganze Hexameter verlangen, sondern zehnsilbige hexametrische Stücke, als zur Vergleichung völlig zureichend, gelten lassen; und sich endlich erinnern, daß man deutsche Hexameter aufzusuchen habe. Ich verlange übrigens, wie ich doch könnte, nicht einmal, daß man dabei den Silbenzwang, ohne den der Jambe schlechterdings nicht gemacht werden kann, auch dem Hexameter solle zustatten kommen lassen.

Bei dieser Art zu verfahren, der einzigen, durch die sich etwas zur Sache Gehöriges ausmachen läßt, möchte sich denn doch wohl das angegebene Verhältnis so ziemlich verändern.

2. »Man kann sagen, daß neun Zehntel der Sprache in das jambische Metrum recht bequem sich fügen, hingegen kaum ein Zehntel im Stande sei, richtige, gute Hexameter zu bilden«.

Hier würde also das vorher ins Weite hin angegebene Verhältnis festgesetzt.

Der dem Jamben *notwendige öftere Silbenzwang*, wenn nämlich die unveränderlich langen Silben, als kurze, die gleichen kurzen, als lange, und die nun bestimmten zweizeitigen auf eben die Art unrichtig gebraucht werden, der Silbenzwang widerspricht dem *bequemen* Fügen geradezu.

Die Ursach' dieses Zwanges ist, daß in unsrer Sprache sehr oft zwei kurze Silben, und nicht selten *zwei* lange neben einander stehen. Ich habe ihn (*Die Silben in Reime zwingen*, sagten unsre Alten, und taten's; wir sagen's nicht, aber wir tun's tapfer drauf los.) *notwendig* genannt, und zwar deswegen, weil der Dichter, der in Jamben schreibt, ihn nicht anders, als mit dem Verluste *sehr vieler Wörter und Wortstellungen* vermeiden könnte, und daher aufhören müßte zu denken, wie er wollte.

Aber auch nicht wenig zusammengesetzte poetische Wörter, und viele andere noch *unentbehrlichere* Wörter und Wortstellungen, (*wiedergegeben, untergegangen, ne-*

ben, über den Bergen u.s.w. dies greift sehr weit in der Sprache um sich) sind dem Jamben deswegen völlig unbrauchbar, weil bei ihnen *selbst der Silbenzwang nicht stattfindet.* Und dies ist denn doch wohl der höchste Grad der Unschicklichkeit einer Sprache zu einem Silbenmaße, wenn sie um seinetwillen eine *Menge* solcher Wörter und Wortstellungen, als so viele Reichtümer, deren Gebrauch größtenteils sogar zur Leibes Nahrung und Notdurft gehört, gleichsam im Kasten muß verrosten lassen.

Auf der andern Seite gewinnt der Hexameter eben dadurch, wodurch der Jambe verliert, nämlich durch das öftere Wiederkommen zweier Längen und zweier Kürzen, als welches von der Notwendigkeit des Silbenzwanges befreit, und die Sprache dem Dichter nicht allein nicht arm macht, sondern ihm vielmehr die Bereicherung derselben erleichtert.

Sie stellt aber auch eine Länge neben eine Kürze. Dies paßt eben so gut für den Hexameter, als für den Jamben. Denn jener hat ja den Trochäen zum neuen künstlichen Fuße angenommen.

Zu dem allen kömmt nun noch, daß man nicht ganz selten drei Längen neben einander antrifft. Dies ist dem Jamben noch nachteiliger, als es dem Hexameter, der auch den Spondeen zum künstlichen Fuße angenommen hat, vorteilhaft ist. Denn jener muß nun gar, in dem kleinen Umfange von drei Silben, den so widrigen Silbenzwang manchmal *verdoppeln.* Z.E. Wenn ein Vers mit *Angst wehklagt* anfängt, so werden *Angst* und *klagt* zu Kürzen gezwungen; wenn aber mit *Und Angst wehklagt,* so geht's nur über *weh* her.

Daß also das nun so hingewagte Verhältnis von eins zu neun nicht nur völlig ungegründet, sondern der Hexameter vielmehr, in Ansehung des bequemen Fügens, in der ganzen

Sprache zu Hause wäre; der Jambe aber nur einen Flügel, (wenn man ihm anders so viel einräumen kann) und zwar mit dem Hexameter in Gesellschaft, inne hätte.

Einige Wortstellungen lassen drei, auch wohl vier Kürzen auf einander folgen, und etliche Wörter und Wortstellungen bilden den Antispast ($\smile$ – – $\smile$ *Gesichtskreise*). In diese kleinen Nebengebäude darf der Hexameter nicht kommen; allein der Jambe auch nicht. Nur die lyrischen Silbenmaße, die mit dem ersten zugleich angetastet werden, gehen da zuweilen aus und ein.

3. »Der Verfasser gibt den Längen und den Kürzen drei Grade Verschiedenheit, (sie sollen sich gar noch viel weiter abstufen lassen) und glaubt auch dadurch das Nichteintönige des Jamben zu erweisen.«

Hiervon hernach.

Bei diesem Anlasse wird dem Hexameter vorgeworfen, daß er »1) Kürzen und Kürzen, 2) Längen und Kürzen, (Längen und Längen, welches doch mit zur Sache gehört hätte, werden ausgelassen,) in Ansehung ihrer Verschiedenheit, nicht gut zusammenstelle.«

Mir scheinen zwei Grade (auch bei den Griechen) zur richtigen Bestimmung der Sache zureichend zu sein: kleinere Längen nämlich und größere; so auch die Kürzen. Damit man aber nicht glaube, ich wolle durch Verwerfung dreier Grade Schwierigkeiten ausweichen, so lass' ich mich darauf ein.

Ich nehme also gleichfalls *lange*, *längere*, und *längste*; *kurze*, *kürzere*, und *kürzeste* Silben an.

Die zweizeitigen Wörter und Silben, die mehr lang als kurz, oder das Gegenteil sind, sollten hier, als solche, deswegen nicht mitgerechnet werden, weil sie im Verse schon bestimmt, und dann, wie die unveränderlichen Längen oder Kürzen, es in verschiednem Grade sind.

Das Ohr vergleicht neben einander stehende Silben, doch unter der Einschränkung, daß sie auch *zusammengehören*. In *ewige* gehören die beiden Kürzen zusammen; in *Eile*, *durchdring* gehn sie sich nichts mehr an, und werden daher auch nicht mit einander verglichen, *le* wird's nur mit *ei*, und *durch* mit *dring*. Hierdurch hört denn auch die Wirkung des Vergleichens auf, nämlich der Gefallen oder das Mißfallen an der Zusammenstellung. Da sie der Hexameter oft durch solche Wortfüße trennt; so fallen dadurch nicht wenig Vorwürfe der übeln Zusammenstellung weg.

Es muß aber auch oft verglichen werden. Ich will nur die Zusammenstellungen anführen, die mir beim Vergleichen dem Ohre zu mißfallen scheinen. Es verstehet sich dabei von selbst, daß ich die übrigen für gut halte.

Doch ich muß den mißfallenden eine Anmerkung voran schicken, die mir sehr zur Sache zu gehören scheint. Wenn uns nun der *kleine* Unterschied zwischen Kürzen und Kürzen, um jetzo nur dies zum Beispiele heraus zu nehmen, eben so unmerklich vorkäme, als wir durch die *Verwandlung* der Längen und Kürzen, durch den Silbenzwang, beleidigt werden? und also diejenigen Dichter, (ich gehöre mit darunter) die auf den angeführten Unterschied bei ihren Arbeiten gesehen haben, nicht eben hoffen dürften, aufmerksam darauf zu machen? Man wird gleich sehen, daß es selbst die Griechen nicht waren.

Die *kurze*, und die *kürzeste (zitternde)* scheinen mir nicht gut zusammen zu stehen. Allein hab' ich auch recht? Würde daraus nicht ein Einwurf wider die *längste* und die *kürzeste (träumte)* folgen? Denn diese stechen in ihrer Art noch mehr gegen einander ab. Wer wird aber den Einwurf machen? Ferner: Selbst der griechische Hexameter (dessen Anführung dem deutschen überhaupt so nachteilig eben nicht ist) läßt die kurze und kürzeste neben einander hören. Und geschieht es etwa selten? Wer kennt Homers so oft wieder kommendes *te kai* nicht? oder vielmehr wer kennt so etwas, und spricht gleichwohl nicht in einem Tone, als ob er nichts anders getan, als nur immer Homeren behorcht hätte? Allein noch einige andere Beispiele: protiballe *ai*, mäti *moi*, *hoi* olümpon, ei de *teu*, *ozoo* eni. Doch ich hätte diese Beispiele kaum anführen sollen, weil es im Grunde keine Kürzen, sondern durch den Silbenzwang gekürzte Längen sind. Aber desto mehr beweisen sie für mich.

Außer dem kommen hier auch die kurzen Silben in Betracht, welche den steigenden Akzent haben. Der Akzent hat überhaupt mit der Silbenzeit nichts zu tun; aber an den *kurzen Silben verändert er etwas.*

Mein Beweis ist: Die Griechen lassen manchmal sechs, sieben Kürzen auf einander folgen. Diese kann man unmöglich auf gleiche Art aussprechen; man muß eine oder zwei ein wenig heben. Und welche? Doch wohl keine andre, als die den steigenden Akzent haben? Mir scheint es, daß er die kürzeste zur kurzen mache. Und so wären denn die Silben *dó*, in *dedórü*, *pó*, in *pódes*, *mé*, in *ménos*, sie wären, sag' ich, *kurze* und stünden neben dazu gehörigen *kürzesten*.

So machte also Homer seinen Vers nicht selten, (wie hätte ich die Beispiele häufen können) und zwar in einer Sprache, »in welcher der Hexameter kaum unerfunden bleiben konnte,« und gleichwohl stellte sich kein Grieche über nicht beobachtete Verschiedenheit der Kürze ungebärdig an.

Wir kommen zu dem Verhältnisse, welches Längen und Kürzen unter einander haben.

Die *lange* und die *kurze* stehen nicht gut bei einander. Gleichwohl findet man in Homeren: *pe*, und *spé* in *lipe spéos: te* und *pros*, in *aüte proseeipe*, *de* und *ptó*, in *de ptólemos*, *ta* und *phré*, in *kata phréna*, *gál'* und *i*, in *megál' iachon*, und mehr solche.

In Ansehung des Verhältnisses der Längen zu Längen, verbindet man die *lange* und die *längste* nicht gern, wenigstens nicht so, daß jene voran steht. Dies ist das einzige, was bei den Graden der Silbenzeit Aufmerksamkeit verdient. Gleichwohl stellt Homer *the* vor *ptoor* in *elathe ptoor*; *ta* vor *zeus* in *mätieta zeus*; *des* vor *pür* in *thespiades pür*; *de* vor *prüm* in *de prümnäs*; *de* vor *smerd* in *de smerdnon*.

Ich hätte auch hier die Beispiele häufen können. (Man sieht von selbst, wie man das bisher Gesagte bestimmen müsse, wenn man mit mir zwei Grade Verschiedenheit für zureichend hält.)

Ich berufe mich überhaupt bei der Sache auf jeden, der nur ein wenig in Homeren blättern will, wie oft er dann die *eai*, die *ménos*, die *te pros*, und die *de smerd* antreffen, und *hören* wird, was er, auch in dieser Rücksicht, von allem dem Lärme zu halten habe, der da ins weite Allgemeine hin gemacht worden ist:

»Von den Sechzehnteln der griechischen Quantität, und von ihren Härchen! und von ihrem ins Kleine und Feine geteilten Takte! und von ihrem Gange, der kaum die Spitzen des Grases krümmt!«

Man setze voraus, die bisher untersuchte Verschiedenheit sei so merklich, daß der Dichter sehr darauf sehen müsse, welches gleichwohl nicht ist; man vergesse ferner, daß einige Dichter darauf *gesehen haben*, und sage, daß sie es, wegen der Unschicklichkeit der Sprache zum Hexameter, *nicht haben tun können*; man lasse ihnen nicht einmal zu, sich da, wo sie etwa nicht darauf gesehen haben, mit Homers Beispiele zu entschuldigen, welches doch rechtfertigt, und dies so sehr, daß es selbst das Unmerkliche jener Verschiedenheit bestätigt; (Nur in Nebensachen wie diese ist, glaub' ich mich auf Homeren berufen zu dürfen; sonst erlaub' ich es, wenn von Rechtfertigen die Rede ist, weder mir noch Andern.) kurz, man tue alles, was man nur immer will, um auch hier unserer Sprache Unschicklichkeit zum Hexameter aufzubürden: was ist es denn, das dabei, wenn man auch recht hätte, und wie unrecht hat man gleichwohl nicht, am Ende herauskäme? Nur dies: Der Hexameter kann die Verschiedenheit der kleineren und größeren Längen oder Kürzen, nicht beobachten. Aber wie unbedeutend ist das in Vergleichung mit diesem völlig Ausgemachten: Dem Jamben ist der Silbenzwang unvermeidlich.

In der ersten Versart könnte man also die Leute nur nicht im *Horchen* üben; aber in der zweiten, muß man ihnen das *Hören* verbieten.

Da ich durch das bisher Gesagte nicht ohne gute Ursach *selbst den Ausflüchten* zuvor kommen wollte; so konnt' ich nicht kürzer sein, als ich gewesen bin.

4. »Man werfe seinen Blick auf die große Menge von Mitlautern, womit unsre Silben überhäuft sind;«

Dies ist schon im vorigen berührt worden, und kommt bald noch umständlicher vor.

»auf den großen Einfluß, den der Akzent, und auch die Stellung dieses und jenes Worts in die Länge und Kürze unsrer Silben hat;«

Akzent kann hier nicht wohl etwas anders, als den leidenschaftlichen Ton bedeuten. Denn der Akzent im gewöhnlichen Verstande oder der Sprachton hat diesen Einfluß nicht. Er macht weder lang noch kurz, sondern wird nur mit der Länge ausgesprochen.

Die Zweizeitigkeit wird bei uns durch Regeln bestimmt. Diese liegen *teils* in dem Tone des Nachdrucks und der Leidenschaft, der sie zur Länge, und *teils* in der Stellung der Wörter und Silben, die sie bald zur Länge, und bald zur Kürze macht. Das Angeführte ist daher unserer Sprache so wenig nachteilig, daß sie dadurch vielmehr einen Vorzug vor den beiden alten Sprachen bekommt. Denn in diesen wird die Zweizeitigkeit allein durch den Vers bestimmt, das heißt: Man soll sie so oder so, des Verses wegen, aussprechen; aber man muß es nicht wegen des Inhalts oder der Sprache tun.

»auf die Ungewißheit, darin wir wegen der eigentlichen Quantität vieler Silben, die in den verschiednen deutschen Provinzen oft so sehr verschieden ausfällt, schweben;«

Der anders ausgesprochnen Silben sind fürs erste nur wenige, und fürs zweite wird ihre Quantität bloß dieser und jener *Mundart*, und nicht der *Sprache* gemäß geändert. Dies kann also nicht mit in Rechnung gebracht werden.

»auf die Ungleichheit von der Länge und Kürze vieler deutschen Silben, wo öfters die lange, wenn sie neben einer längeren zu stehen kömmt, gewissermaßen in eine kurze übergeht, oder die kurze durch die Nachbarschaft einer kürzern eine Art der Länge erhält.«

Ich wiederhole hier nur, daß dies in jeder Betrachtung, in die es kommen kann, die beiden alten Sprachen auch angeht.

»Aus dem allen urteile man, ob wohl unsre Silben eine so *reine* Quantität haben, daß wir uns in unsrer Sprache vom Hexameter eine gleiche Anmut versprechen dürften, als er in der griechischen oder lateinischen Sprache hat.«

Anmut möchte nun wohl nicht mehr von der Quantität, sondern bloß vom Klange gelten. Aber ist denn nur das Sanfte des Klanges, und nicht auch seine Stärke Wohlklang? Und ist nicht der starke Klang Ausdruck *wichtigerer* Gegenstände?

Von der Beschaffenheit der deutschen und griechischen Silbenzeit weiter unten. Von dem *Reinen* der griechischen merk' ich vorläufig an, daß es denn doch wohl nicht mit dazu gehört, wenn sie sehr viele Längen hat, die im Grunde

Kürzen sind, und die gleichwohl zu Längen ausgedehnt werden. Ich sprech' ihr hier nicht etwa bloß das Reine ab; sondern ich behaupte auch, daß ihr Mechanisches hier nicht mechanisch sei, oder daß die Mitlaute, in gewissen Stellungen, nicht wirken können, was sie wirken sollen.

Sonst ist es auch gewiß kein Nebenumstand, daß die deutsche Silbenzeit nicht mechanisch, sondern begriffmäßig ist.

5. »Sehen Sie nur auf alle unsere ältere Gedichte, ob sie irgendwo das Polymetrische eines Hexameters antreffen.«

Überhaupt Polymetrie, auch hexametrische; und nicht Eintönigkeit, wie sich gleich zeigen wird.

Wir haben nur *sehr wenige* Überbleibsel von unsern Alten; und gleichwohl konnt' ich *viel mehr* Beispiele anführen, als hier folgen:

$$\cup \cup - - - \cup \cup - \cup,$$
$$- \cup - -,$$
$$- \cup - \cup \cup -,$$
$$- \cup - \cup.$$

On thät Dagred dynedan Skyldas,
Hlude hluin Mon,
Dsäs se hlanka gefah
Wulf in Walde.

$$\cup - \cup \cup - \cup \cup - \cup \cup - \cup,$$
$$\cup - \cup \cup - \cup \cup - -,$$
$$\cup - \cup \cup - \cup \cup - -,$$
$$\cup - \cup \cup - \cup \cup - \cup \cup - \cup.$$

Ich klage dir, Meie, ich clage dir, Sumer Wunne,
Ich klage dir brehtü Heide breit,
Ich klage dir ougebrehender Kle,
Ich clage dir, grüner Wald, ich klage dir Sunne.

Der Abschreiber hat das Gedicht des *Sachsen* (er lebte zu den Zeiten Ludwigs des Frommen) wie Prose geschrieben.

Wenn man folgende Stellen aus ihm in andere Verse abteilt, als ich tue; so ändert das gleichwohl, in Rücksicht auf das Polymetrische des Dichters, bei der Sache nichts. Denn es bleibt eben der poetische Periode.

$$\cup - \cup - \cup - \cup,$$
$$- \cup - \cup - \cup -,$$
$$- \cup \cup - \cup - \cup \cup - \cup,$$
$$- \cup \cup - \cup - \cup \cup - \cup.$$

Hwo iro Suno scolda
Obar thesan Middulgard
Managon werthan, sumon te Falle,
Sumon te Frobhro, Firio Barnon.

$$- \cup - \cup - \cup \cup -,$$
$$\cup - \cup - \cup \cup - \cup,$$
$$- \cup - \cup \cup -,$$
$$- \cup \cup - \cup.$$

Thoh thi all that Holitho Folc
Geswican, thina Gesithos;
Tho ik sinnon mid thi
Tholoian willia.

$$\cup - \cup \cup - \cup \cup - \cup$$
$$\cup - \cup \cup -$$
$$- - - \cup.$$

Thuo quamun of Wurdi Giskapu
Them odagen Man,
Orlag Whila.

$$- \cup - \cup \cup -,$$
$$- \cup - \cup -,$$
$$- \cup \cup - \cup,$$
$$- \cup - \cup \cup -.$$

Nec it God ni giscoup,
That the goudo Bom
Gumono Barnon
Bari bitteres wiht.

$$— \cup — \cup \cup — \cup \cup — \cup,$$
$$— \cup — \cup \cup — \cup,$$
$$— \cup — \cup — \cup \cup \cup,$$
$$— \cup — \cup — \cup \cup —.$$

Fodda ina thuo fagaro Frio
Skoniosta thia Muoder
Thuru Minnea managero
Drohtin helag, himilisk Barn.

$$\cup — \cup — \cup — \cup \cup — \cup,$$
$$— \cup — \cup \cup — \cup — \cup.$$

Thar werthet mina Hendi gibundan,
Fathmos werthet mi thar gifastnot.

In folgenden beiden Stellen, die *durchgehends hexametrisch*
sind, kommen einige ganze Hexameter vor. Aber ich führe
auch diese nur als Beispiele der altdeutschen Polymetrie
überhaupt an. Denn der Dichter streute wohl nicht mit
Vorsatz Hexameter ein; sondern er machte sie von ungefähr, indem er bloß abwechseln wollte. Indes ist es doch der
Bemerkung würdig, daß sich in zwei Stellen, deren eine
vierzehn, und die andere drei Zeilen hat, in der ersten fünf
Hexameter, und in der andern gar zwei finden. Mich
deucht, auch dies ist ein Beweis, wie gut sich unsre Sprache
zu dieser Versart schicke. Die erste Stelle:

Fader usa Firio Barno
»Thu bist an them hohen Himilirikie, giwihit«
Si thin Namo Wordu gihwiliku.
Cume thin craftige Rikie. Werthe thin Willeo
»Obar thesa Werold alla so samo an Erdu«
»So thar up ist an them hohen Himilorikie.«
Gib us Dage gihwilices Rad,
Drothin thie guodo, thina helaga Helpu,
Endi alat us, Hebanes Ward,
Manegero Mensculdio,
»Also wi odran Mannen duan, ni lat us farledan«

> »Letha Wihti so fort an iro Willeon, so wi«
> Wirdiga sind, ac hilp us
> Widar allon ubelon Dadeon.

Die zweite Stelle:

> »Ef hie Dodes nu wirdig bi sulicon Wordon? That Werod.«
> All gisprac Folc Judeono,
> »That hie wari thes Ferahes Scolo, Wities so wirdig.«

Ich finde auch sonst noch in den *wenigen* Fragmenten, die ich von diesem alten Dichter besitze, viel Hexametrisches; auch noch einige Hexameter, als:

> Hier alosdi alliud Stamma Werod fon Witie
> Than thi Magu wirthit fon thinero aldero Idis
> Drothin selbon an thiem hohosten Himile Rikie
> Thina Kumi sindun te Duome endi ti Diurthun
> Ne it ni mohta thie Mannes Tunga Wordon giwisan
> So git her an Jordane Strome Fiscos gifahat.

6. »Wie kann dem deutschen Ohre Eintönigkeit zur Last fallen, da es seine ganze – in Vergleichung mit der griechischen – *monotonische* oder *oligotonische* Sprache täglich reden hört, mithin völlig daran gewöhnt ist? Dem griechischen Ohre möchte freilich unser Jambus eintönig sein, weil das der Polytonie gewohnt ist; aber dem unsrigen ganz gewiß nicht.«

Wer hier *Vieles*, und dies recht *genau* vergleichen will; und anders bringt er nichts Bestimmtes heraus, der wird finden, daß der Gang der griechischen Sprache und der unsrigen nur in einem Punkte wesentlich verschieden sei; und daß gerade dasjenige, was den griechischen unterscheidet, *sehr leicht zu Monotonie werde*. Die Griechen brauchen nämlich nicht selten solche Füße, in denen *viele Längen* oder *viele Kürzen* auf einander folgen; und sie stellen diese oft *dicht* oder *nah* zusammen. Ihre Theoristen warnen sie aber auch, ja auf ihrer Hut zu sein, und weder durch den Gebrauch *zu* vieler Längen oder *zu* vieler Kürzen auszuschweifen. Demetrius rechnet viele sich folgende Längen (sein Beispiel hat nur sechs) in Prosa wenigstens sogar zum Frostigen. Und diese Regel ist kein Einfall, sondern aus den Beispielen ihrer besten Prosaisten genommen. Wie leicht konnt' es hier auch der Grieche versehn, und dahin kommen, daß er, wie ein Melancholischer, bald sehr langsam, und bald sehr schnell reden mußte.

Da mit folgenden beiden Stellen aus demjenigen Redner, in dessen Beispielen die Theoristen die besten Regeln des Numerus fanden, *nicht wenige* andere eben dieses Redners überein kommen; so kann man sich durch sie einigermaßen einen Begriff von dem Gange der griechischen Sprache machen, den sie nämlich dann hatte, wenn unter andern auch jenes Unterscheidende recht gebraucht wurde. Die Stellen stehen beide in der Rede von der Krone. Die erste fängt an mit: *all' uk estin*, und endigt mit: *Aischinä*.

$$- - - \cup , - - \cup , \cup - - - \cup \cup , - \cup \cup - - , \cup \cup - - \cup - , \cup - \cup$$
$$\cup - , - - - \cup - , - \cup \cup , - \cup \cup - , - - - , - \cup \cup - \cup \cup , \cup - \cup - - ,$$
$$- \cup \cup - , - - - \cup - - , \cup \cup - \cup \cup - , - - - \cup \cup - \cup , - \cup - - , -$$
$$- \cup - \cup \cup - , - - - , \cup \cup - , - - - - \cup - , - \cup \cup , - \cup - , \cup \cup$$
$$- - - , - \cup - \cup , \cup - - , - \cup - , - - - , - \cup - - \cup , - - , \cup - \cup , -$$
$$\cup - .$$

Die zweite fängt an mit: *tosuton*, und endigt mit: *hypologisamenos*.

$$\cup - - \cup , \cup - - , \cup - - , \cup \cup - , \cup \cup \cup , - - \cup - , \cup \cup - , \cup - - , \cup$$
$$\cup - - - , \cup \cup \cup \cup - , \cup \cup \cup - \cup , \cup - \cup , \cup - \cup , - \cup , - \cup \cup - \cup , -$$
$$\cup - , - \cup \cup - \cup \cup , - - - , \cup \cup \cup , - \cup \cup \cup - \cup \cup .$$

Man sieht, daß in der ersten Stelle *hier* und *da* mehr Längen, und in der zweiten mehr Kürzen als in unsrer Sprache, aber noch nicht *zu viele* auf einander folgen; und dann, daß da, wo mit wenigeren Längen oder Kürzen abgewechselt wird, die Abwechselung der unsrigen gleicht.

Aber mancher gute Prosaist geht auch, und das nicht selten, weil ihn die Beschaffenheit der Sprache dazu bringt, in der Sache zu weit. Selbst Demosthen tut es. Ich muß aus diesem wenigstens ein Beispiel anführen. Es ist: ˘ ˘ — — —, — — —, — — —, — — ˘ — — ˘, — ˘ ˘, — — ˘, ˘ ˘ ˘ ˘ ˘ ˘ ˘. (peri prooteioon – eine bekannte Stelle; ich besinne mich nur auf die Rede nicht.)

In Rücksicht auf diesen Umstand ist der Unterschied zwischen uns und den Griechen der, daß selbst ihre guten Skribenten oft genung derjenigen Regel nicht folgen können, die sie zu Vermeidung eines Fehlers, zu dem unsre Sprache schon an sich selbst unfähig ist, nötig haben.

Die Griechen bedürfen überhaupt zu Beobachtung ihres Numerus vieler Regeln, und wir beinah keiner. Denn der unsrige, er ist aber, wie ich vorher anmerkte, dem griechischen bis auf den einen Punkt der Vielheit ähnlich, liegt größtenteils schon in der prosodischen Bildung, und in der festgesetzten Folge der Wörter.

Die erwähnte Ähnlichkeit unsers Numerus mit dem griechischen zeigt, daß der Vorwurf des Monotonischen oder Oligotonischen ungegründet ist.

Übrigens geb' ich gern zu, daß der griechische den deutschen da übertreffe, wo die Vielheit mit strenger Genauigkeit vermindert worden, und also nicht in Aufhäufung oder gar Überhäufung, und dadurch in Monotonie ausgeartet ist. Aber wie oft ist selbst Demosthen (nur wenige wissen recht, wen ich da nenne) weil er sich die ausdrückendsten Worte vom Numerus nicht nehmen lassen konnte, an dieser Klippe gescheitert.

Überhaupt können wir uns trösten, daß jene Vielheit und die mit ihr nah verwandte Aufhäufung unsrer Sprache fehlt, und dies nicht etwa bloß wegen der dadurch so leicht entstehenden Monotonie, sondern noch aus einer viel wichtigeren Ursach. Diejenige Bewegung der Worte nämlich, die im Aufhäufen liegt, hat einen so starken Ausdruck, daß es nur wenige Gedanken gibt, für die er sich schickt. Es wird also dadurch gewöhnlich das Verhältnis zerstört, welches zwischen dem Ausdrucke und dem Ausgedrückten sein muß.

Dieses oft unvermeidliche Aufhäufen ist die Ursach, daß diejenigen griechischen Hexameter, die *sieben* oder gar *neun* sich folgende Längen haben, viel öfter als es der Inhalt will, auch wohl manchmal in völligem Widerspruche mit ihm vorkommen. Dies ist das Schlimmste bei der Sache; das zweite auch eben nicht sonderlich Gute ist, daß Füße, die aus lauter Längen bestehn, zwar wohl Zeitausdruck, aber keinen Tonverhalt haben.

Ich irrte sonst, und bildete mir ein, daß der Deutsche den Griechen wegen seiner Spondeen beneiden müßte. Ich bin zurückgekommen. Ich habe meine Ursachen angeführt; und mich deucht ja, daß sie laut genung reden. Das will nicht sagen, daß ich uns nicht einige Spondeen mehr wünschte, aber sagen will es, daß unsere Armut *viel besser ist*, als der Überreichtum der Griechen. Und selbst ohne diese Vergleichung ist uns unser Mangel nicht nachteilig. Denn der Trochäe (ich schweige hier davon, was sein Gebrauch im Hexameter noch sonst für Nutzen in Ansehung des metrischen Ausdrucks hat) der Trochäe vertritt *beinah* die Stelle der Spondeen.

Die Not brachte anfangs die Deutschen (denn sie sahen die Sache nicht gleich durch) zur Wahl des Trochäen; aber sie haben, mich deucht, aus dieser Not eine wirkliche Tugend gemacht. Die Griechen sahen ihre Not nicht ein, freilich eine ganz andere, aber immer Not, die des so oft unver-

meidlichen Aufhäufens, ja selbst Überhäufens, und aus der
dann keine Tugend zu machen war. Es wundert mich, daß
sie das nicht einsahn, und daß also diese großen Virtuosen in
der Verskunst einen Hexameter haben, der manchmal unter
der Spondeenlast keucht, und kaum fort kann.

Man stelle sich den Inhalt folgender Hexameter vor, und
höre dann auf ihre Bewegung, diesen so starken Ausdruck
des Langsamen, den so viele sich folgende Längen haben.

       ˘ ˘   ˘ ˘
Mä nü toi u chraismä skäptron kai stemma theoio

     ˘ ˘   ˘ ˘
Ei de k' Alexandron kteinä xanthos Menelaos

     ˘ ˘   ˘ ˘
Zooma te kai miträ tän chalkäes kamon andres

     ˘ ˘   ˘ ˘
Alla min Atreidäs durikleitos Menelaos

                  ˘ ˘ ˘ ˘
Ton d' aüt' Aineias Troooon agos aution äüda

     ˘ ˘   ˘ ˘
Too de dü' Aineia dooken mästoöre phoboio.

                    ˘ ˘
Daitron pinoosin son de pleion depas aiei

                ˘ ˘
Däun alläloon amphi stäthessi boeias.

Ich darf nicht unerinnert lassen, daß die Römer und unter
ihnen besonders Ovidius viel öfter als die Griechen diesen
starken Ausdruck des Langsamen da brauchen, wo er nicht
zum Inhalte paßt.

7. »Die deutschen Dichter richten sich bei allen ihren Sil-
benmaßen allein nach dem hohen oder tiefen Akzente, wo-
mit man die Silben ordentlicher Weise ausspricht. Die latei-

nischen Dichter hörten genauer, wie lang diese Silben an sich selbst waren. Bei ihnen war ein Wort, worin zwei stumme Buchstaben auf einander folgten, lang; und dieses mit Recht: weil es mehr Zeit erfordert zwei Buchstaben hören zu lassen, als einen.

Hierdurch bekamen sie ein sehr genau ausgerechnetes Silbenmaß.

Wir Deutschen haben unsre Silbenmaße so buchstäblich genau wie die Griechen und Römer die ihrigen, nicht abgemessen, und auch nicht allzuwohl abmessen können.«

Die Silbenzeit der Alten wurde bloß durch das Ohr bestimmt; sie war mechanisch. Die unsrige gründet sich auf die Begriffe; (Empfindung und Leidenschaft werden hier nicht ausgeschlossen) Mechanisches, das aber von andrer Art ist, nimmt sie nur bei Bestimmung der Zweizeitigkeit zu Hülfe, wohlverstanden, daß sie dies nicht eher tut, als bis durch die Begriffe nichts mehr entschieden werden kann. Wenn z. B. *dich* ohne Leidenschaft ausgesprochen wird, so ist es, nach einer Kürze, mechanisch lang: wenn aber mit Leidenschaft, so ist es, ohne Rücksicht auf die vorhergehende Kürze, lang; und dies ist es, in dem gesetzten Falle, auch nach einer Länge, wo es sonst mechanisch kurz sein würde. Daß wir auch ein Ohr haben, das genau bemerkt, und dem das Mechanische nicht gleichgültig ist, zeigen wir also genung bei Bestimmung der Zweizeitigkeit durch die Stellung der Wörter und Silben.

Das Mechanische der griechischen Quantität war auch darin mangelhaft, daß es die Zweizeitigkeit nicht bestimmen konnte. Man lernte ihre jedesmalige Geltung nur aus dem Verse kennen. Hier mußte man sich also immer die Regel des Silbenmaßes denken; und in Dithyramben oder Prosa hatte man gar nichts, womit man sich helfen konnte.

Dionys, um wenigstens ein Beispiel anzuführen, ist in einer kurzen Stelle auf Demosthenen (von der Krone, gleich im Anfange von *hosän* bis *agoona*) dreimal zweifelhaft, wie er aussprechen solle.

Je mehr Zweizeitigkeit eine Sprache hat, desto unvollkommener ist sie von dieser Seite, und dies besonders alsdann, wenn das Zweizeitige durch nichts anders als den Vers bestimmbar ist. Denn diese Bestimmung ist keine wahre. Man spricht da nur lang oder kurz aus, weil es so sein soll, und nicht, weil es so sein muß. Wie viel Zweizeitigkeit die griechische Sprache hatte, erhellt unter andern auch daraus, daß der vorhergehende kurze Selbstlaut, oder ein zweizeitiger, der an dieser Stelle sonst kurz gewesen wäre, zweizeitig war, wenn das folgende Wort durch zwei Mitlaute anfing. Der Fall ist gar nicht selten.

Ich komme zur Hauptsache der Silbenzeit, nämlich zu den unveränderlichen Längen und Kürzen.

Man stelle sich einmal vor, in welchen Strömen des Beifalls wir uns über die begriffmäßige Silbenzeit ergießen würden, wenn sie der Alten ihre wäre; und mit welcher Geringschätzung wir die mechanische, wenn sie die unsrige wäre, beekeln würden!

Ich wende mich zu den Unparteiischen. Zu diesen rechne ich auch die, welche bei Begünstigung der Alten wenigstens nicht wider uns Partei genommen haben.

Die Länge entsteht durch Anhalten, und durch Anstrengung der Stimme, die hierbei notwendig muß erhoben werden. Wenn wir sagen, daß die Länge den Ton habe, so meinen wir die Erhebung der Stimme. Das Anhalten erfordert eine gewisse Zeit, aber daß die Stimme während dieser Zeit angestrengt oder erhoben wird, ist das Wesentlichste bei der Sache. Ist die Dauer des Wortes *See* wohl viel größer, als der Silbe *se* in *diese*, oder des Wortes *drung*, als der Silbe *drung* in *Wandrung*? Und bei Vergleichung des Wortes *See* und der Silbe *drung* kann vollends das Ohr nicht einmal recht entscheiden, ob jenes eine etwas größere Dauer habe. Gleichwohl ist selbst hier der Unterschied zwischen Länge und Kürze sehr hörbar. Man kann also, denk' ich, daran nicht zweifeln, daß bei uns die Länge, zwar auch durch die Zeit, in der man sie ausspricht, aber noch mehr dadurch entstehe, daß man diese Zeit über die Stimme erhebt. (Bei den Griechen kam die Zeit mehr in Betrachtung, als ihr weniger erhobner Ton, den auch die Kürzen, aber gleichwohl viele Längen nicht hatten. Hiervon hernach.) Unserm Ohre ist bei Hörung der Länge nicht so wohl daran gelegen, wie viel Zeit der Redende, sondern wie er seine Zeit zubringe. Wir hören den Ton gern, mit dem er die Länge ausspricht. Auch folgendes ist ein Beweis von dem, was ich behaupte: Wenn man in der Leidenschaft so schnell spricht, daß die Buchstaben nur eben gehört werden, und darüber die Länge beinah weniger Zeit als sonst die Kürze hat, so ist es der Ton, was als unterscheidend hervorschallt.

Ich muß hier beiläufig anmerken, daß einige unter uns, und besonders neuere Scholiasten, denen es die andern nachsprachen, so unrichtig von unsrer Silbenzeit geurteilt, daß sie sogar gemeint haben, unsre Längen wären es deswegen, weil sie den Ton hätten. Aber der Ton macht ja die Länge nicht, sondern sie, die es aus andern Ursachen ist, hat den Ton.

Die Griechen setzen den steigenden Akzent auch auf kurze Silben. Dieser Akzent also, und unser Ton sind etwas ganz Verschiednes. Hierbei hab' ich nicht nötig zu untersuchen, wie z. B. die Aussprache die Länge *thróo* in dem Worte *anthróopu*, von den beiden andern unterschieden habe, die wahrscheinlich gar keinen Ton, wenigstens nicht den unsrigen hatten. Noch mehr: Die Längen mit dem sinkenden Akzente hatten gewiß keinen Ton, z. B. *oòn* in *pesoòn*. Nur die mit dem doppelten Akzente dürften vielleicht den unsrigen ähnlich gewesen sein.

Unser Ton hat drei Modifikationen. Er ist entweder offen: *lo* in *loben*, oder abgebrochen: *sann*, oder auch gedehnt: *Strom*. In *phōotes* konnte *phōo* nicht wie *Strom* klingen. Vielleicht klang es wie *lo* in *loben*. Nur *ōon* in *theōon* und andre solche wurden vermutlich wie bei uns Strom ausgesprochen.

Überhaupt kann es aber selbst von dem doppelten Akzente der Griechen nicht ausgemacht werden, ob er wie unser Ton geklungen habe; und man kann daher sogar die damit bezeichneten Längen, in Vergleichung mit den unsrigen, tonlos nennen. Ich tue es aber gleichwohl nicht, um, so viel mir nur immer möglich ist, einzuräumen.

Die griechische und die deutsche Länge sind also darin nicht wenig unterschieden, daß bei jener *gewöhnlich* nur das Anhalten oder die Zeit der Aussprache, bei dieser aber die Anstrengung oder Erhebung der Stimme, und zwar eine stärkere, *beständig* und mehr als die Zeit, in Betrachtung kömmt.

Bei Aussprechung der deutschen Länge merkt das Ohr am meisten auf den Ton. Dieser schallt vornehmlich mit dem Selbstlaute. Darüber werden die Mitlaute, mit denen der Sprechende forteilt, weil es ihm hauptsächlich auf jenen ankömmt, weniger gehört. (Ihr übles Zusammenstoßen ist nicht die Sache der Silbenzeit, sondern des Klanges.) Die Mitlaute sind ausgesprochen, eh' man sich's versieht, und eben dieses Vorübereilens wegen zieht selbst ihre Vielheit die Aufmerksamkeit nicht sehr auf sich, und ist daher auch von *geringerer Wirkung*. Dies ist so wahr, daß die Schnelligkeit der Aussprache mit der Zahl der Mitlaute sogar zunimmt. Ich sage hierdurch nicht, daß z. B. die sechs Mitlaute in *sprichst* (auch die Griechen hatten, nach Dionysen, Längen von so vielen Mitlauten) kürzere Zeit dauren, als die drei in *Sinn*, sondern nur, daß man mit jedem einzelnen des ersten Worts mehr, als mit des letzten eile.

Der offene Ton bestätigt das Gesagte am meisten. Denn die Mitlaute vor dem Selbstlaute werden noch schneller, als die nach ihm, ausgesprochen. Und hier folgen keine.

Der gleichwohl angenehmere Ton der Dehnung läßt den Selbstlaut auf den folgenden Mitlaut ausschallen, fast wie die Stimme über den nicht zu stark gespielten Instrumenten schwebt.

Der abgebrochene Ton läßt den Selbstlaut etwas kürzere Zeit, als die beiden andern hören, und bricht zugleich schnell mit den folgenden Mitlauten ab.

Da also dasjenige, was sich bei unsrer Länge am meisten ausnimmt, der vornehmlich mit dem Selbstlaute beschäftigte Ton ist; so sieht man, daß sie ohne Grund für zu lang gehalten wird.

Der Ton überhaupt ist bald *stärker*, und bald *schwächer*. Bei dem letzten wird die Stimme etwas weniger erhoben, z. E. bei *ei* in *forteilen*, bei *strom* in *Waldstrom*, (*strom* ist hier nicht kürzer wie *Wald*; denn es hat die Dehnung. Es ist nur nicht so lang, als es in *Stromfall* ist) und bei *win* in *Sturmwinde*.

Unsre Länge verliert also manchmal, *selbst durch den Ton*, etwas von der Größe, die man ihr vorwirft.

Ich behaupte gleichwohl nicht, daß sie nicht eine gewisse Fülle habe. Wem auch diese zu groß ist, den muß ich wohl noch durch Folgendes einigermaßen zufrieden stellen:

Die Länge wird bei uns, wie bei den Griechen, in gewissen Füßen, etwas schneller, als sonst ausgesprochen. Ich würde mich tiefer, als mir hier nötig zu sein scheint, einlassen müssen, wenn ich es, wie ich könnte, von noch mehren Füßen, als die Griechen tun, behaupten wollte. Die, von denen es die Griechen sagen, sind nur der Daktyl und der Anapäst. Gleichwohl geben sie der Sache einen weitern Umfang, als ich, weil sie diese Füße als künstliche nehmen. Denn mir scheint es nur von Wortfüßen wahr zu sein. Ich würde also mit meiner Behauptung doch nicht so weit reichen, wie sie. Denn sie bekommen durch die beiden künstlichen viel mehr Wortfüße, als derer sind, die nach meiner Meinung die schnellere Länge auch haben.

Die lange Silbe des Daktyls, sagen die Griechen, ist kürzer, als die vollkommen lange. Gewisse Anapäste (deren Beschaffenheit aber nicht bestimmt wird) haben eben die unvollkommene Länge und werden dann Zirkel genannt. *Katagan* ist ein solcher Anapäst. Der bekannte Vers Homers:

Authis epeita pedonde külindeto laas anaithäs

hat lauter unvollkommene Längen.

Wer sich überzeugen will, daß es bei uns auch so ist, der darf nur z. B. *donnerte* und *Donnerton* aussprechen, und er wird hören, daß *Don* in dem ersten Fuße kürzere Zeit, als in dem letzten währt. Jeder weiß, wie rasch der Anapäst ist, und daß daher auch seine Länge schnell ausgesprochen wird. Den Unterschied, den die Griechen zwischen den Anapästen machen, kennen wir nicht.

Ich merke noch an, daß nach Homers Verse *don* und *lin* (man glaubte sogar, daß die anfangenden *d d* der beiden folgenden Silben verlängern hülfen,) auch mit unter den unvollkommenen Längen der *Griechen* sind. Man muß also entweder die Wirkung der genannten Füße, als überstark, das sie doch nicht sein kann, annehmen, oder zugestehen, daß sich überhaupt die griechischen Längen den unsrigen, denn sie und wir haben ihrer viele wie die angeführten, in

Ansehung des Mechanischen (das aber bei uns nur Beschaffenheit ist) bis auf den Ton so ziemlich nähern. Denn wofern der Unterschied so groß wäre, als gewöhnlich geglaubt wird; so müßte, in unserm Falle, nicht von der unvollkommenen Länge, sondern bloß von der aufhörenden Überlänge die Rede sein.

Es ist übrigens aus den bisher angeführten Ursachen so wahr, daß unsre Länge keinen zu großen Umfang hat, daß es auch für den Vorleser deutscher Gedichte eine gute Regel ist: Die Länge etwas merklicher hören zu lassen, als er bei Vorlesung der meisten Prosa, oder im Gespräche zu tun pflegt.

Noch ein Wort vom Sprachtone. Er hat an sich selbst eine gewisse Annehmlichkeit. Denn er besteht in einer kleinen angenehmen Modulation, die der leidenschaftliche Ton, auf seine Art, ausdehnt oder verstärkt. Wenn eine Länge, die den Sprachton nicht hat, mit Leidenschaft soll ausgesprochen werden; so muß der Redende einen *Sprung tun*. Hierdurch entsteht *zu viel* Abstechendes zwischen der ruhigen und leidenschaftlichen Deklamation, der gewöhnliche Fall bei den Griechen. Unsre Längen haben den Sprachton allezeit. Wir *gehen* daher immer nur *über*. Man sieht, daß die Griechen nicht nur das Angenehme der kleinen Modulation oft entbehren, sondern daß sie auch, weil sie bei dem Leidenschaftlichen einen Sprung tun müssen, von der Stimmentragung (denn auch die Deklamation hat die ihrige) nicht wenig verlieren.

Allein unsre Kürzen, sagt man, sind denn doch wohl wenigstens nicht kurz genung.

Wem denn nicht kurz genung? Dem Deutschen, dessen Ohr sich an seine Sprache, und nicht an die griechische gewöhnt hat?

Aber es gibt ein Häufchen Gelehrte, von denen die wenigsten Homeren in seiner Sprache lesen, und die meisten bloß Nachsprecher sind, welches, so oft es auf den deutschen Hexameter kömmt, so davon redet, als ob es glaubte, daß auch die deutschen, denen nie ein homerischer Laut zu Ohren gekommen ist, oder die Nation, ihren Hexameter nur immer gegen den griechischen hielte, und ihn, sobald er diesem ungleich wäre, verwürfe.

Dies ist die Ursache, warum man der Mühe, solche Einwürfe zu beantworten, nicht völlig überhoben sein kann.

Allerdings würden viele von unsern Kürzen für das Ohr der Griechen sogar Längen gewesen sein. Denn mehr Mitlaute oder ein Doppellaut mußten auf sie notwendig einen starken Eindruck machen, weil sie, bei den vielen tonlosen Längen, die sie zu hören gewohnt waren, nur diesen Eindruck bekamen.

Ich will doch, was die Mitlaute betrifft, ein paar Worte davon sagen, wie weit die Aufmerksamkeit auf den einen von keinem andern geschwächten Eindruck die Griechen führte.

Ihre kurzen Selbstlaute (auch die zweizeitigen sind in denen Fällen hierher zu rechnen, in welchen sie, ohne Position, immer kurz sind) wurden *auch dann lang*, wenn

1) der eine von zwei folgenden Mitlauten zu der nächsten Silbe oder zum nächsten Worte gehörte, als *gel* in *segelte*, oder *tes* in *sanftes Gelispel*, und wenn

2) die Mitlaute beide zur nächsten Silbe oder zum nächsten Worte gehörten, als *Ge* zu *Gestade*, oder *te* in *Laute klang*. (Das letzte ist zweizeitig, und wird daher auch lang gebraucht.)

Welche Feinheit des griechischen Ohrs! wird man ausrufen.

Feinheit des Ohrs wär's also, wenn es hören mag, daß man die Kürze gewaltsam zur Länge ausdehnet? Und das tut man in den angeführten Fällen.

Denn Silben oder Wörter, die noch nicht ausgesprochen sind, können an denen, die es schon sind, und also auch die Mitlaute der folgenden Silben oder Wörter an der Kürze der vorhergehenden nichts ändern. Wer dies nicht zugesteht, der gesteht auch nicht zu, daß die Silben wahre, das ist, durch die Aussprache unterscheidbare Teile der Wörter, und diese der Sätze sind.

Man dehnet also hier die Kürze zur Länge aus, weil man wohl will, und nicht, weil man durch das, was folgt, dazu gebracht wird.

Die Griechen selbst merkten etwas davon, und noch mehr als sie die Römer, daß sie hier nicht auf dem rechten Wege wären. Denn sowohl bei diesen als bei jenen wurde die vorhergehende kurze Silbe wenigstens zweizeitig, wenn die folgende zu eben dem Worte gehörige mit gewissen Mitlauten anfing, als *Be* in *Begriff*. Wenn man mir mit den alten Grammatikern sagt, daß *Be* hier, deswegen zweizeitig werde, weil *gr* leichter auszusprechen sei, wie z.B. *st*, welches die vorhergehende Kürze allezeit lang mache, als *Be* in *Bestand*; so antwort' ich, daß es hier auf diese Verschiedenheit gar nicht ankömmt. Denn eine noch nicht ausgesprochene Silbe kann einmal auf eine schon ausgesprochene keinen Einfluß haben. Es liegt also hier auch an ihrer Beschaffenheit nichts. Die Ursach scheint mir daher eine ganz andre zu sein. Man fühlte das Unangenehme der *Kürzendehnung*; und so suchte man sich davon wenigstens da loszumachen, wo man es, unter dem Schutze des ersten des besten Scheingrundes, tun konnte. Gleichwohl gelang es nicht recht damit. Denn es wurde in unserm Falle nur Zweizeitigkeit gestattet, und es durften also die, welche Geschmack am Dehnen fanden, beim Alten bleiben. Es ist nicht nötig zu untersuchen, was hier die Nation von den Dichtern, oder diese von jener annahmen, oder auch, ob die letzten (eine

Sonderung, welche sich nach Quinctilianen die Römer manchmal erlaubten) von der gewöhnlichen Aussprache abwichen.

Die mit einem kurzen Selbstlaut endende Silbe, wenn das nächste Wort durch zwei Mitlaute anfing (*te* in *Laute klang*) war nur bei den Griechen zweizeitig, und zwar, wie es scheint, nicht in Prosa, sondern bloß in Versen; aber die Römer verwarfen diese Verfeinerung der Position selbst in ihren Versen.

Ich erkläre mich übrigens nur insofern gegen die Position, als durch sie eine widrige Dehnung entsteht.

Ganz was anders ist es also, wenn ein Grieche z. B. unser kurzes *gelt* in *segelt*, weil hier die beiden letzten Mitlaute zu eben der Silbe gehörten, lang aussprach. Ich gestehe auch zu, daß dieses *gelt*, welches bei uns, dem Begriffe gemäß, kurz ist, keine leichte Kürze habe. Aber wenn es auf die Wahl zwischen der nicht leichten und der zur Länge gedehnten Kürze ankömmt; so zweifelt mein Ohr keinen Augenblick, und zieht jene vor. Überdies haben wir solcher mangelhaften Kürzen gewiß viel weniger, als die Griechen solcher noch weit mangelhafteren Längen hatten. Auch kommen wir mit jenen, durch Hülfe der schnelleren Aussprache, ganz gut zurecht, indem wir ihnen dadurch einige Leichtigkeit geben.

Denn wir lassen überhaupt die Mitlaute unsrer Kürzen noch schneller hören, als der Längen ihre; und fürs zweite eilen wir auch mit ihrem Selbstlaute, weil er tonlos ist. Ob sie nun gleich durch die Zeit des Aussprechens von den Längen schon unterschieden sind; so unterscheidet sich doch ihre Tonlosigkeit noch mehr, und zwar deswegen, weil der Umstand, daß ihnen der Ton immer fehlt, eben so merklich ist, als der, daß ihn die Längen beständig haben.

(Ich merke hier beiläufig an, daß wir der größern

Schnelligkeit, mit der wir die Mitlaute der Kürze aussprechen, die richtige Aussprache des *g* in der Endsilbe *ung*, das in dem Worte *drung* in *k* verwandelt wird, vermutlich zu danken haben. Denn *g* ist schneller als *k*.)

Bei den Alten ist das Mechanische Ursach der Silbenzeit; bei uns ist es, bis auf dasjenige, welches die Zweizeitigkeit mit bestimmt, nur *Beschaffenheit*. Die Ursach liegt bei uns tiefer.

Die Wörter und die Silben sind bei uns lang, wenn sie Hauptbegriffe, und kurz, wenn sie Nebenbegriffe ausdrükken. Das Wort *Ruf* ist lang. In *Rufes* ist die Silbe *Ru* lang, und die Silbe *fes* kurz. Ich kann hier über die Sache nicht umständlich sein, aber ich werde es in meiner Grammatik noch mehr sein, als ich es in einem herausgegebenen Fragmente schon gewesen bin.

Die Länge hatte, selbst nach der Meinung der Alten, einen *gewissen Nachdruck*. (Ja sogar etwas *Großes*, das, wenn man den Perioden damit anfange, die Zuhörer sogleich erschütte, und sie, wenn man ihn damit ende, in eben dieser starken Empfindung verlasse. Vielleicht übertreibe ich meine Unparteilichkeit, daß ich dies nicht mit in Rechnung bringe.) Aber wenn nun dieser Nachdruck da ist, wo er nicht hingehört, und ihn z.B. die *Veränderungssilbe* hat? und wenn er da fehlt, (auch der öftere Fall) wo er hingehört, und ihn z.B. die *Stammsilbe* nicht hat? Widerspricht denn nicht etwan hier der Ausdruck dem Inhalte? Und sollte eine Silbenzeit, die sich auf das Mechanische gründet, und eben dadurch solche Widersprüche notwendig macht, nicht in ihrer ersten Anlage ein wenig verwahrloset sein?

(Es ist, wie mir es vorkömmt, keine leichte Aufgabe: Die Ursachen zu finden, welche irgend eine Nation dahin bringen können, sich zu einer so widersinnigen Verteilung der Längen und Kürzen zu vereinigen.)

Die Griechen selbst witterten etwas von der Sache. Einer ihrer Theoristen sagt: »Man komme, so oft man kann, zu den Benennungen zurück, die durch kurze Silben umgeendet werden. Denn viele lange dieser Art sind dem Ohre zuwider.« Er trifft freilich den rechten Punkt nicht, indem er das Urteil des Verstandes dem Ohre zuschreibt, aber daran liegt nichts; genung er fühlt, daß hier etwas nicht so recht in der Ordnung sei.

Mich deucht, selbst die gedankenlosesten Bewunderer der Alten müßten einsehen, daß eine solche Silbenzeit, in Vergleichung mit einer, die, in einem so wesentlichen Punkte, gerade die gegenseitigen Vorteile hätte, nicht wenig verlöre.

Und dies ist gleichwohl noch nicht Alles. Die Deklamation kann den leidenschaftlichen Ton nur mit der Länge hören lassen. Die Kürze kann ihn nicht annehmen; sie ist zu flüchtig dazu. Wie soll man es aber nun machen, wenn man Längen vor sich findet, bei denen es schon unnatürlich ist, ihnen den erwähnten Nachdruck zu geben? Wie soll man z. B. bei Aussprechung der zweiten Länge in *me miserum* – ◡ ◡ – verfahren? Soll man sie ein wenig sinken lassen? Aber so bleibt sie ja nicht lang genung; und, welches noch nachteiliger ist, so faßt sie das Leidenschaftliche nicht mehr. Und wie soll man es vollends alsdann machen, wenn man Worte antrifft, die sich entweder (man erlaube mir auch dies zu berühren, ob ich gleich anfangs vom Leidenschaftlichen allein sprach) in Ansehung des ausgedrückten Gedankens vor den übrigen ausnehmen, oder den stärksten leidenschaftlichen Ton erfordern; aber *gar keine Länge haben*? als im ersten Falle:

◡ ◡
Scribendi recte saper' est et principi' et fons.

Wie unbedeutend muß man hier dasjenige Wort aussprechen, worauf es in dem Verse vornehmlich ankömmt. Und im zweiten Falle möcht ich doch wohl einen von denen, welche die Alten immer im Munde führen, das Homerische: *Zeü pater idäden*, vorlesen hören, oder das, mit dem bei Simoniden sich Danae in ihrer Wehmut an Jupitern wendet, oder auch aus Virgilen:

Jam, jam nec maxima Juno,

Nec Saturnius haec oculis pater adspicit aequis.

Noch für beide Fälle: (wie viel Beispiele könnt' ich anführen)

At Venus aetherios inter dea candida nimbos.

Und Bacchus mit *so starken* Beiwörtern in diesem Verse, der aus *lauter Kürzen* besteht:

Bromie doratophore, enüalie, polemokelade!

Ich hatte einen Freund, der die Alten wirklich kannte, und nicht bloß nach Art derer Reisenden, die nur in Beschreibungen herum gewandert sind, von ihnen schwatzte, und der zugleich äußerst sorgfältig war, den Rechten der Deklamation nichts zu vergeben. Ich ließ ihn mir aus Homeren vorlesen. Wenn er auf Stellen wie die angeführten stieß, und das geschah sehr oft, so wußte er seinem Leibe keinen Rat, wie er sich durcharbeiten sollte. Endlich mußt' er sein Schiffchen treiben lassen. Ich war indes, in der Vorstellung, am vaterländischen Ufer, und sah seinem Schicksale mit der Teilnehmung der bekannten Verse zu:

Suave mari magno turbantibus aequora ventis,
E terra magn' alterius spectare laborem,

Non quia vexari quemqu' est jucunda voluptas,
Sed, quibus ipse malis careas, quia cernere suav' est.*

Wir wollen itzt die Sache noch einmal, obgleich mit einigen Zusätzen, aber gleichwohl in kurzem übersehen:

Deutsche Länge. Ton, das Herrschende. Schnelle Aussprache ihrer Mitlaute, die mit der Zahl derselben zunimmt. Hat eine gewisse Fülle, die dem Ohre, und der Vorstellung von dem mit der Länge verbundenen Nachdrucke genung tut. Wird angenehm durch den Ton. Erleichtert durch ihn die Stimmentragung der leidenschaftlichen Deklamation.

Griechische Länge. Ist gewöhnlich (vielleicht immer) tonlos. Verliert dadurch, was die unsrige durch den Ton gewinnt. Hat nicht selten, wie die unsrige, viel Mitlaute. Ob man diese auch schnell aussprach, wissen wir nicht. Fülle und dadurch entstehendes Genungtun fehlt ihr wenigstens dann im hohen Grade, wenn sie, wegen eines so beschaffnen Mechanischen, daß es nicht wirken kann, was es wirken soll, eigentlich in einer Dehnung der Kürze besteht. Ich glaube nicht zu weit zu gehen, wenn ich sage, daß wohl ein Drittel der griechischen Längen es durch die Kürzendehnung sein möchten.

Deutsche Kürze. Muß nicht nach dem bösen Scheine, den ihr manchmal die Zahl der Buchstaben gibt, sondern nach der Aussprache derselben beurteilt werden. Ist öfter leicht, als bisher ohne Untersuchung von einigen angenommen worden ist. Denn alle unsere Veränderungssilben (ich übergehe die Ableitungssilben *be*, *ge*, *er*, *ver*, u.s.w.) haben, bis auf *est* und *end* und solche wie *dert* in *wundert*, eine leichte Kürze. Und diese bleibt, was sie ist, wenn auch das folgende

---

* Es ist angenehm, bei hohem Meer und wütendem Sturme den harten Kampf eines Andern vom Lande her zu sehen: nicht als ob fremdes Leiden eine so süße Wollust wäre; sondern weil der Anblick von Unfällen, die uns selbst nicht treffen, angenehm ist.

durch Mitlaute anfängt. Selbst leichte Kürze wär' also, was bei den Griechen Länge ist? Allerdings. Oder man zeige, daß die noch nicht ausgesprochene Silbe etwas verändern könne.

Griechische Kürze. Ist öfter leicht, als die deutsche, aber nicht so oft, als gewöhnlich geglaubt wird. Denn die langen Selbstlaute der Griechen und ihre Doppellaute werden *oft auch kurz* ausgesprochen. Außer dem macht auch der steigende Akzent die kleine Kürze zur größern. Das erste gehört zwar eigentlich zum Silbenzwange; aber gerade der Umstand, daß sich die Griechen auch denjenigen Silbenzwang erlaubten, welcher in der gekürzten Länge besteht, zeigt sehr auffallend, daß das Urteil ihres Ohrs, in Ansehung der *leichten* Kürze, so überstolz nicht war, als es ihren Anstaunern vorkommt.

Wie wichtig der Unterschied zwischen der deutschen begriffmäßigen Silbenzeit, und der mechanischen der Griechen sei, hört man besonders in guten Gedichten. Denn in diesen herrscht die Leidenschaft. Und die muß die Deklamation in einem Gedichte, dessen Sprache die mechanische Silbenzeit hat, oft an der unrechten Stelle, und oft kann sie sie gar nicht hören lassen. Das Verfehlende der Deklamation ist dem Zuhörer, sobald es auf die Leidenschaft ankömmt, auch in seinen kleinsten Abweichungen, schon zuwider; allein wenn sie nun gar die rechte Stelle verfehlt? Ganz was anders ist es zwar, wenn sie gar keine Stelle findet, und deswegen auf einmal wie verstummen muß; aber weniger zuwider ist es dem Zuhörer gewiß nicht.

Man gibt durch die Art, mit der man, in Ansehung der Silbenzeit, bei uns die Alten vorliest, oder Reden in ihren Sprachen hält, der Prosa und dem Verse einen ganz andern Gang, als sie haben. Gleichwohl würde derjenige, der es anders machte, für einen Sonderling gehalten werden, und in einer großen Versammlung die prosodisch richtige Aussprache gewiß nicht ungestraft wagen. Denn die Zuhörer mögen eine Aussprache, die ihnen sogar Numerus und Silbenmaß zerstört, dennoch lieber hören, als eine, die so oft wider den Sinn und die Leidenschaft ist, oder gar über sie weghüpfen muß.

8. »Der Takt unsrer Sprache begnügt sich meist mit ganzen, und halben, und nur sehr wenigen viertel Schlägen, und kann es daher der griechischen in ihrem viel teilbareren Takte mit all seinen halben, viertel, achtel und sechzehntel Schlägen nicht nachtun, noch die Mensur eines jeden Hexameters solchergestalt ausfüllen, daß es weder zu viel noch zu wenig ist. In dieser Mensur läßt die griechische Sprache nicht die kleinste Lücke, die sie nicht, ohne nur um ein Härchen zu überfüllen, auf das genaueste ausfüllen könnte. Dies Geschick hat sie ihrem so sehr ins Kleine und Feine geteilten Takte zu verdanken.«

Die griechischen Längen sind also halbe Schläge, oder Viertel, und die Kürzen Achtel oder Sechzehntel.

Warum mögen doch nur bei den Griechen, und nicht auch bei uns die Endungen der Wörter wie *Meere* oder *eilte* Achtel; und derer ihre wie *Aue* oder *wehe* Sechzehntel sein dürfen? Doch ich halte mich itzt hierbei nicht auf. Der Punkt, worauf es hier ankommt, ist: Wenn die Vergleichung in Rücksicht auf die Worte: »Die kleinste Lücke wird, ohne nur um ein Härchen zu überfüllen, auf das genaueste ausgefüllt« einen *anwendbaren* Verstand haben soll; so mußten die Griechen, statt der Achtelkürzen, die *doppelte Zahl* von Sechzehntelkürzen setzen. Auf gleiche Art mußten sie bei den verschiednen Längen verfahren. Und so gab es denn, z. E. was die Kürzen betrifft, auch *vier-* und *fünfsilbige Daktyle*.

9. »Welche nordische Sprache mit ihren vielen starkleibi-

gen ein- oder zweisilbigen Wörtern hinten und vorn mit rasselnden Konsonanten verpanzert, bei deren Niedertritt der Boden dröhnt, wäre wohl im Stande, den leichten flüchtigen griechischen Hexameter in seinem schwebenden Gange, der kaum die Spitzen des Grases krümmt, nachzubilden? Man will, daß eine Sprache, die weit weniger, und ganz andere Gelenke hat, einer Sprache, die ganz und gar Gelenk ist, ihre Zauberkünste nachmache ... Der Grieche tanzet Heldentanz, der Teutsche, der das nicht kann, schreitet dafür Heldenschritt. Aber wie wenn der letzte den Tanz des ersten plump nachtanzte?«

Gelenke sollen doch wohl Silben bedeuten. Aber von welcher Seite sind sie hier anzusehen? in Beziehung auf ihren Klang? oder auf ihre Zeit? Denn die Starkleibigkeit, das Rasselnde, die Verpanzerungen und das Bodendröhnen macht irre. Man glaubt da vom Klange reden zu hören. Unterdes sind ja *Wohlklang* und *Silbenzeit* ganz verschiedene Sachen, und nur von dieser ist die Frage, wenn man die Schicklichkeit einer Sprache zu irgend einer Versart untersucht. Also von den Silben in Beziehung auf ihre Zeit.

Entweder haben die Worte: *Ganz andere Gelenke*, und *plumpes Nachtanzen* keinen bestimmten Verstand, oder es wird hier behauptet: Nicht etwa nur die Kürzen, sondern auch die Längen unserer Sprache seien überhaupt für den Hexameter zu lang. Aber warum gilt dies denn nicht auch für jede andre Versart, und also auch für den Jamben, der, wenn man ihn ausnimmt, als ein Vers, der wohl fürlieb nehmen müsse, *herunter gesetzt wird*? Es folgt nichts weniger aus der Behauptung, als daß wir am besten tun, gar keine Verse zu machen. Es folgt noch mehr. Wir dürfen uns sogar nicht einfallen lassen in Prosa auf den Numerus zu sehen. Und warum sollten wir auch das eine oder das andere tun? Denn in unserer Sprache sind ja nun einmal beinah alle Silben zu lang, weil sie den Hauptfehler hat, daß sie nicht die griechische Sprache ist. Wenn das nicht wäre, so könnte man freilich wohl sagen: Das Wesentliche, worauf es bei der Silbenzeit irgend einer Sprache ankäme, wäre, daß sie *wirkliche* Längen und *wirkliche* Kürzen hätte, und nicht wegen vieler *unbestimmbarer* Zweizeitigkeiten hin und her schwankte.

Mehr Mitlaute, könnte man fortfahren, und Doppellaute kämen zwar in unsrer Sprache auch als Nebenbeschaffenheiten der Längen und Kürzen, in Absicht auf ihre Grade, in Betrachtung; müßten aber vornehmlich von Seiten des Wohlklangs oder Übelklangs angesehen werden.

Ich halte es nicht für überflüssig, hier etwas vom Klange unserer Sprache zu sagen.

Ich habe fast noch nichts über Verskunst und Numerus gelesen, worin man nicht *Wohlklang* und *Silbenmaß* so leicht, und so notwendig zu unterscheidende Sachen oft mit einander verwechselt hätte. Einige mischen sogar die *Quantität* mit ins Spiel, und lassen sie neue Verwirrung anrichten. Die Deutschen machen es hier wohl so schlimm als andere; aber beinah noch schlimmer als andere machen sie's, wenn sie von dem Klange ihrer Sprache reden, indem sie dieselbe für gar gewaltig rauh und hart ausschreien. Wobei sie denn vieles, und unter andern das nicht so recht bedenken, daß sie dadurch die Ausländer auf alle Weise berechtigen, in dem einmal angenommenen Tone immer lauter zu werden. Es ist eine rechte Lust jene von der Sache sprechen zu hören. Sie können da kaum Worte genung finden, um sich ja recht stark auszudrücken. Obige Stelle ist ein Beweis davon. Ich wiederhole sie, weil es denn doch wirklich nicht wenig Vergnügen macht so etwas zu lesen.

»Die deutsche Sprache mit ihren vielen starkleibigen ein- oder zweisilbigen Wörtern, hinten und vorn mit rasselnden

Konsonanten verpanzert, bei deren Niedertritt der Boden dröhnt.«

Ich merkte vorher an, daß diejenigen unter uns, die unserer Sprache in Ansehung ihres Klanges so unhold sind, gleichwohl vieles dabei nicht so recht bedächten.

Folgendes (es ist eine Stelle aus meiner Grammatik,) kann sie, wofern sie anders in diesem Punkte noch einiger Unparteilichkeit fähig sind, überzeugen, daß es eben so ungegründet nicht ist, was ich anmerkte.

Ein Selbstlaut hat in unserer Sprache gewöhnlich zwei Mitlaute zu Begleitern, die bald durch ihn getrennt werden, und bald neben einander vor ihm oder hinter ihm stehen. Dies ist die Haupteigenschaft ihres Klanges.

Diese Stärke wird Härte, wenn die Mitlaute nicht gut zusammen stoßen.

Zwei Selbstlaute und ein Mitlaut sind das Gegenteil von der genannten Haupteigenschaft. Es ist dieser Klang aber auch nicht sanft, sondern er ist weich. Besser ist es in Härte, als in Weichheit auszuarten. Wenn von Ausartung die Rede ist; so ist der Stärke ihre männlicher.

Die griechische Sprache verbindet gewöhnlich nur einen Mitlaut mit dem Selbstlaute. Die Haupteigenschaft ihres Klanges ist also nicht Stärke, sonder Sanftes. Sie wird aber auch hart durch das sehr oft vorkommende, und übelklingende *oi*, welches noch obenein nicht selten nach oder vor *ai* steht; und durch die eben nicht ungewöhnliche Verbindung solcher Mitlaute, die nicht gut zusammen stoßen, als wenn z. E. *pt*, *tm*, *mn*, und *phth* die Silben anfangen: und sie wird weich durch die ziemlich gewöhnliche Zusammensetzung zweier Selbstlaute mit einem Mitlaute.

Wir verbinden manchmal noch mehr als zwei Mitlaute mit einem Selbstlaute, und hierdurch wird unsere Sprache, jedoch nicht immer, hart. Denn es kommt nicht wenig darauf an, in welcher Folge diese Mitlaute mit ihrem Selbstlaute stehen. Auf der andern Seite setzen wir viel öfter auch nur einen Mitlaut zu dem Selbstlaute, als wir über zwei dazu setzen.

Der Klang der griechischen Sprache wäre also vornehmlich sanft, dann aber auch nicht selten hart, und weich; und der deutschen vornehmlich stark, hiernächst oft auch sanft, und selten hart.

Sie artet nur in einem Punkte aus; die griechische aber in zweien, und dies, wenigstens in Ansehung des Weichen, noch dazu öfter.

Aber vielleicht gesteht man die seltne Ausartung ins Harte unserer Sprache nicht zu, und sagt, daß da, wo zwei Mitlaute vor oder nach dem Selbstlaute gehört werden, es oft solche sind, die nicht gut zusammen stoßen. Gut denn, ich will in Absicht auf *selten* geirrt haben, ich will *oft* gelten lassen. Aus meinem Geständnisse, das ich gleichwohl nur so halb und halb, und aus übertriebner Liebe zur Gerechtigkeit getan habe, folgt indes nichts mehr, als daß Vorteilhaftes und Nachteiliges auf beiden Seiten von ungefähr gleich sei. Und doch fürcht' ich beinah, (denn so sind wir Deutschen, immer gegen uns selbst!) daß man, wie sorgfältig ich auch das Gesagte aus der Sprache selbst, und nicht aus parteiischen Vorstellungen von ihr genommen habe, dennoch behaupte, sie verliere bei der Vergleichung. Allein weiß man denn auch, welche schwer zu führende Erweise man sich durch die Behauptung aufgebürdet hat? Keine leichtere, als: Die Ausartung ins Weiche sei eine schöne Ausartung; und: Das Sanfte habe den Vorzug vor dem Starken. Ich sage hierdurch nicht, daß ich dieses jenem vorziehe; ob ich es gleich mit recht guten Gründen tun könnte: aber das kann ich auch nicht zugestehn, daß man das Sanfte über das Starke setze.

Der Vorzug des einen oder des andern muß durch die

Beschaffenheit der Gegenstände entschieden werden. Der Klang der Wörter ist Mitausdruck. Es kömmt also darauf an, ob die Gegenstände des sanften Mitausdrucks oder des starken wichtiger sind.

Aber oft, sagt man mir, ist der Klang nicht allein nicht Mitausdruck, sondern sogar das Gegenteil des Wortsinns. Weil in diesem Falle der Klang leerer Schall wird; so ist er nun für das Ohr allein da, und diesem gefällt auch das Starke. Es hört den rauschenden Strom eben so gern, als den rieselnden Bach.

Auch die Doppellaute tragen das ihrige zum starken Klange bei. Wir *müssen* u.s.w.

Dies aus der Grammatik.

Ich setze hier noch etwas hinzu, das die griechische Sprache betrifft. Ich sagte, daß die Haupteigenschaft ihres Klanges das Sanfte wäre. Ich erwähnte auch der Einschränkung dieses Satzes. Folgendes, das ein Grieche von seiner Sprache sagt, bestätigt diese Einschränkung.

Wenn es, sagt er, bei Homeren der Inhalt erfordert; so wählt er Selbstlaute, die am wenigsten gut klingen, und von den Mitlauten überhaupt die, welche am meisten rauschen, und von den stummen diejenigen, die am schwersten auszusprechen sind. *Er häuft sie*; und die Silben sind dann nicht leicht, sonden haben viel Gewicht, und ihre Töne stoßen nicht gut zusammen.

Der Kritiker führt nur wenig Stellen an, und setzet hinzu, daß es eine zu mühsame Arbeit sein würde, wenn er, wie man etwa verlangen möchte, von Allem, was er gesagt hätte, Beispiele anführen wollte. Da er sich hierdurch auf *viele andere Beispiele* bezieht; so zeigt er uns, daß seine Sprache eben nicht arm daran ist.

Welchen üblen Eindruck das Weiche des Klanges mache, ist mir besonders in einer Stelle Homers aufgefallen, wo unter folgenden Wörtern, die alle einen starken Klang haben, und dadurch zum Inhalte passen: *ulümpoio*, *karänoon*, *phareträn*, *eklanxan*, *chooomenoio*, *kinäthentos*, *eoikoos*, auf einmal *äie* (– ⌣ ⌣) auch was zu sagen haben will.

Auch folgendes führe ich nicht, weil es was entscheidet, sondern des Mannes wegen an, der es gesagt hat. Denn sein verdientes Ansehen könnte die Laien irre machen. Wie ich denn überhaupt diese kleine Schrift vornehmlich um ihrentwillen schreibe, und darin so manches berühre, das sonst wohl Ruhe vor mir gehabt hätte, damit sie sehen, woran sie bei der Sache mit diesem und jenem Theoristen sind, und daß sie ganz recht daran tun, sich ohne weiteres dem Eindrucke zu überlassen.

Außerdem habe ich dabei noch eine Nebenabsicht. Man soll nämlich einst Anlaß zur gehörigen Verwunderung über die haben, für welche zu unserer Zeit die deutsche Verskunst, diese kleine leichte Kenntnis, ganz eigne Schwierigkeiten hatte.

Dürft' ich übrigens den Laien einen Rat geben, so wäre es dieser: Sie sollten die Gelehrten, die ihnen mit dem wenigen immer in den Ohren liegen, was sie von der kleinen Kenntnis entweder wirklich nur haben, oder zu haben scheinen wollen, diese Gelehrten gar nicht mehr anhören, und glauben, was so wahr ist, und was ich aus so vielen Erfahrungen weiß, daß sie die Wirkungen des Silbenmaßes richtiger und stärker empfänden, und sogar auch die Prosodie unserer Sprache gewöhnlich besser kennten, als jene, und zwar selbst in dem Falle, daß man noch etwas mehr Kenntnis hätte, als vorgegeben wird.

10. »Mir kam es immer vor, wenn man Hexameter machen wollte, wie sie gemeiniglich sind, so wäre die Arbeit zu leicht; und leichte Arbeit ist auch in der Poesie schlecht. Sollte man aber die Harmonie beibehalten, und richtige

Füße von langen und wirklich kurzen Silben abwechseln lassen, wie Herr Uz und von Kleist getan haben, so wäre die mechanische Arbeit sehr schwer.«

Sind die deutschen Längen auch keine *wirkliche*? Dies wird nicht bestimmt genung gesagt. Ich bleibe daher nur bei den Kürzen stehen. Kleist gehört nicht hierher; er hat nie den Einfall gehabt, sich auf diejenigen Kürzen einzuschränken, die es *auch* nach den Regeln der beiden alten Sprachen sind; und die andern, der Versart wegen, als wären's Längen, zu brauchen. Man trifft in *Gegenteil* manchen Silbenzwang bei ihm an. So wenig hat der Verfasser das untersucht, worüber er zu entscheiden meint. Aber Uz hat das, wessen Kleist fälschlich beschuldigt wird, einmal in einem kurzen Gedichte getan. Ich glaube nicht, daß er diesem Spiele die Folgerung zugestehe, die daraus gemacht wird. Doch dies geht mich nichts an; ich hab' es nur mit dem zu tun, der so etwas darin findet.

Daß also die meisten von denen Kürzen, die in unsern Jamben *wirkliche* Kürzen wären, sobald sie der Zauberstab des Hexameters berührte, aufhörten es zu sein, und Längen würden.

Und daß also gleichfalls, wie sich versteht, um die Harmonie beizubehalten, und richtige Füße zu haben, viele von denen Kürzen der Alten, die es in ihrem Hexameter wären, sobald der von ihnen aufgenommne Jambe seine Zauberei damit vornehme, auch aufhörten es zu sein, und Längen würden.

Es ist z. E. um das, worauf es bei der Vergleichung hauptsächlich ankömmt, herauszunehmen, den beiden alten Sprachen eben so eigentümlich viele kurze *Stammsilben* zu haben, als der deutschen die durchgängige Kürze der *Veränderungssilben* eigentümlich ist. Daher denn hier die Verwandlung am gewöhnlichsten vorfallen würde.

Ich zweifle, daß selbst die Alten, bei denen es denn doch viel natürlicher gewesen wäre, von uns gefodert hätten, unsere Silbenzeit zu verändern, wenn wir Hexameter machen wollten. Denn was würden sie uns haben antworten können, wenn wir dann unsererseits für den aufgenommnen deutschen Jamben z. E. folgende Silbenzeit von ihnen verlangt hätten:

$$- \quad\quad - \quad - \quad -$$

Retegiturque merito ea sciola.

Übrigens dürfen sich unsre Zeiten gleichwohl nicht rühmen, die Entdeckung gemacht zu haben, daß, der Versart wegen, eine solche Verwandlung vorgehen müsse, und wirklich vorgehe. Der alte Conrad Geßner, der sich schon vor vielen Jahren an den Hexameter wagte, hat sie gemacht. Ihr zufolge besteht dieser Hexameter:

Tönender sangen verborgen von Büschen mit liebender Klage

aus lauter langen Silben.

Aus gleicher Ursach sind in folgendem Verse aus Uzen die bezeichneten Silben lang:

$$- \quad - \quad\quad - \quad -$$

Den Frühling, welcher anitzt durch Florens Hände bekränzet

Oder sollen sie kurz sein? Wenn das ist; so haben wir gar für eine und eben dieselbe Versart zweierlei Silbenzeit, der Alten ihre da, wo zwei sich folgende kurze Silben hingehören; und unsre, wo eine hingehört, nur daß wir der ersten, bei Setzung der einen Kürze, auch folgen dürfen.

Zu sagen, daß man nicht verlangen könne, irgendeines Silbenmaßes wegen, die Quantität einer Sprache, wenn dies auch möglich wäre, zu verändern, gehört freilich zu dem zweimal zwei ist vier der Grammatik; und wer würde so etwas, wenn er auch die Weitläufigkeit liebte, aus der seinigen nicht weglassen: gleichwohl muß ich auch deswegen mich endlich überwinden es zu sagen, weil die sonderbare Forderung dieser Verwandlung, ich weiß nicht das wievieltemal, aber nur noch vor kurzem, in einer gelehrten Zeitung, die verschiedne für unsre beste halten, wiederholt worden ist.

Allein die deutsche Verskunst, diese kleine leichte Kenntnis, hat, wie gesagt, nun einmal, zu unsrer Zeit, für einige, ganz eigne Schwierigkeiten; und dieser muß man außer dem auch, damit sie den Leuten desto wichtiger vorkommen, fein oft erwähnen.

Ich habe bisher verschiednes auf meinem Wege angetroffen, das mich hätte veranlassen können ein Wort von der *genauen Beobachtung der Silbenzeit* in Beziehung auf diejenigen unsrer Dichter zu sagen, die Hexameter (oder andre Verse in griechischem Tone) gemacht haben. Die jetzige Gelegenheit ist zu gut, um sie vorbei zu lassen. Denn es benimmt ihr ganz und gar nichts, daß bei der Beobachtung eine ganz andre Silbenzeit zum Grunde liegt, als die von Conrad Geßners Erfindung.

Man wird zugestehen, daß es unter den erwähnten Dichtern genaue Beobachter gebe. *Nur von diesen red' ich im folgenden.*

Der deutsche Hexameter ist, auch von dieser Seite, mit dem griechischen verglichen worden. Wer bei der Sache nur in das allgemeine Gesinge des Vorurteils mit eingeschrien hat, vermutet schlechterdings nichts davon, wie gut es den deutschen Dichtern bei dieser Vergleichung gehen könne. Allein auch die, welche nicht eben gleich annehmen, was andre sich einfallen lassen zu sagen; aber doch auch wohl Manches für untersucht halten, was es nicht ist, werden sich ein wenig wundern, daß der Streit, so wie ich es tue, geendigt werden konnte.

Unsre Scholiasten, und ihre zahlreichen Nachschwätzer sind mit ihrer Entscheidung über die Sache hergefallen, und haben den Ausspruch ergehen lassen: Daß der deutsche Vers, in diesem Punkte, weit unter dem griechischen sei. Denn sie vermeinen, daß Homer *durchgehends* ein strenger Beobachter, und daß es die Deutschen *sehr oft* nicht seien. Sie glauben dies deswegen, weil sie die griechische Prosodie nur so weit, als zum gewöhnlichen Geschwätz hinreicht, und die deutsche beinah gar nicht kennen.

Doch jetzt bei Seite gesetzt, wie viel, oder wie wenig sie von dem wußten, worüber sie entschieden; so hätten sie denn doch mindstens dem deutschen Verse mit einiger Schonung begegnen sollen, und dies aus zwei sehr guten Gründen. Homer durfte nämlich den *meisten* Wörtern Buchstaben und Silben geben, oder nehmen; zweitens hatte seine Sprache eine *viel freiere* Wortfolge, als die unsrige. Was wird mir der Scholiast antworten können, wenn ich ihm sage, daß also Homer denn doch wohl *beinah die Hälfte weniger Schwierigkeit bei Bildung des Verses* gefunden habe, als die deutschen Dichter.

Aber jetzt nichts weiter, weder von Aussprüchen, noch Bescheidwissen, noch Schonung; sondern allein von der wirklichen Beschaffenheit der Sache. Diese ist:

Die deutschen Dichter haben die Silbenzeit besser beobachtet, als Homer.

1. Homer brauchte die Längen *sehr oft* kurz; der Deutsche *bei weitem nicht so oft*:

2. Jener die Kürzen oft lang; dieser beinah gar nicht.

Die Kürzendehnung ist dem Ohre noch unangenehmer, als die Kürzung der Länge. Wenigstens kam's Longinen auch so vor. »Der Rhythmus, sagt er, macht oft *sogar* die Kürze lang.« Daß also der Deutsche den größeren Fehler beinah gar nicht beging.

(Es versteht sich von selbst, daß ich hier diejenige Kürzendehnung der Griechen nicht meinen könne, die mir es zu sein scheint, die aber bei ihnen regelmäßige Länge ist. Es ist hier bloß von denen langgebrauchten Kürzen die Rede, welche es nach ihrer Prosodie sind.)

Am besten läßt sich die Verlängerung der Kürze noch verteidigen, wenn diese den Abschnitt des Verses macht, als: *Ä men Odüssäos, schrecklicher Heerschaaren.* Man muß nicht sagen, daß dies wohl im Griechischen angehe, aber nicht im Deutschen. Dies hieße nichts gesagt. Denn es kömmt hier gar nicht auf die Sprache, sondern allein auf den Umstand an, daß der *Abschnitt* (wie ich sonst selbst glaubte) *soll verlängern können.*

Gleichwohl halt' ich es für besser, selbst diese Verlängerung zu vermeiden. Man sagt mir vielleicht, das Urteil des deutschen Ohrs sei nicht stolz genug, um zu Bedenklichkeiten dieser Art zu veranlassen. Wer den Einwurf macht, mag ihn verantworten. Und vielleicht kömmt er auch jetzt mit der Verantwortung besser fort, als er etwan einige Jahre weiter hin damit fortkommen möchte.

Ich verlange nicht, daß man obige beide Bemerkungen auf mein Wort annehme. Ich muß sie also beweisen. Doch lasse ich mich nur, was Homeren betrifft, darauf ein: in Ansehung der Deutschen mag ich nicht; ob ich gleich recht gut kann.

Ich meine dies sogar nach denen strengeren prosodischen Regeln, nach welchen z. B. *geist* in *Schutzgeist* lang ist, ob man gleich solche Silben noch immer in allen Grammatiken, die herauskommen, für kurz erklärt.

Ich denke denn doch also, daß es eben keine Parteilichkeit ist, wenn ich will, daß man es hier mit den deutschen Dichtern nach einer Strenge nehme, von der weder unsern Grammatikern, noch ihren meisten Lesern bisher etwas zu

Ohren gekommen ist. Denn ich wäre ja selbst dann noch nicht parteiisch gewesen, wenn ich das bisher Gelehrte und Geglaubte unsern Dichtern hätte zu Nutze kommen lassen.

Sagt man, daß sie durch jene Regel auf der einen Seite wieder gewinnen, was sie auf der andern verlieren; so zeigt man auch hier, daß man von der Sache nichts wisse. Denn dem deutschen Hexameter paßt die Kürze von Silben, wie *geist* in *Schutzgeist*, viel öfter, als ihre Länge. Wer das noch erst zu lernen hat, der kennt unsre Sprache nicht.

Meint man bei dieser Gelegenheit, man habe mir Beschäftigung mit Kleinigkeiten zu verzeihen, so glaube ich meinerseits viel bessern Anlaß zum Verzeihen zu haben. Denn man weiß also noch nicht einmal, daß alles, was Sprache ist, aus einem Gewebe von feinen Bestimmungen bestehe; oder, wenn dies auch nicht wäre, man sieht nicht ein, was aus den Kleinigkeiten denn doch gleichwohl folgen möchte; aus dieser z. B. die meinen Beweis enthält: Im letzten Gesange der Ilias sind mehr als sechzig Kürzendehnungen; und (beinah die Hälfte weniger Schwierigkeiten bei Bildung des Verses) über zweihundert und dreißig Kürzungen der Länge.

Wenn nun die Ausländer (denen es jetzt noch nicht einmal träumt, daß ein Grieche bei Anhörung ihrer Versarten, oder vielmehr Reimarten, Voltairens epischer z. B. sein *Grieche und Barbar!* gewiß nicht unterdrückt hätte) wenn sie mit der Zeit merkten, was ihnen in Ansehung der Verskunst *fehle*; und sie uns, wegen nicht durchgehends beobachteter Silbenzeit abstreiten wollten, daß *wir es hätten*: und wir ihnen dann gleichwohl, durch Verweisung auf solche Kleinigkeiten, zeigen könnten, daß es denn also die *Griechen* (ihre andern Dichter, *die auch hierin unter Homeren sind*, nicht einmal mitgerechnet) *noch weniger gehabt hätten*?

Wenn daher ferner der ganze große Lärm, der unter uns und den Ausländern seit jeher, in allen Lehrbüchern der schönen Wissenschaften, und in jedem dahin gehörigen Nebenschriftchen, gemacht worden ist: Von der reinbeobachteten Silbenzeit der Griechen, und der auch hieraus gefolgerten Unmöglichkeit, es ihnen, was den Vers betreffe, in irgendeiner neuern Sprache zu bieten; wenn nun, sag' ich, aller dieser Lärm ein blinder Lärm gewesen wäre?

Und wenn überdies (man erlaube mir noch diese Nebensache mitzunehmen) Scholiasten und Gefolge verdienten, mit der Bemerkung entlassen zu werden: Daß sie also, in aller Unschuld, ohne Arg daraus zu haben, und ohne nur einigermaßen zu wissen, was sie täten, in Grunde mehr von den deutschen Dichtern gefodert hätten, als die Griechen von Homeren.

Ich muß doch wohl nur anmerken, daß diese Foderung in gar keiner Verbindung mit dem stehe, was unsre Dichter von sich selbst gefodert haben.

Es ist nicht überflüssig, die, welche etwa den angeführten Gesang der Ilias nachlesen, oder sonst wo in Homeren blättern möchten, an folgende drei Regeln der griechischen Prosodie zu erinnern:

1. Die kurzen Selbstlaute werden *nur* durch die Position lang.

2. Die zweizeitigen Selbstlaute sind in gewissen Fällen (deren Anführung hier unnötig wäre) *allzeit kurz*.

3. Die Selbstlaute ä und oo und die Doppellaute sind lang.

Diese Regel greift weit um sich. Die neuern Prosodisten haben die Akzente ins Spiel gemischt, und ihr dadurch engere Grenzen setzen wollen. Wenn ich bei einem Akzente zeige, daß es mit der Sache nicht gehe, so werde ich ja, denk' ich, davon abbrechen dürfen. Man hält z. B. das *thai* in *ago-*

reŭesthai für zweizeitig, weil sonst der steigende Akzent nicht auf der dritten Silbe von der Endung stehn könnte. Aber warum denn zweizeitig? Denn, nach der Akzentregel, muß es ja kurz sein, als *ánthroopos*, weil *pos* kurz ist. Doch wie denn selbst hier, wenn das folgende Wort mit einem Mitlaute anfängt? Denn nun ist ja *pos* lang. Gleichwohl rückt der Akzent in diesem Falle nicht fort; aber das lange u macht, daß er fortrückt: *anthroópu*. Die Länge der Position ist also eine *andere Länge*, und des *Doppellauts seine wieder eine andere.* Man sieht, denk' ich, schon allein hieraus, was es mit dem Verhältnisse, welches zwischen Akzent und Quantität sein soll, vor eine Beschaffenheit habe. Das obige *thai* ist übrigens weder zweizeitig noch kurz, und es wird auch etwa nicht erst durch den folgenden Mitlaut lang, sondern ist es schon an sich selbst. Denn Dionys nennt, indem er von Thucydidens Numerus redet, und eine Stelle aus ihm anführt, die mit *agoreŭesthai auton* endet, die Silben *reŭesthai au* schließende Spondeen.

Man kann nicht einwerfen, Dionys nehme hier das zweizeitige *thai*, wie er dürfe, lang, so wie er es auch kurz hätte nehmen dürfen; denn er tut dies bei *wirklichen* Zweizeitigkeiten niemals, und sagt dann z. B. »ein Baccheus, (– – ◡ nur er nennt diesen Fuß so) oder wenn man lieber will, ein Daktyl« und er darf es auch nicht tun; denn er kann ja nicht wissen, wie der Prosaist die zweizeitige Silbe wolle ausgesprochen haben.

Ich bin gewiß, daß Longin auch die dritte Regel, ihrem ganzen Umfange nach, im Sinne hatte, wenn er sagte: »Der Rhythmus reißt die Quantität mit sich fort, wie er will.« (Longin unterscheidet den Rhythmus vom Silbenmaße. Ob sein Unterschied philosophisch sei, oder nicht, braucht hier nicht untersucht zu werden. Genung, daß er in dieser Stelle nichts anders meinen kann, als was in folgender Anmerkung von ihm liegt: »*Pros* ist kurz; es steht aber anstatt einer Länge, wenn Homer sagt: *Pros oikon Päläos*, weil der Fuß ein Spondee sein muß.«)

Auch Dionys dachte wohl die dritte Regel in keinem kleineren Umfange, da er der Abweichungen von der Silbenzeit, welche die Griechen dem Musiker, wie dem Dichter, ich weiß nicht, ob erlaubten, oder verziehen, (bei dem ersten beleidigt es das Ohr noch mehr) auf folgende Art erwähnte: »Im Sprechen wird die Silbenzeit nicht gewaltsam umgekehrt, sondern man behält die langen und kurzen Silben, wie sie sind; allein im Gesange wirft man sie, durch Vermehrung und Verminderung, gleichsam herum, so daß oft das Gegenteil von dem, was sein sollte, herauskömmt.« Diese Vermehrung und Verminderung ist eben das, was ich Kürzendehnung und Kürzung der Länge heiße; und jener *fortreißende* Rhythmus nichts anders, als was ich oben, ohne ein solch Blatt vor dem Munde, *Silbenzwang* nennte.

Aber wir Neuern haben auch griechische Prosodien geschrieben, und in diesen steht denn nun freilich vielerlei, wovon die Griechen nichts wußten, als da ist: Die Selbstlaute ä und oo und die Doppellaute sind in diesem, und dem, und wieder in jenem Falle zweizeitig; in lauter Fällen nämlich, wo man die angeführten Längen auch kurz gebraucht fand. Anstatt also, der Beschaffenheit der Sache gemäß, zu sagen: Die griechischen Dichter erlaubten sich die und die Abweichungen von der Silbenzeit; so überließ man sich lieber dem bei Beurteilung der Alten so gewöhnlichen Hange zum Beschönigen, und brachte heraus, daß es keine Abweichungen wären. Und hierbei war denn nun nichts daran gelegen, daß man das Ding wider griechische Kritiker in Sachen ihrer Sprache vorbrachte, und daß man dieser außerdem auch noch viel mehr Zweizeitigkeiten aufbürdete, als sie, die so reich daran ist, schon wirklich hat, und also mit ihr so ziemlich unsanft umsprang, damit man nur mit den Dichtern desto säuberlicher verfahren konnte.

Aber ich will einmal unsern heutigen griechischen Prosodisten alles, was sie, nach ihrer Meinung, nur immer fodern können, zugestehen. Zweizeitig soll also sein (ich kann mich durch Beispiele am kürzesten ausdrücken) *thai* in *agoreúesthai*, und daher auch *tai* in *keĩtai*, ferner *toi* in *brotoì*, ferner sollen es alle hierher gehörigen einsilbigen Wörter mit und ohne Akzent sein. Ich will mir nur dabei das, was die Prosodisten selbst lehren, vorbehalten, nämlich die Länge des *nei* in *pínei* und des *ōo* in *chrüseōo*. Gleichwohl hat der genannte Gesang der Ilias, selbst bei diesen freigebigen Einräumungen, beinah funfzig Kürzungen der Länge. (Auch diese Zahl ist den deutschen Dichtern bei der Vergleichung noch vorteilhaft.) Da ich aber mit der griechischen Sprache nicht nach Belieben schalten und walten mag; der Akzent bei der Sache nichts entscheidet; und keine Ursach da ist, warum die einsilbigen Wörter nicht mit in Rechnung gebracht werden sollten: so kann ich mich auf jene Einräumungen in Ernste nicht einlassen, und es bleibt also dabei, daß der Rhythmus (um zu Longins Bemerkung zurück zu kommen) die Quantität so oft, als ich oben anführte, mit sich fortgerissen hat.

Man sagt mir vielleicht, es wäre besser gewesen, wenn ich von der homerischen Beobachtung der Silbenzeit geschwiegen hätte; denn nun würde gewiß einige unsrer Dichter die Lust anwandeln, sich auf Homers Beispiel zu berufen.

Mögen's doch die, die es nicht dürfen; aber die dürfen, frag' ich: Ob sie, unverführt von der Gültigkeit der Entschuldigung, nicht lieber gar keine nötig haben wollen?

11. »Ossian, Milton, Young und alle Briten haben die herrlichsten Gedichte in jambischer oder ähnlicher Versart gesungen, und ich wüßte nicht, daß wer über ermüdende

Monotonie ihrer langen Gedichte geklagt hätte. Und warum nicht? Weil dies Metrum in der Natur ihrer Sprache lag.«

Dies und mehr hierher gehöriges wird in folgender Stelle meiner Grammatik berührt:

Man ist in denen Sprachen, die von der lateinischen abstammen, und der englischen, seit der *Wiederherstellung der Wissenschaften bis jetzo*, in Ansehung der Verskunst, nicht weiter gekommen, als daß man gewisse *Silbenzahlen* beobachtet hat.

Hierbei verfährt der Dichter auf zweierlei Weise: Entweder läßt er es, zufrieden richtig zu zählen, darauf ankommen, was ihm der *Zufall* denn nun so vor Füße geben werde; oder er sieht auch beim Zählen mit *einiger* Sorgfalt darauf, daß sein Vers gute Füße habe. Aber wenn man hier auch noch größere Sorgfalt annimmt, als man gewöhnlich bemerkt; so beobachtet der Dichter gleichwohl noch kein Silbenmaß, sondern nur Silbenzahl. Denn der Hauptbegriff, den man bei jenem hat, ist der, daß dadurch eine gewisse Bewegung der Wörter bestimmt wird. Durch ein gutes Silbenmaß wird so viel Mannigfaltigkeit der Bewegung bestimmt, als nötig ist, genung ausdrücken zu können. Dies kann man aber nicht, wenn nicht so bestimmt worden ist, daß die Bewegung vornehmlich auf *bedeutenden* Füßen bestehet. (Ich muß doch wohl hinzusetzen, daß hier nur von Wortfüßen die Rede sein könne.) In den bedeutenden Füßen liegt einesteils *die metrische Kraft*. Andernteils liegt sie in der durch die Bestimmung notwendig gewordnen *Wiederholung* der Füße überhaupt, wobei sich von selbst versteht, daß die Rückkehr der bedeutendsten die größere Kraft habe. Das Bestimmte eines guten Silbenmaßes ist also bedeutende und wiederholte Bewegung, und dadurch hervorgebrachte *doppelte metrische Kraft*. Die Verskunst geht in Ansehung der Wiederholung eben den Weg, den die Musik geht. Wäre es doch überflüssig anzumerken, daß hier diejenige *Wiederholerei* nicht könne mit verstanden werden, die uns unaufhörlich eins und eben dasselbe hören läßt.

Unter den Dichtern, welche bloß die Silbenzahl beobachten, haben nur die englischen wenige selten gebrauchte lyrische Silbenmaße.

Es bleibt also, was die Verskunst betrifft, die Silbenzahl das Eigentümliche in den genannten Sprachen.

Der Unterschied zwischen Silbenzahl und Silbenmaße würde nicht völlig so groß sein, als er ist, wenn die, welche bloß jene zur Vorschrift haben, mit anhaltender Sorgfalt darauf sähen, ihrem Verse bedeutende Füße zu geben. Es ist aber hier nicht die Rede von dem, was sie tun könnten, sondern, was sie bisher getan haben.

Die Deutschen haben schon seit Luthern, und vornehmlich seit Opitzen Silbenmaße gehabt. Aber die *Einförmigkeit* derselben, der dadurch entstehende *immer gleiche* metrische Ausdruck, (dies wird bei längern Gedichten auffallend, bei kürzern bemerkt man's weniger) und beinah noch mehr, daß viele poetische und oft sogar noch unentbehrlichere Wörter durch sie unbrauchbar werden, könnte den Wunsch veranlassen, daß unsere Dichter möchten fortgefahren haben, *diesen* Silbenmaßen die Silbenzahlen vorzuziehen.

Was aber, sagt man, wenn das so ist, mit so vielen ausländischen und inländischen vortrefflichen Dichtern machen? Sie lesen. Wenn sie recht vortrefflich sind, so werden sie schon dafür sorgen, daß man ihren Vers darüber vergesse.

Die jetzt lebenden Deutschen haben Silbenmaße eingeführt, die teils nach der Alten ihren mit einigen, mich deucht guten *Veränderungen* gemacht, und teils (dies ist die größere Anzahl) *neu*, aber im Geschmacke der Alten sind, das heißt, die die erwähnte doppelte metrische Kraft haben; eine Unternehmung, durch die zweierlei geschehn ist: Die Dichter haben für's erste die Sprache, von der ihnen durch die eintönigen Versarten *so vieles* verloren gegangen war, *ganz* wieder bekommen; und zweitens ist dadurch der Umfang des Ausdrucks, (die Bewegung der Wörter gehört mit dazu,) erweitert worden. Wer dies für eine Kleinigkeit hält, der weiß nicht, was eine Sprache ist. Und ein solcher weiß denn auch nichts davon, verdient auch nicht was davon zu wissen, daß es keiner, dessen Urteil mitwiegt, als etwas Gleichgültiges ansieht, daß eine Sache, welche die Franzosen und Engländer, und selbst die Italiener vergebens unternommen haben, den Deutschen gelungen ist.

Wie es die griechischen und die römischen Dichter, und nun so lange nach ihnen die deutschen in Absicht auf die Verskunst gemacht haben, liegt in ihren Werken sehr deutlich vor Augen: allein die Theoristen alte und neue haben vieles von dem, was doch so offenbar darliegt, gar nicht, verschiednes halb, und über das noch allerlei gesehen, was nicht da ist. Und so haben sie denn, aus dem wenigen Wahren, so manchem Halben, und dem und jenem nicht Vorhandnen Lehrgebäude zusammen gesetzt. Ich rede hier zwar vornehmlich von den Scholiasten, und von denen, welche mit ihnen genannt zu werden verdienen; aber ich nehme doch auch Ciceron, (Numerus und Silbenmaß haben viel Gemeinschaftliches) Dionysen, Quintilianen, Aristiden, und Longinen nicht völlig aus. Vielleicht schreibe ich noch einmal einige Blätter von dem, was man bisher von der Theorie der Verskunst gewußt hat, ich meine, was die Kritiker davon gewußt haben; (die Dichter haben ihr Wissen durch ihre Gedichte *gezeigt*) und dann werde ich auch einige Neuere nennen, die ich in jener guten Gesellschaft nicht ganz ausnehme.

So weit aus der Grammatik.

Nun noch ein paar Worte von Miltonen und Ossianen.

Was der Verfasser hier durch jambische und ähnliche Versart verstanden habe, weiß ich nicht, aber das weiß ich wohl, daß *english Jambics* ganz was anders sind, als deutsche Jamben, so sehr was anders, daß z. E. folgende beiden Verse aus Miltonen darunter gehören:

⌣ ⌣ ⌣ — ⌣ ⌣ ⌣ — ⌣ —
In the Beginning, how the Heav'ns and Earth

— ⌣ ⌣ — ⌣ ⌣ ⌣ ⌣ ⌣̆
Rose out of Chaos, or if Sion Hill.

Die Engländer halten Miltonen für einen großen Meister in der Verskunst. Er lasse, sagen sie, mit vielem Urteile verschiedne Füße abwechseln, und das eben sei die Ursach des Vergnügens, welches ihr Ohr an seinem Verse finde. Er gäbe ihm mehr Mannigfaltigkeit, als irgend ein andrer ihrer Dichter, und nenne ihn daher auch selbst *a various measur'd Verse.*

In den ersten sechzehn Zeilen des verlornen Paradieses, sagen sie ferner, finden sich alle die abwechselnden Zusammenstellungen der Füße, welche in ihren Jamben eingeführt seien.

Und zu diesen sechzehn Zeilen gehören, außer den obigen, denn nun noch folgende:

— — ⌣ ⌣ ⌣ — ⌣ — ⌣ —
Brought Death into the World, and all our Woe

— — ⌣ — — — ⌣ ⌣ —
That Sheperd, who first taught the chosen Seed

⌣ — ⌣ — ⌣ ⌣ — ⌣ ⌣ —
Above th' aonian Mount while it pursues.

So sehr abwechselnd ist der Jambe der Engländer. Wie könnten sie also dabei über etwas, davon er nur zu sehr das Gegenteil hat, über ermüdende Monotonie klagen? Aber mit wie lautem Verdrusse würden sie es tun, wenn ihr Jambe dem unsrigen auch nur von fern ähnlich wäre, sie, die bei dem Anlasse der sechzehn Verse auch die Anmerkung machen, daß darunter nur zweimal gleiche Verse vorkommen, nämlich der fünfte und der siebente, der zehnte und der zwölfte; und dann sogar noch hinzu setzen, daß diese gleichen Verse jedesmal durch eine sehr verschiedne Bewegung unterbrochen werden, um *a dull Uniformity* zu vermeiden.

Ich muß hier über Miltons Versart eine Anmerkung machen. Es kann sein, (ich hab' es nicht untersucht) daß in den ersten sechzehn Versen des Paradieses, oder vielmehr nur in vierzehn, denn zwei kommen doppelt vor, sich alle abwechselnde Zusammenstellungen der Füße finden, die in den englischen Jamben eingeführt sind, das heißt, daß die übrigen Verse des Gedichts aus Teilen dieser ersten zusammen gesetzt sind. Dies ist nun zwar wohl Einschränkung des Mannigfaltigen, aber eine von viel zu weitem Umfange, ein bloß scheinbares Silbenmaß, das diejenige metrische Kraft, die in der Wiederholung liegt, nicht hat, denn eine unmerkliche Wiederholung ist keine, und das also, der Wirkung nach, der Silbenzahl völlig gleich ist. Allein von derjenigen metrischen Kraft, die in bedeutenden Füßen liegt, scheint Milton vieles zu haben, und vornehmlich deswegen von seinen Landsleuten für einen großen Meister in der Verskunst gehalten zu werden.

Und vollends Ossian. Der sang also nicht in den völlig freien Versarten unsrer alten Norden, die sogar die leichteste unter allen Vorschriften der Verskunst, die Silbenzahl, nicht kannten; vermischte nicht mit erzählenden Versen seiner Erfindung andre lyrische mit dem Inhalte einstimmige, auf die uns Macpherson so oft aufmerksam macht? Mir hat er folgende, die pindarisch sind, geschickt.

Aus Komala:

$$- \smile \smile -,$$
$$\smile - \smile \smile - -,$$
$$\smile - \smile - \smile - -,$$
$$\smile - - \smile - -,$$
$$- - - - - - \smile,$$
$$- - - -,$$
$$- \smile - \smile - - - -.$$

Aus Fingal:

$$- - \smile - - \smile -,$$
$$\smile - \smile - \smile - \smile -,$$
$$- \smile - - \smile - - \smile,$$
$$- - - \smile - \smile -.$$

Sondern Ossian sang in englischen Jamben, oder weil dies, wo nicht völlig, doch beinah einerlei ist, in deutschen.

Wer dies in Ernste behauptet, der setzt voraus, man glaube von ihm, daß er Ossians Sprache, allein durch Hülfe des sechsten Gesangs von Temora, denn nur den kennen wir in Deutschland, bis auf ihre Quantität, und zwar noch besser, als sie Macpherson versteht, habe lernen können.

12. »Ich habe die Leute auf ihr Gewissen gefragt: Lieber, sagt mir, klingt Euch das zu eintönig? Könntet Ihr's wohl einige Stunden, durch ein paar tausend Verse hindurch, so fort tönen hören? Und sie haben mir auf ihr Gewissen geantwortet: Ja! sie könnten's.«

Sonst macht man Erfahrungen dieser Art, wenn sie wirkliche Erfahrungen sein sollen, ganz anders. Man fragt die

Leute nicht, sondern man liest ihnen vor, ohne ihnen die Absicht, warum man es tue, zu sagen. Man bemerkt den Eindruck, und selbst nach dem Vorlesen, fragt man nicht, wenigstens nicht gerade zu, sondern auf eine Weise, daß man die Erfahrung, ohne Zusätze, rein heraus bringen könne. Wer es wie der Verfasser macht, der ist in Gefahr, daß er Leute vor sich finde, welche bis zur Gewissenlosigkeit höflich, oder Waghälse sind, die sich blindlings ins Unglück stürzen; aber auch hernach, denn dies ist ihre Gewohnheit, wenn sie nun mitten drin sind, desto lauter wehklagen.

13. »Prüfen sie den deutschen Jambus nur mal genauer, so werden sie unendliche Abwechselung in Ansehung der Cäsuren und Ruhpunkte des männlichen oder weiblichen Ausgangs der Perioden, des ganzen Auf- und Niederschwungs derselben, der bald jambisch auf-, bald trochäisch niedersteigenden Füße, und endlich des Zeitmaßes der Silben selbst finden. Freilich wechselt nur immer kurz und lang, und lang und kurz ab, aber selbst in der kürzern Kürze und längern Länge, einer Silbe vor der andern, ist so viel Verschiedenheit, daß sie kaum sich ausrechnen läßt.«

Es läuft hier alles, nur nicht, was die Verschiedenheit der Längen und Kürzen betrifft, hauptsächlich darauf hinaus: Ob die Wortfüße, welche dieser Versart ihr *einziger* künstlicher Fuß gibt, hörbar sind. Es sind ihrer nur sieben. Aber ich will mich bei der geringen Anzahl, und dem dadurch entstehenden eingeschränkten metrischen Ausdrucke nicht aufhalten, weil das hier sehr überflüssig sein würde. Denn das Fehlerhafte dieser Versart liegt eigentlich darin, daß ihr künstlicher Fuß, weil er an sich selbst lebhaft ist, und vornehmlich, weil er unaufhörlich wieder kommt, daß er, sag' ich, dieser Ursachen wegen, so laut hervorschallt, und die

Wortfüße dermaßen überschreit, daß sie vor ihm (man erlaube mir den Ausdruck) nicht zu Worte kommen können. Dieses Überschreien wirkt so stark, daß nun dadurch beinah gar kein Eindruck entsteht, ob ein Abschnitt durch mehr oder weniger Wortfüße von dem andern unterschieden sei; oder ob der letzte Wortfuß des Perioden mit einer kurzen Silbe endige. Ferner sind die Pausen, womit die Abschnitte und die Perioden schließen, von viel zu kurzer Dauer, um das Ohr von der Aufmerksamkeit auf das abzubringen, was es immer wieder zu hören gewohnt ist, und daher auch beständig erwartet. Man sieht, daß in dieser Versart der Fuß der Regel keine Wortfüße hervorbringt, sondern diese immer in seine eignen Teile auflöst.

Die Eindrücke, welche durch diese Monotonie der Bewegung entstehn, einigermaßen zu schwächen, ist es gut den Reim mit der jambischen Versart zu verbinden. Dieser hat zwar auch Monotonie, des Klanges nämlich, und die, welche ihn nicht lieben, werden vielleicht sagen, daß man auf diese Weise ein Übel durch ein anderes vermindern wolle. Aber warum sollte man durch dieses kleinere Übel; denn die Monotonie des Klanges wird doch wenigstens immer zu einer andern, dem größeren nicht steuern dürfen? Dies würde freilich nicht gelten, wenn man sich auf andere Art helfen könnte. Allein das kann man ja nun einmal nicht.

Dies empfiehlt zwar weder die jambische Versart noch den Reim; (ich sage dies vornehmlich auf größere Gedichte) aber es zeigt doch das Mittel, wodurch die Monotonie der Bewegung, welche dieses Silbenmaß hat, etwas weniger auffallend wird. Bei Gedichten in dieser Versart helf' ich mir, außer dem daß ich den Reim ziemlich laut hören lasse, auch noch dadurch, daß ich sie nicht nach dem Silbenzwange, sondern nach der wahren Quantität lese.

Manchmal gibt ihnen dann der Zufall sogar gute Verse; und wenn dies nicht ist, doch wenigstens andere, als die gewöhnlichen eintönigen sind.

Die Verschiedenheiten der Längen und Kürzen mußten, wie wir oben gesehen haben, dem Hexemeter nicht wenig nachteilig sein; aber dem Jamben sind sie, wie hier behauptet wird, besonders vorteilhaft.

Diese Verschiedenheiten sind entweder, wie es gekommen ist, überall zersreut, und sie machen dann keinen andern Eindruck, als den einer dunkel gefühlten Abwechslung; oder sie stehen nebeneinander, und gehören zusammen, und man hat bei diesen, weil sie das Ohr vergleicht, auf ihre gute Zusammenstellung gesehn.

Die *zerstreuten* Verschiedenheiten, die der Verfasser, nach den gegebenen Beispielen, allein im Sinne haben kann, sollen denn nun zu der übergroßen Abwechslung der jambischen Versart so vieles beitragen, daß, wenn das Aufheben, welches von dem Dinge gemacht wird, Grund hätte, überhaupt kein eintöniges Silbenmaß möglich wäre.

Nur die *kleineren* Verschiedenheiten (bis auf die zwischen Länge und Kürze) stehen gut bei einander. Diese Zusammenstellung ist eine Nebenschönheit der metrischen Bewegung, die zwar der Hexameter oft, der Jambe aber nur selten haben kann. Denn dieser stellt bloß Längen und Kürzen zusammen; da jener über das auch Längen und Längen, ferner auch Kürzen und Kürzen zusammenstellt. Daß also der Jambe sogar hier, wo es nicht etwan auf die Bewegung selbst, sondern nur auf ihre Nebenbeschaffenheit ankömmt, seine Eintönigkeit nicht los werden kann. Und so bleibt ihm denn beinah weiter nichts übrig, als der dunkle Eindruck von Abwechslung, welche durch die zerstreuten Verschiedenheiten entsteht; und es läuft bei dieser Abwechslung, die er mit allen andern Versarten, und selbst mit der

Prosa gemein hat, und die gleichwohl fast seine einzige Zuflucht ist, es läuft dabei alles darauf hinaus, daß er, wenn ihm vollends auch dies fehlte, *noch eintöniger* sein würde, als er ist.

Überhaupt muß ich gestehen, »daß diese kaum *auszurechnenden* und daher zu der *unendlichen Abwechslung des Jamben* so vieles beitragenden Verschiedenheiten, die man sieht, und hört, und fühlt, daß einem Ohren und Nerven davon gellen« mir wie der Strohhalm vorkommen, an dem sich der Ertrinkende zu halten pflegt.

Dasjenige, worauf zuletzt alles bei jedem Silbenmaße ankömmt, ist, daß es von dem, was durch die Bewegung der Wörter ausdrückbar ist, genung ausdrücken könne. Was erreicht nun aber wohl das jambische von diesem letzten Zwecke der Verskunst? Man vergißt hier beinah, daß die Eintönigkeit dem Ohre schon an sich selbst zuwider ist, und sieht sie fast allein von der andern ihr noch nachteiligeren Seite an.

Eine eintönige Versart drückt nämlich viel zu wenig von dem aus, was die metrische Bewegung ausdrücken kann.

Ihr Ausdruck wird durch seine beständige Rückkehr überstark.

Sie muß dem Inhalte, der ja nicht immer eben derselbe bleiben kann, fast durchgehends, und, wegen ihres Überstarken, sehr laut widersprechen.

Und dies ist die Versart, »welche die einzige, wahre, echte, natürliche, heroische unsrer Sprache sein soll, und dies zwar besonders auch deswegen, weil wir es uns, als Satz der Wahrheit, nach der Erfahrung desjenigen zu abstrahieren haben, der es behauptet, und der mit hundert den wahren echten Sinn des homerischen Originals darstellenden Jamben, die Homer, wenn er ein Deutscher gewesen wäre, wahrscheinlich eben so gut gemacht hätte, viel eher, als nur mit zehn erträglichen Hexametern fertig geworden ist; und weil er sehr gewiß weiß, (keiner redt es ihm aus) daß Homer, wäre er ein Deutscher gewesen, seine Ilias in Jamben gesungen hätte.«

Diese Gründe sind nur nicht sonderbarer, als es der Umstand ist, daß derjenige, der sie für Gründe hält, und der überhaupt von allem, was nur deutsches Silbenmaß heißen kann, in einem sehr entscheidenden Tone spricht, sogar nicht einmal – Doch man mag, wenn man will, die Quantität über dem Stück aus der verdeutschten Ilias selbst nachsehen, wo denn gedehnte Kürzen, falsch bestimmte Zweizeitigkeit, und verschobne Grade ein solches prosodisches Gewirr machen, daß es eine rechte Lust zu hören ist.

Jetzt noch zwei Worte Folgerung, verkürzte Wiederholung, und kleine Zusätze, in der Absicht, daß man das Ganze besser übersehn könne.

Der deutsche Hexameter übertrifft den griechischen dadurch, daß er die Silbenzeit genauer beobachtet; daß er die Längen nicht überhäuft, und dennoch durch seine Trochäen, und wenige Spondeen die zur Sache gehörige Langsamkeit erreicht; und daß er beinah den vierten Teil mehr metrischen Ausdruck hat.

Im letzten Gesange der Ilias sind mehr als sechzig gedehnte Kürzen, und über zweihundertunddreißig Kürzungen der Länge. In eben so vielen Versen eines deutschen Gedichts sind fünf oder sechs von diesen, und keine von jenen. Es versteht sich, daß dabei die oben erwähnten strengeren Regeln der Prosodie zum Grunde liegen.

Der griechische Hexameter übertrifft den deutschen dadurch, daß er die schöne Wendung oft nehmen kann, nach welcher vier Spondeen von zwei Daktylen an verschiednen Stellen unterbrochen werden.

Wer zwar zusammen schlagen, aber nicht läuten gehört

hätte, dürfte vielleicht hier noch hinzu setzen: Auch die schöne Wendung hatte der griechische Hexameter oft, die immer einen Spondeen auf einen Daktyl so folgen läßt:

Aber da nun hochwogig die Fluth Schiffbrüchige hertrieb.

Diesem würd' ich antworten: Der Vers darf zwar zuweilen Langsames mit Schnellem abwechseln lassen, aber er muß es so tun, daß eins von beiden hervorschalle. Man muß nicht ungewiß bleiben, ob der Vers langsam oder schnell sei. Und dies ist hier der Fall.

Wir können einen Hexameter von gleich schöner Wendung auch oft machen, der aber den Vorzug hat, daß er entschieden schnell ist.

Aber er kam begleitet einher vom Rufe der Sieger.

Es ist denn doch, deucht mich, so etwas, die *Griechen* in der *epischen Versart* zu übertreffen. Sie sagen von der ihrigen, daß sie die schönste unter allen sei, die man kenne, und daß sie Apollo erfunden habe.

Vielleicht lernt man bei uns erst alsdann recht, was dies Übertreffen sei, wenn die Ausländer einst einsehn, daß sie durch ihre *Verse fürs Auge* (den Reim abgerechnet, der aber ein sehr unmetrisches Ding ist,) weit hinter uns sind, und sich dann auch an *Verse fürs Ohr* wagen.

Aber werden sie dies auch tun dürfen? Denn es ist ein gewisser Punkt, ich meine die genaue Beobachtung der Silbenzeit, in dem es schon sehr schwer ist den Griechen nur gleich zu kommen. Ich weiß nicht, ob ihnen der Mut steigen oder sinken wird, wenn sie dies nicht zu können glauben, und zugleich hören werden, daß die Deutschen den Griechen hier *zuvor gekommen* seien, und dies *noch dazu* in einer Sprache, die beinah die Hälfte mehr Schwierigkeit bei Bildung des Verses antreffe, als die griechische, und *außer-*

dem noch nach strengeren prosodischen Regeln, als bis dahin selbst der Grammatiker gekannt habe.

Zu der Zeit, da dies durch Beispiele gezeigt wurde, fiel man mit allerhand Angreifereien über die deutsche Quantität her. Es macht Vergnügen, daß man sich dabei vornehmlich darauf einschränken mußte, sich nicht an ihre eigentliche Beschaffenheit, sondern nur an die Formen der Längen und Kürzen zu wagen, und daß man sogar hier nicht fortkommen konnte. Aber Schadenfreude, die bei einem Anlasse dieser Art sehr erlaubt ist, macht es, daß zu der Aufnahme der Silbenmaße der Alten auch die Aufnahme ihrer Quantität verlangt wurde. Hierbei bedachte man dreierlei nicht. Es war fürs erste eine Unmöglichkeit, was man durch die Verändrung der Quantität foderte. Zweitens war es, im Falle der Möglichkeit, eine sonderbare Zumutung, daß wir unsre bessere begriffmäßige Silbenzeit gegen eine weniger gute vertauschen sollten. Drittens durfte man uns dabei nicht vorenthalten, welche Silbenzeit wir zu wählen hätten, ob die römische, oder die griechische.

Die Foderung ist eine von denen Merkwürdigkeiten der gelehrten Geschichte, die zwar völlig unglaublich, aber doch wahr sind. Ich habe sie bloß als eine solche aufgezeichnet.

Man wird, denk' ich, nicht erwarten, daß ich von dem etwas wiederhole, oder erweitere, was ich über die Beschönigung des jambischen Verses gesagt habe, die, in ihrer Art, beinah eben so merkwürdig ist, als die verlangte Verwandlung unsrer Silbenzeit, in der ihrigen.

Da wir uns, indem wir die Länge aussprechen, vornehmlich bei dem Selbstlaute der Silbe, und merklich weniger bei ihren Mitlauten, am wenigsten bei den anfangenden, aufhalten; so bekommt die Länge dadurch eine gehörige Größe, die zwar manchmal das Auge, welches doch hier nichts zu entscheiden hat, aber nicht das Ohr zu groß findet. Diese so beschaffne Länge stimmt eben so sehr mit dem starken Klange unsrer Sprache überein, als sie starken Gedanken angemessen ist.

Wir lassen den tonlosen Selbstlaut der nicht leichten Kürze, und mit ihm ihre Mitlaute so schnell fallen, daß sie dadurch kurz genung wird. Allein wir haben auch eine Menge Kürzen von so wenigen Buchstaben, daß sie, um leicht zu sein, die Tonlosigkeit entbehren könnten.

Um die Sache völlig auf das Reine zu bringen, erinnre ich noch daran, daß der Aussprechende viel an der Silbenzeit verderben könne; und daß man der Sprache nicht zur Last legen müsse, was dieser versieht. »Das Ohr, sagt Longin, urteilt, nachdem's die Stimme hören läßt. Denn wie bei Verlängerung oder Verkürzung des Schalles die Stimme die Silben bildet, so empfängt, und beurteilt sie das Ohr.«

In unsrer Sprache ist kein einsilbiges Wort kurz, dessen Sinn die Länge erfodert. Die mehrsilbigen Wörter, die bei uns niemals aus lauter Kürzen, und sehr selten aus lauter Längen bestehn, haben die Länge, oder die Längen, und die Kürze oder die Kürzen an der Stelle, wo sie, dem Sinne gemäß, hingehören.

Die griechische Sprache hat sehr oft die entgegengesetzte Silbenzeit. Man sieht unter andern hieraus, warum so manches *unbedeutende* Wort mit lauter Längen, und so manches *bedeutende* mit lauter Kürzen in dieser Sprache ist. Dies sind gar keine gute Wörter. Denn sie widersprechen sich selbst. Die von der ersten Art erfodern eine stärkere Deklamation, als sich für den Gegenstand schickt; und die von der letzten machen sogar, daß die Deklamation von Zeit zu Zeit wie verstummen muß.

So vorteilhaft ist es uns, daß unsre Silbenzeit begriffmäßig, und so nachteilig den Alten, daß es die ihrige nicht ist.

Dies ist von ungefähr die erste Hälfte der Schrift, die ich unter dem Titel herauszugeben vorhatte:

Vom deutschen Hexameter. Worin die Schicklichkeit unsrer Sprache zu diesem Silbenmaße gezeigt, und seine Regeln aus den Grundsätzen der Verskunst hergeleitet werden.

Von der zweiten Hälfte folgen hier nur die meisten Grundsätze. (Die der Doppelfüße, des Verses, und des poetischen Perioden fehlen.) Ich halte es jetzo für überflüßig, weiter etwas über die Regeln des Hexameters zu schreiben. Wer mehr braucht, als andere und ich davon gesagt haben, den werden die Grundsätze, auch ohne meine Leitung, schon zurecht weisen. Aber auch dem, der jenes nicht braucht, dürften sie vielleicht, in Ansehung der Verskunst überhaupt, seiner Aufmerksamkeit nicht unwürdig zu sein scheinen.

Die Bewegung der Worte ist entweder langsam, oder schnell. Sie hat, von dieser Seite angesehn, *Zeitausdruck*. Dieser bezeichnet vornehmlich Sinnliches, und dann auch gewisse Beschaffenheiten der Empfindung und der Leidenschaft.

Die Bewegung muß aber auch noch von einer andern Seite angesehn werden. Die Längen und Kürzen haben nämlich solche übereinstimmende, oder abstechende Verhältnisse untereinander, daß selbst das Ohr des Unachtsamen aufmerksam darauf wird. Wenn z.E. ⌣ ⌣ − − *in dem Reihntanz* ausgesprochen wird; so vergleicht man (es geschieht schnell, und daher desto lebhafter) die beiden Kürzen mit den beiden Längen; bemerkt dabei eine Art des Steigens von jenen zu diesen, und hört darin Übereinstimmung. Wenn hingegen ⌣ − − ⌣ *Gerichtsdonner* ausgesprochen wird; so bemerkt man das Steigen in *Gerichts* und das gleich darauf folgende Sinken in *donner*, und hört darin beinah noch mehr Abstechendes, als man vorher Übereinstimmendes gehört hatte. Wie stark die Wirkung des so verbundnen Steigens und Sinkens sei, wird auch dadurch hörbar, daß die umgekehrte Stellung: — ◡ ◡ — *Wonnegesang* eine der schönsten Übereinstimmungen hervorbringt.

Die Bewegung von dieser Seite angesehn hat *Tonverhalt*. (Man sieht von selbst, daß lauter Längen, und lauter Kürzen keinen haben können.) Die Gegenstände des Tonverhalts sind gewisse Beschaffenheiten der Empfindung und der Leidenschaft, und was etwa durch ihn vom Sinnlichen kann ausgedrückt werden.

Das wenige, was die Bewegung von den Vorstellungen der *reinen* Einbildungskraft, oder derjenigen, die ganz unvermischt mit Empfindung und Leidenschaft ist, etwan ausdrücken möchte, darf ich, seines geringen Umfangs wegen, unberührt lassen.

Um richtig von der Bewegung zu urteilen, muß man sich die Wirkung vorstellen, die sie dann hat, wenn man, nicht kalt von theoretischer Untersuchung, sondern hingerissen von dem Gedichte, sich ihren Eindrücken überläßt.

Bei jener Wirkung kömmt es vornehmlich darauf an, daß die Bewegung dem Inhalte angemessen sei.

Ein Fuß hat nur einen Zeitausdruck. Ein Abschnitt oder Teil des Verses kann den Zeitausdruck ähnlich erhalten, oder ihn den Graden nach vermehren, und vermindern, oder auch sein Langsames mit dem Schnellen abwechseln lassen. Im Verse finden eben diese Verändrungen statt, auch im Perioden in Beziehung der Abschnitte oder der Verse aufeinander, nachdem entweder diese oder jene die Teile des Perioden sind.

Was den Tonverhalt anlangt, so vergleicht das Ohr in den Füßen: Silben mit Silben; in den Abschnitten oder Versen: Füße mit Füßen; und in den Perioden: entweder Abschnitte mit Abschnitten, oder Verse mit Versen. Die Abschnitte, Verse, und Perioden können auch den Tonverhalt ähnlich erhalten, oder ihn den Graden nach vermehren und vermindern, oder auch sein Übereinstimmendes und Abstechendes abwechseln lassen.

Zeitausdruck und Tonverhalt sind immer zusammen, und *wirken* daher *zugleich*; doch das letzte unter der Einschränkung, daß keiner von beiden *merklich stärker*, als der andre sei. Denn in diesem Falle hört die Wirkung des schwächern auf.

Die Vielsilbigkeit der Füße gibt ihrer metrischen Bedeutung noch den Nebenbegriff des Großen. Dieser kann bei einigen Füßen so merklich werden, daß jene darüber ihren Eindruck verliert. Doch geschieht dies nicht oft.

Dies ist der Umfang desjenigen, was ich Wortbewegung nenne. Sie ist die Hauptsache, worauf es in der Verskunst ankommt. Der Wohlklang, oder der Klang der Wörter, wie er überhaupt, und im Einzelnen, durch Stärke, oder Sanftes zum Inhalte paßt, der Wohlklang ist der Verskunst zwar auf keine Weise gleichgültig; allein er ist schwächerer Ausdruck. Überdies ist er im einzelnen auch selten anzutreffen. Denn es sind eben nicht viel Wörter in den Sprachen, deren Klang mit dem Sinne übereinkomme.

Wem dies zu umständlich, oder gar deswegen, weil es sehr genau bestimmt ist, und nichts aus der Luft greift, undeutlich vorkommt, der stelle sich die Sache etwa so vor: Die Verse haben in ihren Bewegungen teils Langsamkeit oder Schnelligkeit, und teils verschiednen Tonverhalt; und sehe dann zu, ob sein Begriff nicht vornehmlich durch die Unvollständigkeit an Richtigkeit verliere.

Wer ausmachen wollte: Ob die Alten den Tonverhalt gekannt, das ist, bestimmt gedacht hätten, der müßte wohl vornehmlich die vielen Bedeutungen untersuchen, welche das Wort Rhythmus hat, und dann zusehn, ob er eine darunter fände, die vom Tonverhalte zu verstehen wäre. Das einzige hierher Gehörige treff' ich bei Demetrius an. Er sagt, »daß viele sich folgende Längen keinen Rhythmus haben.« Aber wie wenig ist das. Ich hab' es oben, als etwas, das sich von selbst verstehe, angemerkt. Die Wirkungen des Tonverhalts haben die Alten gefühlt, zwar vornehmlich ihre guten Dichter, die es in ihren Werken *zeigen*, aber doch auch wohl ihre Theoristen. Denn diese schreiben zuweilen dem Zeitausdrucke Wirkungen zu, die nur der Tonverhalt haben kann. Da, wo sie dies nicht tun, erklären sie sich gewöhnlich unbestimmt, und manchmal völlig falsch über die Sache. So sagt z.E. Dionys vom Daktyle, daß er ungemein viel Ernstes habe, und am meisten zu der Schönheit der Harmonie beitrage. Und nun das Beispiel:

$$\bar{\ }\ \bar{\ }\quad\bar{\ }\quad\bar{\ }\quad\bar{\ }\quad\bar{\ }\quad\bar{\ }$$

Iliothen, me pheroon, anemos, Kikonessi, pelassen.

und in demselben eine offenbare Verwechslung des künstlichen Fußes, des Daktyls nämlich, mit den Wortfüßen, die ein Choriamb, zwei Anapäste, ein Päon, und ein Amphibrach sind. Was wir also hier zu hören bekommen, ist nicht die Beschaffenheit des Daktyls, die gewiß nicht im Ernsten besteht, sondern die der angeführten Wortfüße.

Das Wort Rhythmus (wenn ich es etwa gebraucht habe, so hab' ich Tonverhalt darunter verstanden) ist eins von denen, die zeigen, zu was vor Verwirrungen der Begriffe zuweilen Worte verleiten, und wie lange sie es tun können. Denn wie wimmelt es in denen Schriften, die von der Theorie der schönen Wissenschaften handeln, nicht schon bei den Alten, und wie viel mehr noch bei den Neuern, bei Vossius z.E. von Vermischungen und Verwechslungen der Begriffe, wozu sie dieses Wort gebracht hat. Wie viele Worte sind sonst noch, die ähnliches Gewirr beinah in allen Wissenschaften gewirrt haben!

Der Zeitausdruck erreicht den höchsten Grad der Langsamkeit, wenn viele lange, und der Schnelligkeit, wenn viele kurze Silben auf einander folgen. Man sollte nicht leicht mehr als sechs von jenen, und viere von diesen folgen lassen. Die Griechen gingen oft ziemlich viel weiter; aber sie hatten, wie mir es vorkömmt, unrecht. Es ist unter andern etwas Übertriebnes darin. Es ändert bei der Sache nichts, daß sie ihre Sprache zu diesen Sprüngen über die Grenzen des *metrischen Schönen* verleitete.

Wenn ein Fuß – Doch eh ich weiter gehe, muß ich von *künstlichen Füßen*, und von *Wortfüßen* etwas sagen.

Für gewisse Versarten (es sind die ähnlichen) gibt man die Regel am bestimmtesten, und zugleich am kürzesten (welchen Umweg mußte Homer bei Gelegenheit des Hexameters nehmen, weil er diesen Weg nicht ging) am kürzesten so: Man zeigt die Füße an, welche nach gewissen Abwechslungen und Folgen in den Wörtern versteckt liegen sollen. Diese Füße heißen künstliche. Die der Vorschrift gemäß gebrauchten Wörter werden, in Ansehung ihrer Bewegung, und nur von dieser Seite betrachtet man sie hier, Wortfüße genannt. (Zuweilen können Wortfuß und künstlicher dieselben sein.) Diese bestehen nicht immer aus einzelnen Wörtern, sondern oft aus so vielen, als, nach dem Inhalte, zusammen gehören, und daher beinah wie ein Wort müssen ausgesprochen werden; doch dies unter der Einschränkung, daß, wenn ein Wort viele Silben hat, es nicht mit zu dem, welchem es dem Sinne nach zugehört, genommen wird. Denn es füllt in diesem Falle das Ohr zu sehr, um nicht für sich einen Fuß auszumachen. Dieser Hexameter:

Schrecklich erscholl der geflügelte Donnergesang in der Heerschaar.

hat sechs künstliche, und vier Wortfüße.

Die künstlichen:

— ◡ ◡   Schrecklich er
— ◡ ◡   scholl der ge
— ◡ ◡   flügelte
— ◡ ◡   Donnerge
— ◡ ◡   sang in der
— —   Heerschaar.

Die Wortfüße:

— ◡ ◡ —   Schrecklich erscholl
◡ ◡ — ◡ ◡ der geflügelte
— ◡ ◡ —   Donnergesang
◡ ◡ — —   in der Heerschaar.

Die in den Wortfüßen versteckten künstlichen gehn den Zuhörer gar nichts an. Er hört sie nicht; er hört nur die Wortfüße: und fällt, nach diesen allein, sein Urteil über den Vers. Ich verstehe allzeit Wortfüße, wenn ich künftig von Füßen rede; und sag' es ausdrücklich, so bald ich künstlich meine.

Wenn ein Fuß mehr Längen als Kürzen hat, so ist der Zeitausdruck langsam, und wenn mehr Kürzen, schnell. Der Tonverhalt bestimmt oft die Grade des so entstandnen Langsamen oder Schnellen. Folgende Füße gleichen sich in Ansehung der Zahl ihrer Silben, und der Zeit, die jede hat. Dennoch bekommen sie durch den Tonverhalt diese Grade:

Langsam	˘ — —	der Ausruf.
Langsamer	— — ˘	Ausrufe.
Noch langsamer	— ˘ —	Wetterstrahl.
Schnell	˘ — ˘	Gesänge.
Schneller	— ˘ ˘	Flüchtige.
Noch schneller	˘ ˘ —	Die Gewalt.

Wenn die Zahl der Längen und Kürzen gleich ist: so entsteht nicht etwa, wie man glauben sollte, eine Mittelbewegung zwischen langsam und schnell, sondern die Füße werden, und zwar durch den Tonverhalt, entweder das eine oder das andere. Dies so wohl, als das eben Angeführte ist nur Nebenwirkung des Tonverhalts. Man sieht, wie bedeutend er überhaupt sei, da er Nebenwirkung von dieser Stärke hat.

Man nehme vier Silben, zwei lange und zwei kurze. Durch ihre verschiedne Stellung entstehn sechs Füße, drei langsame, und drei schnelle.

Die langsamen:

— ˘ — ˘	Silberstimme.
— — ˘ ˘	herströmende.
˘ — — ˘	die Sturmwinde.

Die schnellen:

˘ — ˘ —	mit Ungestüm.
˘ ˘ — —	in dem Lautmaß.
— ˘ ˘ —	Wonnegefühl.

Diese Verbindung zwischen Zeitausdrucke, und Tonverhalte zeigt, wie mir es vorkömmt, auffallend, daß die Regeln der Wortbewegung tiefer liegen, als es vielen bei dem ersten Aufhören scheinen möchte.

Ich sagte, daß ◡ – – ◡ *die Sturmwinde* ein langsamer Fuß, und – ◡ ◡ – *Wonnegefühl* ein schneller wäre.

Die Theoristen der Alten fanden, nach einer gewissen Berechnung, die Sache ganz anders. Ihnen waren nicht etwa nur die angeführten Füße, der Zeit nach, völlig gleich; sondern dieser, und ein andrer waren's auch: – – – *Wutausruf*, und ◡ ◡ ◡ ◡ ◡ ◡ *Ei-ligeres in dem Ge*-sang. Denn, sagten sie, die kurze Silbe hat eine Zeit, und die lange zwei Zeiten. Sie benennten sogar gewisse Füße nach diesem Einfalle. So war z. E. der Fuß: – – – ◡ *unruhvolle* einer der Heptasemen, oder der Siebenzeitigen. Und hieraus wurde denn nun gefolgert, daß z. E. – – *Waldstrom*, und: – ◡ ◡ *flüchtige* gleichzeitige Füße wären. Und so müßten denn auch folgende zwei Verse gleichzeitig sein:

Wut, Wehklag', Angstausruf laut aufscholl von dem
Schlachtfeld
Eile dahin, wo die Lanz' und das Schwert im Gedräng dich
erwarten.

Aber wer hört nicht in ihnen sehr verschiedne Dauer, große Langsamkeit in dem ersten, und viel Schnelligkeit in dem zweiten? Ein ähnlicher Fall ist es, (ich sage nicht *gleicher*, weil in der Sprache Längen und Längen, und Kürzen und Kürzen nicht eben dieselben sind) wenn uns jetzt eine Stunde langsam, und eine andre schnell vorübergeht. Es kommt dann gar nicht darauf an, was eine Stunde nach der Uhr, sondern was sie nach unsrer Vorstellung ist.

Noch mehr. Von folgenden beiden Versen:

Eile dahin, wo die Lanz' und das Schwert im Gedräng dich
erwarten;
Hör' den Klageton, und schau die Wunden des Freundes.

hat der letzte *vier Zeiten weniger*, als der erste, und gleichwohl dauert er uns länger. So wenig bekümmert sich das Ohr darum, ob man's hier in Momente teilen, und dann berechnen könne.

Aber mindstens, sagt man, wurde denn doch auf diese Gleichzeitigkeit bei gewissen freieren Versarten der Alten gesehn. Man hatte da die Erlaubnis z. E. ◡ ◡ ◡ für: ◡ — zu setzen, weil: ◡ ◡ so lange dauert als: —.

Gewiß nicht, antwort' ich, wegen dieser Dauer, die, der Wirkung nach, nicht gleich ist; sondern nur, damit die freie Versart wenigstens einige Einschränkung hätte, und nicht nach völligem Belieben herumschweifen könnte; damit man, in unserem Falle, für: ◡ — nicht auch: ◡ ◡, oder gar: ◡ ◡ ◡ ◡ setzen dürfte.

Ich weiß wohl, daß man diese Bemerkung in den alten Scholien nicht antrifft; aber ist sie denn aus dieser Ursach weniger gegründet? Und war sie den Dichtern, welche in den freieren Silbenmaßen schrieben, etwa deswegen unbekannt, weil sie es den Scholiasten war?

Wenn wir Längen und Kürzen hören; so macht das Ohr die Berechnung, auf welche sich die erwähnte Gleichzeitigkeit gründen soll, so wenig, daß es nicht einmal eine andre hier viel natürlichere macht, nach der man die Kürze, als die Hälfte der Länge, ansehn kann.

Die Silben sind die Teile des Worts. Wenn wir dieses viersilbige Wort: — ◡ ◡ —*Donnergesang* hören, so hören wir vier Teile eines Ganzen, und nicht sechs; und dies müßten wir doch, wenn jene Berechnung eine Sache wäre, die das Ohr etwas angehn könnte: wir hören auch nicht eins, halb, halb, eins. Daß wir Teile des Worts hören, ist wenigstens wahr; aber in Betrachtung kömmt's deswegen gleichwohl nicht sonderlich. Was das Ohr hier viel mehr, und beinah allein bemerkt, ist, daß es *Schnelligkeit*, und *Stärke* der Bewegung hört.

Man sieht, daß ich auch hier die Sache von der Seite ihrer Wirkung ansehe. Ich weiß wohl, daß man das im Theoretischen der Künste nur selten tut; aber ich weiß auch, daß eben dies zu mancher Verwirrung und Unrichtigkeit verführt hat.

Beharrte man, meiner Gründe ungeachtet, bei der Meinung der alten Theoristen, und glaubte, daß es Silbenmaße gäbe, das hexametrische z. E., deren Füße als gleichzeitig gehört würden; so ist noch etwas zurück, das alles über den Haufen wirft. Es sind nämlich am gewöhnlichsten nicht die Verse, sondern ihre Abschnitte die eigentlichen Teile des poetischen Perioden; und von diesem urteilt das Ohr, insofern auch Vergleichung der Teile bei dem Urteile zum Grunde liegt, nur nach den angeführten eigentlichen Teilen.

Jeder Vorleser setzt nach dieser Teilung ab; und niemand mag es anders hören. Es belustigt daher, wenn man findet, daß Dionys, dieser sonst so scharfsichtige Kritikus, da er unter andern auch von dieser Sache sprechen will, eine Einleitung macht, als ob er vorhätte von den tiefsten Geheimnissen der Kunst zu reden. »Daß nur der Geweihte, ruft er aus, in das Heiligtum trete, und dem Unheiligen die Türe verschlossen werde.«

Nur die lyrischen Silbenmaße haben, bis auf den Unterschied, der durch die kleineren und größeren Längen oder Kürzen entsteht, auch für das Ohr Gleichzeitigkeit. Denn hier werden in jeder neuen Strophe immer eben dieselben Füße wiederholt. Dennoch ist es nicht die Gleichzeitigkeit, worauf der Zuhörer achtet. Ihn beschäftigt ganz was anders, nämlich der Zeitausdruck und der Tonverhalt, den die Strophe hat, und das Vergnügen an ihrer Wiederkehr, wenn sie ihm das erstemal gefiel.

Verschiedne Langsamkeit oder Schnelligkeit ist das Wesentliche des Zeitausdrucks. Sein Gebiet ist vornehmlich das Sinnliche; und er drückt nur so fern etwas von der Empfindung oder Leidenschaft aus, als Langsamkeit oder Schnelligkeit auch Beschaffenheiten derselben sind.

Auch das mit dem Langsamen oder Schnellen in einer gewissen Nähe Verwandte gehört mit zu dem, was der Zeitausdruck in sich begreift.

So hat z. E. Homer durch den langsamsten Hexameter, welchen man machen kann (er besteht aus lauter Spondeen) den verwandten Begriff des Schweren ausgedrückt:

> Situ kai kreioon äd' oinu bebrithasin.
> Die Tische
> Waren von Brod und Fleisch und Wein belastet.

Ich hab' eine Abstufung der Füße gemacht vom langsamsten bis zu dem, der es am wenigsten ist; und dann weiter von dem am wenigsten schnellen bis zu dem schnellsten. Allein ich lasse dies weg, weil mir es überflüssig zu sein scheint. Man wird dabei nicht leicht mehr, als um eine Stufe fehlen; und daran liegt wenig.

Das Sanfte, das Starke, Muntre, Heftige, Ernstvolle, Feierliche, und Unruhige sind, oder können Beschaffenheiten der Empfindung und der Leidenschaft sein. Dies kömmt mir, wenn ich vom Sinnlichen die gehinderte Bewegung noch mitnehme, als der Inbegriff von dem vor, was der Tonverhalt ausdrücken kann.

Auch das mit den angeführten Beschaffenheiten in einer gewissen Nähe Verwandte gehört mit zu dem, was der Tonverhalt in sich faßt.

So ist z. E. das Sanfte mit seiner Ausartung, dem Weichen, verwandt. Überhaupt machen, so bald der Dichter gut darstellt, die Einbildungskraft und das Gefühl des Zuhörers solche Verwandtschaften ziemlich zahlreich.

Ich sagte oben vom Zeitausdrucke, und hier vom Tonverhalte, daß sie *Beschaffenheiten* ausdrücken. Ich mußte dies sagen, wenn ich die Sache richtig bestimmen wollte. Denn die Empfindung und Leidenschaft selbst, oder auch den sinnlichen Gegenstand drückt das Wort, seiner Bedeutung nach, aus. Wendet man mir ein, daß der Zuhörer, von der Lebhaftigkeit seiner Teilnehmung hingerissen, an diesen Unterschied nicht denke, sondern die Leidenschaft selbst, auch in der Bewegung der Worte, zu hören glaube: so kann ich dies gern zugestehn, ohne daß meine Bestimmung dadurch etwas von ihrer Richtigkeit verliert. Überdies bin ich mit dem nicht unterscheidenden Zuhörer recht wohl zufrieden. Desto besser für den Dichter, wenn, wer ihn hört, so täuschbar, und auch für diesen, wenn er des Vergnügens einer solchen Täuschbarkeit fähig ist.

Ich habe noch einen Schritt zu tun, um das, was den Tonverhalt der Füße betrifft, völlig auseinanderzusetzen. Ich muß nämlich diejenigen Füße anzeigen, welche die erwähnten Beschaffenheiten, mehr oder weniger, ausdrücken. Ich löse dabei die Füße, welche über drei Silben haben, nicht in zwei- oder dreisilbige auf; weil dies wie überhaupt, so auch hier zu nichts führt. Die bezeichneten sind abstechend. Ich wünsche, daß man nicht vergessen habe, was ich oben sagte, daß man sich nämlich, um richtig von der Bewegung des Silbenmaßes zu urteilen, die Wirkung vorstellen müsse, die jene dann hat, wenn man, nicht kalt von theoretischer Untersuchung, sondern hingerissen von dem Gedichte, sich ihren Eindrücken überläßt. Auch glaub' ich hier wiederholen zu dürfen, daß die Regeln der Wortbewegung tiefer liegen, als es vielen bei dem ersten Aufhören vorkommen möchte.

Sanftes.

– ∪ Laute. – ∪ – ∪ Klagestimme.

– ∪ – ∪ ∪ lieblichtönende.

∪ – ∪ Gesänge.

∪ – ∪ – ∪ die Wiederhalle.

∪ – ∪ – ∪ – ∪ des Baches Gelispel.

∪ – ∪ ∪ gewendete.

Starkes.

∪ – – der Ausruf.

∪ – ∪ – – des Kriegers Ausruf.

– ∪ ∪ – ∪ ∪ innigerschüttertes.

– ∪ ∪ – – schrecklicher Angriff.

– ∪ ∪ – Donnergeräusch.

∪ ∪ – – – mit des Weltmeers Schall.

∪ ∪ ∪ – – – da es vom Sturm aufbraust.

Muntres.

∪ ∪ – ∪ ∪ der geflügelte.

∪ ∪ – ∪ das Gesäusel.

∪ ∪ – – in dem Lautmaß

– ∪ ∪ – ∪ Silbergewölke.

∪ – *begann*, und – ∪ ∪ *freudige* haben auch Muntres, aber
das sich weniger ausnimmt. Es fehlt ihnen der tanzende
Gang der drei ersten.

∪ ∪ – – *in dem Lautmaß* hat diesen Gang am hörbarsten.

Heftiges.

˘ — ˘ — mit Ungestüm. ˘ ˘ — im Gefecht.
˘ — ˘ ˘ — der Panzer Getön.
˘ ˘ — ˘ — des Geschwaders Flug.
˘ ˘ — ˘ ˘ — mit der Schwerter Geklirr.
˘ ˘ ˘ — »zu dem Getös.«
˘ ˘ ˘ — — »da vom Gefild' auf.«
˘ ˘ ˘ — ˘ »in dem entflammten.«
˘ ˘ ˘ — ˘ ˘ »zu der vertilgenden.«

Ernstvolles.

— — — ˘ mitausrufend.
˘ — — — des Anfalls Wut.
— ˘ — »Wetterstrahl.«
˘ — — — ˘ des Aufruhrs Brausen.
˘ — — — ˘ ˘ die Unglückselige.

Feierliches.

— — ˘ ˘ aufschauende.
— — — ˘ ˘ Unglückselige.

Unruhiges.

Diese Füße sind alle abstechend.
— — ˘ Sturmwinde. — ˘ ˘ ˘ Flüchtigere.
˘ — — ˘ — des Heerzugs Getös.
— ˘ ˘ ˘ — tödliches Geschoß.
˘ ˘ — — ˘ ˘ vom Gebirg hallende.
— — — ˘ ˘ der abtrünnige.
˘ ˘ — — ˘ in der Nacht Schrecken.
˘ — — ˘ im Abgrunde.

Die Füße: $-\cup--$ *Sonnenaufgang*, und $--\cup-$ *Anbruch des Tags* scheinen mir nur Zeitausdruck, aber keinen Tonverhalt zu haben.

Unter den fünf- und mehrsilbigen hab' ich nur in den angeführten Füßen, Tonverhalt gefunden.

Verhört' ich mich bei den übrigen; so ist dies desto besser für den metrischen Ausdruck.

Die *Doppelfüße* (ich verstehe zwei Wortfüße darunter) kommen vor, wo vom Verse die Rede sein wird. Es ist da noch vieles zu bemerken, das den Tonverhalt, oder das Vornehmste der Wortbewegung, betrifft. Ich will hier etwas davon in voraus berühren. Der Fuß: $-\cup\cup-$ *Wonnegesang* ist übereinstimmend; aber wenn zwei sich folgen; so verliert sich etwas von der Übereinstimmung, als: *Stürme des Nords huben die Flut*. Denn in diesen beiden liegt der: $\cup--\cup$ *Gesichtskreise* versteckt. Dieser letzte Fuß ist in Gegenteile sehr abstechend; aber wenn sich ihrer zwei folgen, so wird das Abstechende ein wenig schwächer, als: *Da Waldströme sich herwälzten*. Denn in diesen beiden liegt nun der Fuß: $-\cup\cup-$ *Wonnegesang* versteckt.

In den angeführten Doppelfüßen wurde, in dem ersten das Übereinstimmende, und in dem zweiten das Abstechende vermindert.

Es gibt auch Fälle, wo das eine oder das andre vermehrt wird.

Der Fuß: $-\cup-$ *Winterluft* hat nur wenig Abstechendes. In: *Wetter drohn schrecklich her* wird es durch den versteckten: $\cup--\cup$ *Gesichtskreise* vermehrt.

Der Fuß: $\cup\cup\cup-$ *in dem Gesang* ist abstechend. In dem Doppelfuße: *Da das Heer in dem Getös* sticht er noch mehr ab. Denn da wir das Übereinstimmende des Fußes: $\cup\cup-$ *im Gefecht* eben erst gehört haben; so wird uns das Abstechende des $\cup\cup\cup-$ *in dem Gesang* noch merklicher.

So viel hier von den Doppelfüßen.

Der *einsilbige* Fuß: – Wut hat zwar mit dem Tonverhalte nichts zu tun, auch kann man nicht wohl sagen, daß er langsam sei; aber er gibt dem Worte, woraus er besteht, besonders wenn er gut gestellt ist, viel Bedeutung: zugleich erregt er, welches hier das Wichtigste ist, die Aufmerksamkeit dadurch nicht wenig, daß er, wenn ich so sagen darf, den Heerzug der mannigfaltigen metrischen Bewegungen Halte machen läßt.

— — — — —

— — —

Wer auf die Eindrücke acht gegeben hat, welche Gedichte machen, der wird bemerkt haben, (nur Harthörigen oder Fühllosen ist dieses unbekannt) daß die Eindrücke des Silbenmaßes stärker sind, als man vermuten sollte, daß sie sein könnten, wenn man den Ausdruck, der darin liegt, an sich selbst betrachtet. Die Ursach hiervon scheint mir folgende zu sein.

Doch man erlaube mir, hier ein wenig aus meinem Weg zu gehn, denn es könnte leicht sein, daß einige aus Ursachen, denen nachzuforschen überflüssig wäre, dafür hielten, ich überschritte durch das, was ich von dieser Sache sagte, die Grenzen ihrer Wirkung. Aber wenn nun die Alten hierin weiter als ich gegangen wären, und man ihnen also entweder noch lebhaftere Vorwürfe als mir machen, oder im Falle, daß man durch sie veranlaßt würde seine Meinung zu ändern, mir sogar meine Sorgfalt nichts zu übertreiben anrechnen müßte?

Wir können hierüber nichts ausmachen, ohne die Alten selbst zu hören. Sie reden in dem, was ich von ihnen anführen werde, meistens vom Numerus, oder dem prosaischen Silbenmaße; allein was von diesem gilt, das *gilt noch mehr* vom poetischen. Ich lasse mich hier auf die Beurteilung der Alten nicht ein, weil ich sie nur in der Absicht anführe, daß man ihre Meinungen kennen lerne.

Auch in der Rede, sagt *Dionys*, ist etwas Musikalisches, welches, nur dem Grade, aber nicht der Beschaffenheit nach, von dem unterschieden ist, das der Gesang und die Instrumente haben. Denn auch die Worte haben ihre Modulation, ihre Bewegung, ihre Abwechslung, und ihr Schickliches. Das Gehör wird durch diese Modulation vergnügt; durch die Bewegung fortgerissen; verlangt nach der Abwechslung, und liebt vornehmlich das Passende.

Dies sind die Dinge, welche der Rede vorzüglich Schönheit und Anmut geben. (Unter der Schönheit begreift er das Große, Nachdrückliche, Ernstvolle, Würdige, und Überredende.)

Durch edle Füße, und die eine gewisse Würde und Größe haben, entstehn Würde, Stärke, und Pracht in der Bildung des Perioden.

Diejenige Art zu schreiben muß notwendig schön sein, die durchgehends aus schönen Füßen besteht. Davon finden wir in Platon unzählige Beispiele. Er ist ungemein glücklich in der guten Stellung und Verbindung der Füße. Wäre er so stark in der Wahl der Wörter, als er unerschöpflich ist sie gut zu verbinden; so überträfe er Demosthenen, oder gliche ihm wenigstens an Schönheit des Ausdrucks.

Wohl nur die, welche nicht sonderlich scharfsinnig, und desto zanksüchtiger sind; oder die, welche vieles mühsam erlernt haben, aber unbekannt mit dem Angenehmen, und auch nicht eben die tiefsinnigsten sind, werden in Demosthenen seine Aufmerksamkeit auf Harmonie, Füße und Silbenmaß nicht finden können, weil dies, wie sie glauben, eigentlich nur den Musiker und Dichter angehe.

Die sich hierum nicht bekümmert haben, die haben niedrige, haben schwache, haben durch noch andre Schandflecke verunstaltete Werke hervorgebracht. Hier steht der Sophist Hegesias oben an, und unten an, und in der Mitte. Ich weiß bei Jupiter und allen Göttern nicht, was ich von ihm sagen soll. War er so ohne alles Gefühl, ein solcher Dummkopf, daß er nicht einsehen konnte, welche Füße edel, und welche unedel wären? oder so blödsinnig und zerrüttet, daß er die besseren kannte, und die schlechteren wählte?

Nach *Demetrius* drücken zwei der Päonen Größe aus. Wenn man auch nicht immer den langanfangenden ($-\,\smile\,\smile\,\smile$) zuerst setzen, und mit dem langendenden ($\smile\,\smile\,\smile\,-$) schließen kann; so muß man doch etwas ihnen Ähnliches anzubringen suchen. Theophrast führt diese päonische Wendung als Ausdruck des Großen an: $-\,-\,\smile\,\smile\,\smile\,,\,-\,\smile\,\smile\,,\,-\,\smile\,\smile\,;\,\smile\,\smile\,\smile\,-\,-$.

Wenn Plato die Füße so: $\smile\,\smile\,\smile\,-\,-\,\smile\,\smile\,\smile\,\smile$, oder so: $-\,-\,\smile\,-$ $\smile\,\smile\,\smile\,-\,\smile$ folgen läßt, so ist es schön und gesangmäßig; (er redet von einem Sänger) wenn man aber dies so: $\smile\,\smile\,\smile\,-\,\smile\,-\,-$ $\smile\,-$, oder so: $\smile\,\smile\,-\,\smile\,-\,-\,\smile\,-\,\smile$ veränderte; so würde man ihm alle Anmut nehmen, die allein in der Stellung der Füße, aber nicht in dem Sinne, auch nicht in den Worten liegt.

Das Große, das man in Thucydiden findet, entsteht beinah nur dadurch, daß er Füße von vielen langen Silben braucht. Dieser Mann hat durchgehends eine gewisse Größe, und zu dieser gelangt er, wo nicht allein, doch vornehmlich durch diese Zusammensetzung.

Wenn man die Prose ein wenig metrisch wendet; so macht uns dies Vergnügen, und aus diesem Vergnügen entsteht unvermerkt Anmut. Man findet diese Art der Ausbildung oft bei den Peripatetikern, Platon, Xenophonen, und Herodoten; mich deucht auch nicht selten bei Demosthenen; aber Thucydides vermeidet sie.

Es ist unsrer Seele, sagt *Cicero*, nichts so nah verwandt, als Numerus und Klang. Sie ermuntern und entflammen und besänftigen uns; durch sie schmachten wir hin; sie bringen uns zur Freude oder zur Traurigkeit. Ihre höchste Stärke gehört für Gedichte und Lied.

Fragt man: Welchen Zweck der Numerus des Redners habe? so antwort' ich: das Vergnügen. Wenn er darauf sehen müsse? Immer. Wo? In der ganzen Folge der Worte. Was jenes Vergnügen hervorbringe? Nichts anders, als was es in den Versen hervorbringt, deren Maß die Regel kaum anzuzeigen braucht, weil es die Ohren durch ihr schnelles Urteil von selbst und ohne Regel bestimmen.

Man setzt den Päon nach Aristotelen, Theophrasten, Theodekten, und Ephoren sehr gut im Anfange, in der Mitte, und auch am Ende des Perioden, wo ich gleichwohl den Kretikus vorziehe.

Der Dochimus ($\smile$ – – $\smile$ –) schickt sich für jede Stelle des Perioden; aber er muß nur einmal vorkommen. Denn wiederholt nimmt er sich zu sehr aus.

Die Feldherrn brauchten, wenn sie das Heer anredeten, vornehmlich den Anapäst.

Carbo schloß in einer Rede an das Volk eine Abteilung des Perioden so: $\smile\ \smile\ \smile$ – – $\smile$ – – $\smile$ – $\smile$. Durch den endenden Dichoreen (– $\smile$ – $\smile$) entstand ein so lauter Beifall der Versammlung, daß es eine rechte Freude war. Was anders als der Numerus brachte hier wohl diese Wirkung hervor? Man verändre die Ordnung der Worte, und stelle sie so: – $\smile$ – – – $\smile$ – $\smile$ $\smile$ $\smile$ – und es wird nichts mehr sagen, ob wir gleich denjenigen Fuß zuletzt hören, der Aristotelen, von dem ich hier abgehe, so sehr gefällt. Es sind eben die Worte, eben der Sinn. Der Verstand ist befriedigt; aber nicht das Ohr.

Wie die Athleten, und fast eben so die Gladiatoren bei dem Weichen nichts mit Behutsamkeit, und bei dem Angriffe nichts mit Ungestüme tun, wobei ihre Bewegung nicht etwas von ihrer Kunst habe, so daß alles, was zum Kampfe gehört, auch für das Auge schön ist: auf gleiche Weise wird der Redner nicht tief verwunden; wenn er sich bei dem Angriffe nicht gut richtet, oder den Anfall unvermerkt genung vermeidet; wenn er nicht weiß, wie er mit Anstande weichen müsse. Es scheinen mir daher die Reden derer, die ihre Sätze nicht mit Numerus vortragen, die Bewegung derjenigen zu haben, welche die Griechen apalästische Kämpfer nennen; und es fehlt so viel, daß, wie die behaupten, welche dies aus Mangel der Anweisung, oder ihres langsamen Begriffs wegen, oder auch aus Abneigung vor der Arbeit, nicht erreicht haben, daß, sag' ich, die Reden, durch die gute Stellung der Worte, geschwächt werden, daß sie vielmehr, ohne dieselbe, weder Feuer noch Kraft haben.

Und diese, die es nicht erreichen konnten, lassen sich gleichwohl träumen auf einmal Attiker geworden zu sein. Als wenn ein Trallian Demosthen wäre, dessen Blitze nicht treffen würden, wie sie treffen, wofern sie der Numerus nicht mit sich fortrisse.

Wenn die Teile des Großen, sagt *Longin*, von einander gesondert sind; so zerfällt mit ihnen das Erhabne: wenn sie aber wie in einen Leib vereint, und durch das Band der Harmonie zusammen gehalten werden; so bekommen sie eben dadurch erst ihren rechten Klang, und nur im Perioden trägt alles das seinige zur Erhabenheit bei.

Wir werden von Natur durch die Harmonie nicht bloß überredet und vergnügt; sondern auch zum Großen und zur Leidenschaft fortgerissen. Welche Wirkungen Flöte und Leier auch auf uns haben, so ahmen sie doch nur unvollkommen nach, und sind keine wahre der menschlichen Natur gemäße Triebfedern, wenn es auf die Überredung ankömmt. Wir können also nicht zweifeln, daß die Zusammensetzung, die eine gewisse Harmonie der Worte ist, welche dem Menschen angeboren sind, und ihm auch in die Seele, nicht ins Ohr allein dringen, eine Harmonie, die mannigfaltige Bilder der Benennungen, der Gedanken, der Sachen, der Schönheit, des Ebenmaßes, kurz alles dessen in uns erweckt, was von unsrer Geburt an auf uns wirkte; die zugleich mit der Mischung und Abwechslung ihrer Töne die Leidenschaft des Redenden in die Herzen derer, die um ihn sind, ergießt, und sie zur Teilnehmung bringt; die durch die Verbindung der Worte Großes mit Großem wie in ein Gebäude vereint, daß diese Zusammensetzung uns einnehme, uns mit Kraft und Würde und Hoheit, mit allen dem, was sie in sich begreift, erfülle, und unsre ganze Seele beherrsche!

In folgender vortrefflichen Stelle Demosthens: – ⏑ ⏑ – – – – ⏑ ⏑ – ⏑ – ⏑ – – ⏑ ⏑ – ⏑ – – – – ⏑ ⏑ – – ⏑ ⏑ ist die Harmonie auf keine Weise unter dem Inhalte. Sie besteht aus daktylischen Füßen. Diese sind die edelsten, und schicken sich vor andern zu dem Großen. Auch bilden sie das heroische Silbenmaß, das schönste unter denen, die wir kennen. Man nehme: – – ⏑ ⏑ von seiner Stelle, und setze es wohin man will, z. E. – ⏑ ⏑ – ⏑ ⏑ – – – ⏑ ⏑ – – ⏑ – ⏑ ⏑ – ⏑ – – –; oder man lasse auch nur eine Silbe weg, und mache: – ⏑ ⏑, aus: – – ⏑ ⏑; und man wird sehen, wie sehr die Harmonie mit dem Erhabnen übereinstimme. Denn das – – ⏑ ⏑ (hoosper nephos) geht mit der Länge seines ersten vierzeitigen Fußes einher. Wenn man ihm aber die eine Silbe nimmt, und sagt: – ⏑ ⏑ (hoos nephos) so wird das Große durch diese Wegwerfung vorn verstümmelt. Dehnt man es in Gegenteile zu: – ⏑ – ⏑ ⏑ (hoosperei nephos) aus; so bedeutet es zwar eben das, allein es schallt uns nicht so zu, weil das Erhabne durch die beiden äußersten Längen, welche – ⏑ – (hoosperei) hat, aufgelöst wird, und erschlafft.

(Durch daktylische Füße versteht Longin solche, die mit den Daktylen eine gewisse Ähnlichkeit haben. Nach der Beschaffenheit der Quantität, welche die Stelle hat, konnte er keine andre Ähnlichkeit meinen, als die des Anfangs mit der Länge, und des Schlusses mit der Kürze. Und so müßte man die Stelle in folgende künstliche Füße theilen: — ⌣ ⌣, — — ⌣, — ⌣ ⌣, — ⌣, — ⌣, — — ⌣, — ⌣, — ⌣, — — ⌣, — — ⌣, — — ⌣ ⌣.

Die Theoristen der Alten (merk' ich in Vorbeigehn an) hätten immer, auch für den Numerus, künstliche, oder Füße der Regel annehmen mögen; wiewohl diese Methode hier bei weitem nicht so gut, als bei den ähnlichen Versarten paßt: allein sie hatten sehr unrecht, wenn sie die künstlichen Füße mit dem, was dadurch entstand, mit den Wortfüßen, verwechselten, und dann den ersten die Wirkung der letzten zuschrieben. Und dies hat selbst Longin hier getan. Denn zu den Wortfüßen unsrer Stelle gehören unter andern: ⌣ — — ⌣ (peristanta) und ⌣ — — (parelthein).

Zweifelt man, ob Longin durch daktylische Füße (Es ändert bei der Sache nichts, daß er den Fuß: — — ⌣ ⌣, indem er sich besonders bei ihm aufhält, in zwei Füße teilt.) durch daktylische Füße den Daktylen ähnliche verstehe; so kann man sich durch Folgendes aus Demetrius überzeugen. »Wenn wir auch, sagt dieser, keine eigentliche Päone (er meint nur diese: — ⌣ ⌣ ⌣, ⌣ ⌣ ⌣ —) anbringen können; so müssen wir doch wenigstens päonische Zusammensetzungen machen, nämlich bald mit Längen anfangen, und bald mit Längen schließen. So besteht z. E. folgende Stelle, die Theophrast anführt: — — ⌣ ⌣ ⌣, — ⌣ ⌣, — ⌣ ⌣; ⌣ ⌣ ⌣ — — nicht aus eigentlichen Päonen; aber sie hat doch *etwas Päonisches*.«

So weit aus den Alten. Man kann bemerkt haben, daß ihnen die Sache noch wichtiger als mir war; und daß sie nicht immer die Waage fest hielten, und scharf auf den kleinen Weiser oben sahn.

Ich komme wieder in meinen Weg.

Wer auf die Eindrücke acht gegeben hat, welche Gedichte machen, der wird bemerkt haben, (nur Harthörigen oder Fühllosen ist dies unbekannt) daß die Eindrücke des Silbenmaßes stärker sind, als man vermuten sollte, daß sie sein könnten, wenn man den Ausdruck, der darin liegt, an sich selbst betrachtet. Die Ursach hiervon scheint mir folgende zu sein:

Wir bekommen die Vorstellungen, welche die Worte, ihrem Sinne nach, in uns hervorbringen, nicht völlig so schnell, als die, welche durch die Worte, ihrer Bewegung nach, entstehn. Dort verwandeln wir das Zeichen erst in das Bezeichnete; hier dünkt uns die Bewegung geradezu das durch sie Ausgedrückte zu sein. Diese Täuschung muß dem Dichter eben so wichtig sein, als sie ihm vorteilhaft ist.

Bedarf jemand noch Überzeugung, daß, wer die Wirkungen des Silbenmaßes leugnet, nicht eben, wie es Fischart nennt, sonderlich *ohrenzart* sei; so kann ihn vielleicht folgende Bemerkung zurecht weisen.

Der Takt ist etwas sehr Hörbares; (oder wird auch hieran gezweifelt?) gleichwohl schallt über seine Bewegung, wohlverstanden, daß sie sich gut anschmiege, die Wortbewegung sehr merklich hervor. Ich meine hier nicht die Silbenmaße, die mit dem Takte einen Schritt halten, sondern ganz andre; z.E. diese beiden lyrischen Verse in Viervierteltakte:

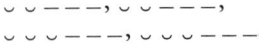

Das Silbenmaß kann nur in dem Grade wirken, in welchem es dem Inhalte angemessen ist, oder scheint; das letzte, weil das Gefühl und die Einbildungskraft des Zuhörers sehr geneigt sind dem Silbenmaße fortzuhelfen. Gleichwohl ist auch hier das *Sein* dem *Scheinen* vorzuziehn.

Aber der Dichter kann sich bei diesem zur Sache gehörigen metrischen Ausdrucke nicht immer genung tun. Zwei Ursachen, davon die erste seltner, und die zweite gewöhnlicher ist, hindern ihn daran. Es gibt nämlich *einige* poetische Gedanken, für welche das Silbenmaß keinen Ausdruck hat; und dann muß er die dem Sinne nach *ausdrückendsten* Wörter und Wortstellungen, denen aber *oft* die passende Bewegung fehlt, *notwendig* wählen. Denn er darf das Wichtigere dem weniger Wichtigen nicht aufopfern.

Doch hat dies folgende Einschränkung: Wenn ein Wort dem ausdrückendsten beinah gleichkömmt, und viel metrische Bedeutung hat; so verdient es die Wahl. Denn hier gewinnt der Dichter auf der einen Seite mehr, als er auf der andern verliert.

So bald entweder nur der Zeitausdruck, oder nur der Tonverhalt zu dem Gedanken paßt; so schallt das Passende dadurch so hervor, daß darüber das andre nicht bemerkt wird. Und dies mußte so sein, wofern der Ausdruck des Silbenmaßes nicht verlieren sollte. Wenn der Dichter sagt:

Aber da rollte der Donner von dunklen Gewölken herunter.

so wird über der Schnelligkeit des Zeitausdrucks, weil sie sich zur Sache schickt, das nicht passende Sanfte des Tonverhalts nicht bemerkt. Der Fuß: ◡ — ◡ *da rollte* ist sanft. Der Vers wiederholt ihn noch dazu beständig; und gleichwohl überwiegt der schnelle Zeitausdruck. So viel Einfluß hat es, daß dieser dem Gegenstande angemessen ist.

Sagt hingegen der Dichter:

Da die Lüfte des Lenzes mit Blüte das Mädchen bewehten.

so hört man nur auf das Sanfte des Tonverhalts. Die hier nicht her gehörige Eile des Zeitausdrucks geht uns nichts an.

In diesem Verse:

Und der Donner schlug ein, und durchscholl das Geklüft.

sind Zeitausdruck und Tonverhalt vereint, und wirken daher desto stärker. Der Tonverhalt der drei letzten Füße (des Jamben auch, weil er mit Anapästen verbunden ist) drückt Heftigkeit aus. Es verändert hier beinah nichts, daß die beiden ersten dies nicht tun. Denn die hervorschallenden Füße (hier sind's die drei letzten) geben dem Tonverhalte eines Verses seine Bestimmung.

In dem Verse:

Da Waldströme durch Felsklüfte sich herwälzten.

hören wir, dem Tonverhalte nach, das Gehinderte der Bewegung, und dem Zeitausdrucke, ihre Langsamkeit.

Ferner in diesem:

O Wehklagen, die aufsteigend vom Abgrunde.

dem ersten nach, Unruh der müden Qual, und dem zweiten, das Langsame dieser Ermüdung.

Wenn das Silbenmaß dem Inhalte nicht angemessen ist; (so oft ich vom Angemessnen rede, begreif' ich den Schein mit darunter) so verliert es, weil es, unterstützt vom Inhalte, nicht Bedeutung genung hat, das meiste von seiner Wirkung. Und es ist auch gut, daß dies geschieht. Denn sonst würde man die Abweichung zu sehr bemerken.

In dem angeführten Falle hört man nur so obenhin auf das Silbenmaß. Es ist dann Nebensache, auf die man allein insofern achtet, als man an allem, was durch Bewegung Leben zeigt, Geschmack findet.

Man sieht, daß ich hier nicht von denen rede, welche mit der Theorie des Silbenmaßes bekannt sind. Denn diese haben sich angewöhnt auf den Vers genau achtzugeben; und

ihnen macht er auch ohne Rücksicht auf das, was er aus-
drücken soll, Vergnügen. Daher die Ausrufe über die schö-
nen Verse der Alten überhaupt. Und gleichwohl sollte man
bei denen Versen schweigen, die ihren Gang für sich gehn,
und den Inhalt seiner Wege gehn lassen.

Das nicht angemessne, oder *getrennte* Silbenmaß miß-
fällt, wenn es so starke metrische Bedeutung hat, daß es
durch die Trennung nicht genung von seiner Wirkung ver-
liert. Wenn z. E. viel Abstechendes des Tonverhalts, oder
große Langsamkeit des Zeitausdrucks mit einem Inhalte,
der diesem widerspricht, gehört wird; so fällt es auf, daß
dies nicht zusammenpasse. Aber nicht nur völlig widerspre-
chendes, sondern auch merklich abweichendes Silbenmaß
gehört, wenn es viel Bedeutung hat, hierher.

Es scheint mir nicht, daß der Ausdruck, den der Tonver-
halt hat, könne übertrieben werden; aber der Zeitausdruck
kann's. Man kann *zu* schnelle, oder *zu* langsame Verse ma-
chen.

Die neuern Theoristen wissen so wenig, was der so ge-
nannte *lebendige Ausdruck* sei, daß sie nur den übertriebnen
Zeitausdruck so nennen. Die Theoristen der Alten waren
auch nicht viel weiter gekommen.

Ob der Ausdruck, den der Tonverhalt hat, nicht zuwei-
len auch *lebendig* zu heißen verdiene, ist eine Frage, auf
deren Beantwortung sich viele bloß deswegen nicht werden
einlassen wollen, weil sie kein griechischer oder römischer
Kritikus getan hat. (Sie konnten sie nicht einmal tun, weil
sie den Tonverhalt zwar wohl manchmal fühlten, aber nicht
kannten.) Auch ich mag mich auf diese Frage nicht einlas-
sen, allein aus einer ganz andern Ursache. Ich glaube näm-
lich, daß sie die Dichter, die alten und unsre schon beant-
wortet haben.

Der lebendige Ausdruck muß vornehmlich auch dem Inhalte angemessen sein. Er ist dies aber besonders alsdann nicht, wenn jener nicht wichtig genung ist, um durch so etwas Heraushebendes, als der lebendige Ausdruck hat, unterschieden zu werden.

Es ist überhaupt nicht leicht, die Bewegung des ungetrennten Silbenmaßes ihren Tanz so halten zu lassen, daß man sie in Wendungen leitet, die weder Anstrengung noch Schwäche zeigen, und den Zeitausdruck und Tonverhalt mit gleichem Schritte fortführt; oder da, wo nur der eine von beiden zum Inhalte paßt, dafür sorgt, daß der passende recht weit vortrete, und der andere darüber desto weniger bemerkt werde. Ich nenne dies vollendete metrische Schönheit.

Ungeblendete und sorgfältige Untersucher werden finden, daß sogar die Dichter der Alten nur zuweilen, und selbst Homer nur viel öfter, als die andern dieser Vorstellung von der metrischen Schönheit genung getan haben. Denn auch Homers Verse gehen nicht selten ihren Weg für sich; und lassen den Inhalt den seinigen gehn: oder sie gehen gar geradezu gegen den Inhalt an. Und gleichwohl durfte Homer den Wörtern Silben geben oder nehmen, und konnte also die dem Sinne nach ausdrückendsten für den mitgehenden Vers bilden. Überhaupt gelten hier das öfter oder seltner, und das mehr oder weniger so sehr, und das Ziel, die durchgängige vollendete Schönheit des Silbenmaßes, ist so unerreichbar, daß man so gar weit davon der nächste sein kann.

Nachlese

Aristides sagt, »daß die kurzen und die langen Selbstlaute, am Ende der Wörter, zweizeitig sein.« Bei den langen setzt er die Bestimmung hinzu, daß das folgende Wort mit einem Selbstlaute anfangen müsse, und fährt dann fort: »Weil hier kein Mitlaut ist, der die beiden Selbstlaute verbinde; so wird, indem der offne Mund den Schall hervorbringt, der gute Klang aufgelöst. Wir bemühen uns dann mit fortgehender Stimme den zweiten Selbstlaut zu erreichen, eh wir noch den ersten völlig ausgesprochen haben; und so verliert denn dieser etwas von seiner Dauer.«

Ich hätte hierwider vieles zu sagen; allein es ist nicht nötig, weil eine Bemerkung alles über den Haufen wirft.

Man nehme diese beiden Beispiele *chrüseoo ana*, und *geneto iachä*. In dem ersten ist der hier für zweizeitig erklärte lange Selbstlaut *oo* kurz; und in dem andern ist der hier gleichfalls für zweizeitig erklärte kurze Selbstlaut o lang. Beide sind's unter einerlei Umständen, und müssen's daher auch aus einer und eben derselben Ursach sein. Daß also der kurze Selbstlaut o lang wurde, weil er etwas von seiner Dauer verlor.

Der Grund, warum Aristides glaubt, daß die kurzen Selbstlaute in der Endsilbe, oder auch als Endbuchstaben, zweizeitig sein, ist dieser: »Der Abstand, sagt er, welcher von der Endung des vorhergehenden Wortes bis zu dem Anfange des folgenden ist, gibt dieser Silbe die Länge.«

Ich übergehe, daß die einsilbigen Wörter mit einem kurzen Selbstlaute vergessen sind; und daß das hier Gesagte dem Vorigen widerspricht. Denn nach dem, was wir jetzt hören, wird *oo* in *chrüseoo ana* noch länger, als es an sich selbst ist.

Daß also *o* in *geneto iachä*, wegen des fast unmerklichen Aufhörens, wodurch der Sprechende ein Wort von dem andern sondert, lang würde. Ich kann dies nicht als wahr annehmen. Denn weil Aufhören, und Reden etwas sehr verschiednes sind, so dürfen auch ihre Zeiten nicht, als einerlei geltend, verbunden werden. Aber gesetzt, daß sie dürften; so ist ja doch nicht auszumachen, ob die Zeit des Aufhörens zum Vorhergehenden oder Folgenden, in unserm Beispiele, zu o oder i gerechnet werden müsse. Auch die Pause des Musikers hören wir nicht, als eine Mitzeit der gespielten oder gesungnen Note; sondern wir hören nur die Zeit der Note selbst. Die Pause wird übrigens aus bekannten guten Ursachen gesetzt.

Ich hätte unsre neuern Prosodisten nicht allein beschuldigen sollen, daß sie den Silbenzwang der griechischen Dichter zu beschönigen suchten. Denn etliche der alten Prosodisten haben's auch nicht daran fehlen lassen. Ich besann mich hierauf nicht, als ich jenes sagte.

Ich habe Aristiden, der überhaupt ein Kritikus von vielem Urteile ist, auf eine Art widerlegt, daß dabei selbst keine Ausflüchte statt finden. Man wird mir also, denk' ich, zutraun, daß ich diejenigen Kritiker, die unter ihm sind, wenigstens eben so gut widerlegen würde. Und so hätt' ich denn auch nicht nötig mehr über die Sache zu sagen.

Aber gleichwohl dürft' es vielleicht für einige nicht ganz überflüssig sein noch Folgendes hinzu zu setzen:

So oft Dionys prosaische Stellen in künstliche Füße teilt, so sagt er es allzeit, wenn er zweizeitige Silben darin antrifft. Es sind ihm also alle Silben, bei denen er der Zweizeitigkeit nicht erwähnt, unveränderlich lang, oder kurz.

In *wenigen* Zeilen, die er so geteilt hat, sind von folgenden Silben, welche die Beschöniger für zweizeitig ausgeben, kurz *men*, die dritte des Antibaccheus, ferner *dres*, die erste des Anapästes; und lang *thai*, (es folgt ein Selbstlaut) die dritte des Dispondeen.

Men macht das Wort selbst aus; *dres* und *thai* sind Endsilben. Dieser Unterschied kömmt bei der Sache nicht in Betrachtung.

Man stelle sich jetzt eine ganze Rede vor, die Aristides teilt: Wie oft er da wiederholen muß: Ein solcher Fuß, oder wenn man lieber will, ein solcher; und wie man, wenn man ihm glaubt, an dem Schwankenden der so sehr angestaunten griechischen Quantität nun vollends sein blaues Wunder hört.

Wenn man also durch Dionysen weiß, daß folgender Vers (Die zweizeitigen Selbstlaute sind in gewissen Wörtern bestimmt, und gehören als solche hierher.) der Vers:

Lege de sü kata poda neolüta melea.

aus lauter Pyrrhichien bestehe; so kann man gleichwohl, wenn man will, von Aristiden lernen, daß er auch so könne ausgesprochen werden:

‒ ‒ ‒   ‒   ‒   ‒

Lege de sü kata poda neolüta melea.

Wir haben seine Gründe gehört.

Die Verwandlung der langen Selbstlaute in kurze, und dieser in jene ist Silbenzwang; wie man's da, wenn man andrer Meinung ist, auch biege oder breche. Wer sich also von Aristiden irre machen läßt, der beschuldigt die Griechen, nicht etwa der Nachsicht, den Silbenzwang erlaubt, sondern der Harthörigkeit, einen regelmäßigen gehabt zu haben.

Der Verfasser, der vielleicht nur Longins Scholiast ist, vergaß, da er das Angeführte schrieb, sein prosodisches System, nach welchem er sich, wie man aus dem Vorhergehenden sieht, von ungefähr so hätte ausdrücken müssen: *»Pros* ist zweizeitig: Homer braucht es daher, wie er darf, lang in *Pros oikon,* weil da der Vers einen Spondeen erfodert.« So drückte er sich aber nicht aus, sondern ließ sich von der wirklichen Beschaffenheit der Sache überraschen, und schrieb hin: *»Pros* ist kurz; es steht aber statt einer Länge, wenn Homer sagt: *Pros oikon,* weil der Fuß ein Spondee seyn muß.« Solche Fingerzeige der Übereilung sind eben nicht zu verachten. Man folgt ihnen oft wohl so sicher, als ordentlichen Wegweisern.

Darstellung und Abhandlung

Darstellung und *Abhandlung* (dies möchte einigen vielleicht noch nicht recht bekannt sein,) sind nicht wenig von einander unterschieden. Abhandlung ist gewöhnlich nur *Theorie*, und wo sie es nicht ist, da ist sie doch von der Darstellung gleich weit entfernt. Die Art des Vortrags, die zum Exempel ein Naturforscher zu der Beschreibung einer gehabten Erfahrung wählt, grenzt wenigstens sehr nah an den Vortrag der Abhandlung; Darstellung *hat Theorie*. Sie beschäftigt, bei der Hervorbringung, die ganze Seele; Abhandlung nur das Urteil. Die Beschaffenheit dessen, was auf beiden Seiten hervorgebracht wird, lernt man am besten kennen, wenn man auf die Wirkung des einen oder des andern acht hat; und Wirkung zeigt sich vorzüglich durch ihre Dauer. Ein abhandelndes Werk geht unter, sobald ein besseres über eben diesen Inhalt erscheint. Ein Werk der Darstellung, (wenn es sonst zu bleiben verdient,) bleibt auch nach Erscheinung eines bessern über eben den Inhalt. Wir sagen nur, daß es bleibe, und leugnen damit nicht, daß es nicht etwas von seinem Werte verliere.

Die Abhandlung nimmt bisweilen, weil sie ihre Bedürfnisse kennt, einige Töne von der Darstellung. Sobald sie *zu viel nimmt*, wird sie *Zwitterwerk*. Und Zwitterwerk kann zu nichts weiterm gelangen, als etwa dann und wann Mode zu sein. Man hat hierin zu viele vergebliche Versuche gemacht, als daß die Sache nicht entschieden sein sollte.

Die darstellenden Zünfte sind:

Die Zunft der Geschichtschreiber. Sie erfinden, wenn sie auf neue Art darstellen, und entdecken, wenn sie das wirklich Geschehne herausbringen. Wer den Namen eines Geschichtschreibers mit Recht führen will, muß beides vereinigen. Diese Zunft würde die kleinste unter allen sein, wenn sie nicht auch die zu Mitgliedern aufnähme, die sich bloß mit Untersuchung des Geschehenen beschäftigen.

Die Zunft der Redner. Viele, die dem Namen nach auch Redner sind, hat diese Zunft nicht aufnehmen wollen. Sie haben sich unter das Volk begeben müssen. In den ältesten Zeiten Deutschlands waren vornehmlich die Oberrichter und die Feldherren Redner. Sie sind durch die verschiednen Arten der Darstellung Erfinder.

Die Zunft der Dichter. Sie sind teils durch die Erdichtung, und teils durch neue Arten der Darstellung Erfinder. Noch nie ist diese Zunft so groß als jetzt gewesen; und doch hat man die Mitzünfter nicht ohne Strenge gewählt.

Die abhandelnden Zünfte sind:

Die Zunft der Gottesgelehrten. Sie sind Entdecker, wenn sie die Schrift von unrichtigen Auslegungen reinigen, und neue machen. Als Prediger können sie auch den Rednern angehören. Sobald sie aber so mittelmäßige Redner sind, daß sie als solche unter das Volk müssen, so sind sie (man ist hierin nach Beschaffenheit der Zeiten mehr oder weniger streng gewesen) auch auf der Zunft der Gottesgelehrten nicht zünftig mehr. Man vermutet zwar, daß den bevorstehenden Landtag viel Streitigkeiten hierüber vorfallen werden; aber gleichwohl ist es, wie uns dünkt, nicht zu befürchten, daß diejenigen die Oberhand behalten werden, welche *auch die guten Redner* aus den Kirchen verbannen wollen. Solcherlei so oft schon dagewesene und bald wieder verschwundne Vorurteile pflegen eben kein Glück zu machen, wenn die Republik versammelt ist.

Die Zunft der Naturforscher. Eine große verehrungswürdige Zunft, zu der vornehmlich auch die Ärzte gehören. Einige gehen mit ihrem Ursprunge bis in die Zeiten der Druiden zurück. Diese ließen die Verse, in denen ihre Untersuchungen enthalten waren, nicht aufschreiben, sondern nur auswendig lernen; und so mußten sie desto gewisser untergehn. Von dem getischen Druiden Orpheus ist etwas durch einen Griechen übrig, der davon gehört haben mochte. Welchem Ausländer sind die Entdeckungen der deutschen Naturforscher unbekannt? Diese Unwissenheit behalten sich nur Inländer vor. Auch die Chymiker gehören dieser Zunft an, so wie die Mechaniker der Zunft der Mathematiker auch angehören, ob sie gleich besondre Zünfte ausmachen könnten. Denn sie handeln nicht ab, beschreiben auch nicht nach Art der Abhandlung; sondern sie *bringen hervor*, oder *stellen dar*. (Man sieht, daß hier Darstellung in einer andern Bedeutung genommen wird.) Aber bei Einrichtung eines Staats kann nicht alles so auf der Goldwaage gewogen werden. Man untersucht, man beratschlagt sich, man streitet, die Leidenschaft mischt sich ins Spiel; die Entschließungen werden gefaßt, und ausgeführt. Und wer kennt die Rechte der Ausführung nicht. Man kann von ihr reden was man will; aber dreinreden, daß es Wirkung habe, läßt sie sich nicht.

Die Zunft der Rechtsgelehrten. Als Gesetzerklärer haben sie noch große Ernten von Entdeckungen vor sich. Zu dieser Zunft gehören auch die Publizisten und die Politiker. Seit einiger Zeit macht sie nicht wenig Schwierigkeit, wenn ein Politiker will aufgenommen werden, weil die gelehrten Politiker so oft und mit so vielem Rechte von den regierenden sind verlacht worden.

Die Zunft der Astronomen beschäftigt sich mehr mit Entdeckungen, und

Die Zunft der Mathematiker mehr mit Erfindungen.

Die Zunft der Weltweisen oder der Untersucher der ersten Ursachen, und der Sittenlehre in ihrem ganzen Umfange. Sie sind Erfinder, wenn sie neue, oder vorher schon wahrscheinliche Sätze *erweisen.*

Die Zunft der Scholiasten. Sie haben in unsern Zeiten nicht mehr viel zu entdecken.

Die gemischte Zunft. Sie besteht aus deutschen Sprachlehrern, aus Theoristen der schönen Wissenschaften, aus Geographen, aus Heraldikern; aus solchen, die über vielerlei Inhalt kleine Schriften so schreiben, daß sie wegen einer in keine andre Zunft, aber doch wegen aller zusammen in diese können aufgenommen werden, und aus Übersetzern der Alten, und solcher Neuern, welche die Vergleichung mit jenen aushalten. Die Übersetzer beschäftigen sich zwar eben sowohl mit Werken der Darstellung als mit abhandelnden; aber gleichwohl sind sie nur hier zünftig. Die Sprachlehrer und Theoristen haben, nach vorhergegangner großen Säuberung, noch vieles zu entdecken. Erfinder könnten die letzten nur alsdann sein, wenn es anginge aus der Natur der Seele *notwendige* Regeln des Schönen zu erweisen. Sie tun genung, wenn sie durch eigne und durch andrer *Erfahrung* die Wirkungen bemerken, welche das Schöne hervorbringt, und so geführt die Beschaffenheit desselben bestimmen. [...]

Zur Poetik

Von der Handlung, der Leidenschaft, und der Darstellung. Je angenehmer Unterredungen von den Wissenschaften durch Lebhaftigkeit und Schnelligkeit, ja selbst durch Unordnung werden, desto schwerer ist es, wenn man sie hernach wieder überdenkt, dasjenige genau zu sagen, was darin als festgesetzt angenommen worden ist. Gleichwohl getrauen wir uns das Hauptsächlichste von dem aufzuschreiben, worüber man heute in der Ulmengesellschaft übereinzukommen schien.

Ein Gedicht ohne Handlung und Leidenschaft ist ein Körper ohne Seele. Handlung besteht in der Anwendung der Willenskraft zu Erreichung eines Zwecks. Es ist ein falscher Begriff, den man sich von ihr macht, wenn man sie vornehmlich in der äußerlichen Tat setzt. Die Handlung fängt mit dem gefaßten Entschlusse an, und geht (wenn sie nicht gehindert wird) in verschiednen Graden und Wendungen bis zu dem erreichten Zwecke fort. Mit der Leidenschaft ist wenigstens beginnende Handlung verbunden. Einige Handlungen geschehen ohne Leidenschaft; aber die, welche der Wahl des Dichters würdig sein sollen, müssen mit Leidenschaft geschehen. Man sieht, wie beide Hand in Hand miteinander fortgehn. In diesem Gedicht ist viel Handlung! rufen die Theoristen bisweilen aus; und doch enthält es nur Begebenheiten.

Zwischen der epischen, und der dramatischen Handlung ist kein wesentlicher Unterschied. Die letzte wird nur dadurch eingeschränkt, daß sie vorstellbar sein muß.

Dem lyrischen Gedichte, ob es gleich die Handlung nicht ausschließt, ist Leidenschaft zureichend. Aber es ist, insofern es diese allein hat, dennoch nicht ganz ohne Handlung.

Denn mit der Leidenschaft ist ja wenigstens beginnende Handlung verbunden.

Die Erdichtung ist keine wesentliche Eigenschaft eines Gedichts. Denn der Dichter kann wirklich geschehene Handlung, und sie unvermischt mit erdichteter, er kann seine eignen Empfindungen zu seinen Gegenständen wählen. Unterdes, da unter jenen Handlungen so wenige für ihn brauchbar sind, so gehört die Erdichtung beinah zu den wesentlichen Eigenschaften eines Gedichts.

Wenn ein Gedicht Handlung und Leidenschaft nicht *darstellt*, das heißt, wenn es ihnen nicht alle die Lebendigkeit gibt, deren sie, nach ihrer verschiednen Beschaffenheit fähig sind; so fehlt ihm eine Eigenschaft, die zwar bisher von den Theoristen nur in Vorbeigehn ist bemerkt worden, die aber etwas so Wesentliches ist, daß man ein Gedicht ohne Darstellung, mit Recht, als etwas seiner Art nicht Angehöriges, ansehn kann. Es ist ein Tänzer, der geht. Vielleicht gibt es nur zwei Grade der Darstellung; und der geglaubte dritte gehört schon nicht mehr zur Darstellung.

Leblose Dinge sind nur dann der Darstellung fähig, wenn sie in Bewegung, oder als in Bewegung gezeigt werden. Doch kann die Darstellung der leblosen Dinge nie den ersten Grad erreichen. Sie bringt es nicht bis zur Täuschung. Wenn die leblosen Dinge nicht in Bewegung, oder als in Bewegung, gezeigt werden; so ist das, was alsdann von ihnen gesagt wird, bloß *Beschreibung*. Und durch diese darf der Dichter den Leser nur selten ausruhen lassen.

Die Malerei zeigt ihre Gegenstände auf einmal; die Dichtkunst zeigt sie in einer gewissen Zeit. Die schnelle Vorstellung gibt jener so wenig einen Vorzug, daß diese vielmehr eben dadurch einen bekommt, daß man ihre Gegenstände nur nach und nach entdeckt. Dort war der Eindruck zu *schleunig* entstanden, um *genung* zu wirken. Man nehme ein Stück eines Dichters, ein kleines Ganzes, so viel als etwa ein Gemälde in sich fasset. Hier entsteht erst die Begierde zu entdecken eben dadurch, daß nicht alles gleich ganz da ist. Mit dieser Begierde, ist die Erwartung des, was man entdecken werde, (ich setze voraus, daß man höre, und nicht selbst lese, wenigstens nicht so, daß das Auge Sprünge voraus mache) sehr genau verbunden, ein doppelter Reiz, den das Gemälde nicht geben kann. Wenn nun, wie bei dieser Vergleichung angenommen werden muß, die Arbeit des Dichters in ihrer Art so schön ist, als die Arbeit des Malers in ihrer; so hat der Dichter sozusagen zwei Kräfte mehr, es bei uns dahin zu bringen, wohin er es bringen will, nämlich, die Darstellung bis zur Täuschung lebhaft zu machen. Wer hat jemals bei einem Gemälde geweint?

Unsre Sprache ist einer Wortfolge fähig, welche die Erwartung sehr reizen, und einer Kürze, durch die der Dichter machen kann, daß die genung gereizte Erwartung nun auch früh genung zu ihrem Ziele komme. Durch Sprachkürze werden die wenigsten Worte zu einem gewissen Inhalte verstanden, dieser mag dann einfache, oder zusammengesetzte Gedanken in sich begreifen.

Auch in der Musik entdeckt man nach und nach. Wenn sie ohne Worte reden will; so ist ihr Ausdruck sehr unvollkommen, und das nicht allein deswegen, weil er allgemein ist, und keine einzelne Gegenstände bezeichnet, sondern auch, weil er noch dazu nur *wenig Allgemeinheiten* hat.

Die Musik, welche Worte ausdrückt, oder die *eigentliche Musik* ist Deklamation. Denn hört sie etwa dadurch auf dieses zu sein, weil sie die schönste Deklamation ist, die man sich nur denken kann! Sie hat ebenso Unrecht, wenn sie sich über das Gedicht, das sie deklamiert, erhebt, als wenn sie unter demselben ist. Denn dies Gedicht, und kein anderes, *völlig angemessen* auszudrücken, davon war ja hier die

Rede; und ganz und gar nicht davon, überhaupt zu zeigen, wie gut man deklamieren könne.

Aber so wäre ja die Musik unter der Dichtkunst! Haben sich denn die Grazien jemals geschämt, der Venus den Gürtel anzulegen?

Vorschlag zu einer Poetik, deren Regeln sich auf die Erfahrung gründen. Wir werden die Natur unsrer Seele nie so tief ergründen, um mit Gewißheit sagen zu können, diese oder jene poetische Schönheit muß diese oder eine andre Wirkung (Wirkung wird hier in ihrem ganzen Umfange, und mit allen ihren Bestimmungen genommen) *notwendig* hervorbringen. Gleichwohl sind die meisten Regeln in fast allen Theorien der Dichtkunst so beschaffen, daß sie, ohne Voraussetzung jener notwendigen Wirkung, unerweislich bleiben. Ich halte mich nicht dabei auf, was dieses Gemisch unerwiesener, teils falscher, und teils zufällig, und wie im Blinden ertappter halbwahrer Regeln auf Dichter, und Leser für schlimme Einflüsse gehabt habe. Meine Frage ist nur: Was muß der Theorist tun, der wahre Regeln festsetzen will?

Ich denke, er muß zwei Sachen beinah zu gleicher Zeit tun, die erste: Er bemerkt die Eindrücke, welche Gedichte von allen Arten auf ihn, und auf andre machen, das heißt: er *erfährt*, und *sammelt* die *Erfahrung Andrer*; die zweite: Er sondert die Beschaffenheiten der verschiednen Gedichte mit genauen Bestimmungen von einander ab, oder er zergliedert das in Dichtarten, was Wirkung hervorgebracht hat. (Anzeige schwächerer oder stärkerer Wirkung würde dabei nicht überflüßig sein.) Wie sehr man sich hier irren könne, beweist unter andern, daß man die poetischen Briefe zu einer Dichtart hat machen wollen. Wenn nun vollends das Lehrgedicht kein eigentliches Gedicht wäre, und also auch keine Dichtart ausmachen könnte? (Hiermit wird nicht gesagt, daß ein Lehrdichter nicht viel poetischen Geist haben, und teils zeigen könne.) Bei der anzustellenden Erfahrung möchten drei Klassen Zuhörer wohl genung sein. Es gibt eine gewisse unterste, mit der keine Erfahrung zu machen ist. Man ist nicht sicher, völlig richtige Erfahrungen zu machen, wenn man den Dichter nur zum Lesen hingibt, und sich hierauf die Eindrücke sagen läßt. Man muß ihn vorlesen, und die Eindrücke sehn. Man würde dann auf seinem Wege unter andern auch dahin kommen, daß man sagen müßte: Diese oder jene poetische Schönheit macht auf alle drei Klassen gewisse Wirkungen, eine andre nur auf zwei, wieder eine andre nur auf eine.

Die Werke der Alten haben die Erfahrungen von Jahrhunderten für sich; aber bei der Untersuchung müßte man doch das, was wirklich Erfahrung desjenigen, der von diesen Werken spricht, und was nur Nachgesagtes ist, genau von einander absondern; und dann auch hier alles weglassen, was, nur unter der Voraussetzung einer notwendigen Wirkung, als gegründet, kann angenommen werden.

Da besonders, wo es der Dichter so recht warm aus der Natur schiene herausgenommen zu haben, müßte man ihm in der Natur selbst *nacherfahren*. Träfe man hier die Eindrücke wieder an, die man vorher durch ihn bekommen hätte; so könnte man sich von diesen Punkten des Festzusetzenden desto gewisser überzeugen.

Ich möchte wohl eine Poetik lesen, welche diesen Plan, die Waagschale beständig in der Hand, ausgeführt hätte, nicht eben wenn ich Dichter wäre; denn alsdann hoffte ich doch noch mehr zu wissen, als selbst der Theorist, der diese Poetik geschrieben hätte.

Von der Darstellung

WERTHING: Ihre Theorie von der Darstellung.

SELMER: Von der Darstellung des Prosaisten und des Dichters zugleich?

WERTHING: Nur von des letzten.

SELMER: Aber ich werde mit wenigen Worten sagen, worüber andre bücherlang sein würden.

WERTHING: Nun Sie werden die Sache denn doch auseinandersetzen?

SELMER: Nachdem Sie es nehmen. Ich werd' alles Überflüssige weglassen.

WERTHING: Was nennen Sie überflüssig?

SELMER: Das meiste z. E. von den poetischen Theorien, die wir haben.

WERTHING: Wenn Sie nur nicht zu viel weglassen.

SELMER: Ich werde dafür sorgen, daß nichts Wesentliches fehle.

WERTHING: Und wesentlich ist?

SELMER: Was der gute Dichter anwendbar findet. Doch wir reden zu lange vor.

Von der Darstellung überhaupt sei dieses genung. Es gibt wirkliche Dinge, und Vorstellungen, die wir uns davon machen. Die Vorstellungen von gewissen Dingen können so lebhaft werden, daß diese uns gegenwärtig, und beinah die Dinge selbst zu sein scheinen. Diese Vorstellungen nenn ich *fastwirkliche* Dinge. Es gibt also wirkliche Dinge, fastwirkliche, und bloße Vorstellungen. Die Gründe hierzu liegen tiefer, als es dem etwa scheinen möchte, der den Menschen nicht kennt, und nur Philosophie schwatzt.

MINNA: Wie können Sie von der Darstellung, die mir

als eine Zauberei vorkommt, so kalt, und so einteilend sprechen?

SELMER: Man ist nicht immer kalt, wenn man es zu sein scheint. Wir glühen von dem Vorsatze, wahr von der Sache zu sprechen. Wenn wir es mit der Wärme täten, die Sie zu verlangen scheinen, so würden wir uns durch bildliche Redensarten blenden, und uns der Gefahr aussetzen diese Wechselbälge, denn das sind sie, wo es auf Untersuchung ankommt, der Wahrheit unterzuschieben.

MINNA: Ich hatte unrecht. Denn ich kann das widrige Geschrei dieser Wechselbälge, das in unsern neuesten Büchern immer lauter wird, auch nicht ausstehn.

SELMER: Wer sehr glücklich, oder sehr unglücklich, und lebhaft dabei ist, der wird wissen, daß ihm seine Vorstellungen oft zu fastwirklichen Dingen geworden sind. Wie dieser die Gegenstände sich selbst darstellt, so stellt sie der Dichter andern dar.

Der Zweck der Darstellung ist Täuschung. Zu dieser muß der Dichter den Zuhörer so oft er kann, hinreißen, und nicht hinleiten. Wehe jenem, wenn er das letzte ohne Not tut.

Die Darstellung des Dichters ist täuschender, als des zeichnenden Künstlers seine. Der Sinn entscheidet bei der letzten, und dieser untersucht das Gesehene, weil er länger daran haftet, genauer, als der Geist das Gedachte, und kann daher leichter entdecken, daß er getäuscht wird.

Soweit von der Darstellung überhaupt.

»*Der Gegenstand muß darstellbar sein.*«

Es gibt Gegenstände, die selbst große Dichter auch den fähigsten Lesern nicht darstellen können. Ihre Zahl ist nicht klein. Wer die unglückliche Wahl trifft, der bringt (er kann das nun nicht ändern) ein Gedicht hervor, dessen edelste Lebensteile schwach sind.

Der Gegenstand ist vornehmlich alsdann darstellbar, wenn er erhaben ist, und wenn er viel Handlung und Leidenschaft in sich begreift.

Handlung besteht in der Anwendung der Willenskraft zur Erreichung eines Zwecks. Es ist ein falscher Begriff, den man sich von ihr macht, wenn man sie vornehmlich in der äußerlichen Tat setzt. Die Handlung fängt mit dem gefaßten Entschlusse an, und geht in verschiednen Graden und Wendungen bis zu dem erreichten Zwecke fort.

Bekommen Handlung und Leidenschaft, jene dadurch, daß sie nicht nur groß, sondern zugleich gut, und diese, daß sie edel ist, auch sittliche Schönheit; so nimmt die Darstellbarkeit des Gegenstandes zu.

Auch alsdann nimmt sie zu, wenn, was keiner Handlung und Leidenschaft fähig ist, aber dadurch, daß es in Bewegung ist, sich der Handlung zu nähern scheint, auch sinnliche Schönheit hat. Wirklich handeln darf diese Gegenstände der Dichter nur dann lassen, wenn er glaubt den Zuhörer durch das Vorhergehende schon so entflammt zu haben, daß er sich an dieser Kühnheit nicht stoßen werde. Gleichwohl dürfen sie niemals lange handeln. Denn man bekömmt sonst Zeit sich zu besinnen; und die Täuschung hört auf.

Unvermutetes, scheinbare Unordnung, schnelles Abbrechen des Gedankens, erregte Erwartung, alles dies setzt die Seele in eine Bewegung, die sie für die Eindrücke empfänglicher macht.

Das Angeführte trägt das seinige zur Darstellung bei; aber hervorgebracht wird sie durch folgendes, wovon, seiner Beschaffenheit und dem Inhalte gemäß, mehr oder weniger beieinander sein kann:

1. *»Durch Zeigung des Lebens, welches der Gegenstand hat.«*

Es ist viel mehr Leben in der Natur, als der, welcher nicht

scharf sieht, bemerkt. Hat mans bemerkt; (die kleinste Lebendigkeit ist hier nicht ausgeschlossen) so kömmts dann vornehmlich darauf an, es recht zu fassen, und ganz zu nehmen, und ja nichts Lebloses darein zu mischen; dies letzte besonders alsdann nicht, wenn das Darzustellende nur ein wenig Lebendigkeit hat.

Daß man den Gegenstand in seinem Leben zeigen müsse, ist der erste Grundsatz der Darstellung. Denn gezeigtes Leben bringt uns vornehmlich dahin, daß wir die Vorstellung ins Fastwirkliche verwandeln.

Wenn, Schlag auf Schlag, Lebendiges Lebendigem folgt; so nimmt dadurch seine Kraft beinah so sehr zu, als die Schnelligkeit der fallenden Last durch den größeren Raum zunimmt.

Ganz was anders ist es übrigens, wenn der Dichter den angeführten Grundsatz mit einem Geiste anwendet, der es vermag; und wieder ganz was anders, wenn er sich bloß lebhaft anstellt. Diese Gebärdung verfehlt ihres Zweckes geradezu. Es ist eines der tollkühnsten Wagstücke, das ich kenne, Leben, das man nicht mitfühlt, ausdrücken zu wollen.

2. *»Durch genau wahren Ausdruck der Leidenschaft.«*

MINNA: Ach meine Italiener!

SELMER: Nur dies ist noch schwerer, als die planmäßige Wahl des Grades, den man der Leidenschaft zu geben hat.

Schwer ist jenes genau Wahre, weil der Dichter sich gefreut haben muß, wenn sich der Zuhörer freuen, und geweint, wenn er weinen soll.

3. *»Durch Einfachheit und Stärke.«*

Diese muß aber eine wahre, und nicht Anstrengung sein. Der Unterschied wird in seinen Wirkungen sehr auffallend.

Von der Einfachheit ist die Kürze niemals, und von der Stärke nur selten trennbar.

WERTHING: Durch Hülfe der Kürze denkt oder fühlt man schneller.

SELMER: Und diese Schnelligkeit vergrößert den Eindruck des Dargestellten. Sie ist einer der wesentlichsten Punkte, worauf es ankömmt. Denken Sie sich den, der, sehr glücklich oder sehr unglücklich, sich selbst etwas darstellt, wie dann alles in seiner Seele fliegt!

Doch der Löwe wird nicht nur an der Klaue gekannt, sondern auch an der Mähne.

4. »Durch Zusammendrängung des Mannigfaltigen.«

Allein dies muß nicht Überfluß sein, und mit der möglichsten Sprachkürze ausgedrückt werden. Bei der Einfachheit und Stärke kommen Gedankenkürze und Sprachkürze zusammen; hier findet nur die letzte statt.

5. »Durch die Wahl kleiner, und doch vielbestimmender Umstände.«

6. »Durch eine Stellung der Gedanken, daß jeder da, wo er steht, den tiefsten Eindruck macht.«

7. »Durch Innerlichkeit, oder Heraushebung der eigentlichen innersten Beschaffenheit der Sache.«

WERTHING: Aber wenn nun der Zuhörer diese oft sehr tiefliegende Beschaffenheit nicht kennt?

SELMER: So lernt er sie durch den Dichter kennen.

8. »Durch Ernst. Der Dichter hat eine solche Überzeugung von der Wahrheit und Wichtigkeit seiner Gegenstände, daß man sieht, er rede vielmehr um ihrentwillen, als aus Neigung zu gefallen.«

Hierdurch entsteht gleicher Ernst der Zuhörer, und der macht, daß der Inhalt ganz auf sie wirkt.

9. »Durch herzlichen Anteil des Dichters an dem, was er sagt.«

Dies reizt zu gleicher Teilnehmung. Wer kennt die Folgen der Teilnehmung nicht?

Dies ist es, wodurch die Darstellung hervorgebracht wird.

Wenn der Dichter die Sache besser gedacht hat, als er sie sagt; so hilft ihm dies bessere Denken zu nichts. Denn auf die Zuhörer wirkt nur das, was gesagt wird. Wenn er sie durch Darstellung täuschen will: so muß er reden; und nicht lallen, oder stammeln.

Hier kommt vornehmlich zweierlei in Betrachtung: Der genau gekannte Bedeutungsumfang der Worte; und die sorgfältige Wahl der edlen.

Zwischen einem eben nicht unedlen Worte, und einem guten ist schon ein guter Unterschied; aber welcher Abstand ist zwischen den unedlen, und den edlen. Die Griechen, die Griechen, wenn wir sie anders recht verstehn!

WERTHING: Nicht auch die Römer?

SELMER: Auch sie.

MINNA: Und die Engländer?

SELMER: Die Täuschung ist eine so zarte Blume, daß sie von jedem zu kühlen Lüftchen hinwelkt. Ein solches Lüftchen ist z. E. jedes unedle, unschickliche, oder auch nur übelgestellte Wort.

Der Wohlklang, und noch mehr das bedeutende Silbenmaß, diese ψυχαι φωνητικαι, (beseelte Töne, Minna) haben viel Ausdruck; wenn sie zu dem Inhalte passen: und unterbrechen die Täuschung; wenn sie nicht dazu passen. Auch hier kann so manches welkmachende Lüftchen leicht zum Wehen kommen.

Der Dichter kann diejenigen Empfindungen, für welche die Sprache keine Worte hat, oder vielmehr nur (ich sage dies in Beziehung auf den Reichtum unsrer Sprache) die Nebenausbildungen solcher Empfindungen, er kann sie, durch die Stärke und die Stellung der völlig ausgedrückten ähnlichen, mit ausdrücken.

WERTHING: Oder auch wohl nur darauf deuten.

SELMER: Freilich wenn die ähnlichen nicht stark genung sind, und nicht an der rechten Stelle stehn; wenn beides nicht so beschaffen ist, daß es das Feuer in der Seele weiter ausbreitet.

Mich deucht, daß auch das Silbenmaß hier und da etwas mitausdrücken könne.

Überhaupt wandelt das Wortlose in einem guten Gedicht umher, wie in Homers Schlachten die nur von wenigen gesehnen Götter.

Von der Darstellung scherzhafter Gegenstände (meine Sätze berühren nur wenig davon, und sie hat viel feinere Regeln, als ausgeübt werden) merk ich in Vorbeigehn an, daß sie ihre Eindrücke bloß auf die Einbildungskraft macht. Die Darstellung des Ernsthaften macht die ihrigen auf die ganze bewegte Seele.

Wenn man Handlung, Leidenschaft, und sittliche Schönheit jede besonders betrachtet; (im Gedichte sind sie beisammen, und wirken zugleich) so wird, nach dieser Art die Sache anzusehen, die durch die ersten schon bewegte Seele durch die letzte nur noch mehr bewegt. Aber dieses ›mehr‹ ist von großer Bedeutung, weil schon so vieles da ist. Es trägt nicht wenig dazu bei, daß die Geliebte aufhört marmorn zu sein, und lebendig wird.

Nur noch zwei Bemerkungen; und alles, was Gegründetes und Anwendbares zu sagen war, ist gesagt.

1. Auch die beste Darstellung in diesem und jenem Teile eines Gedichts verliert etwas, manchmal nicht wenig von ihrem Eindrucke, wenn das Ganze nicht durch Wahrscheinlichkeit, Ebenmaß, Abstechendes, gehaltnen Haupt-ton, und Zwecke, die auch Zwecke sind, ein schönes Ganzes ist. Ein solches Ganzes stimmt die Seele für die Wirkungen des dargestellten einzelnen, und erhält sie in dieser Stimmung.

2. Wenn der Dichter, die Waagschal in der Hand, und mit reinem Gefühle des Eindrucks, den er hervorbringen will, von dem Angeführten immer so viel, und dies, in so genauen Abstufungen, vereint, als der jedesmaligen Beschaffenheit der Gegenstände gemäß ist; so erhebt er seine Darstellung bis zum Vollendeten. Allein je näher er diesem, oder dem völlig richtigen Umrisse der Darstellung, gekommen ist, und eben dadurch zu großen Foderungen berechtigt hat, desto lebhafter fällt auch dem Zuhörer ein wenig Unerreichtes, oder gar Verfehltes auf. Gute Richter sind gelinde: allein hier wissen sie nichts von Gelindigkeit. Denn nun verlohnt es sich ihnen der Mühe streng zu sein. Ebenso verfahren sie, wenn sie einen Sänger hören, der bis zum höchsten Ausdrucke der Leidenschaft gestiegen war; aber nun der so sehr gereizten Erwartung einmal nicht völlig genung tut, oder den wahren leidenschaftlichen Ton auch nur um einen Hauch verfehlt.

Nur müssen sich die nicht unter die Beurteiler drängen, und über jenen Umriß mitsprechen wollen, vor denen es überhaupt dämmert. Denn was haben sie mit dem Vollendeten zu schaffen.

Von der Wortfolge

Die Wortfolge handelt von der Ordnung, in welcher die Wörter, und die trennbaren Silben beieinander stehn.

Die Wörter haben schon durch die Wortänderung Zusammenhang, aber sie können durch ihre Stellung in noch genaueren Zusammenhang kommen. In den beiden alten Sprachen löst die Wortfolge manches von dem, was die Änderung verknüpft hatte, gleichsam wieder auf. So sehr kömmt es bei der Stellung auf ihre Beschaffenheit an.

Eine gute Stellung, oder eine, die was dem Gedanken nach zusammengehört, sich folgen läßt, macht nicht etwa bloß, daß man den Perioden deutlicher als bei einer nicht guten, sondern auch, daß man ihn schneller denkt. Denn man braucht da nicht, wie bei den Alten, die Worte, welche dem Sinne gemäß beieinander stehn sollten, aber hier und da getrennt herumtaumeln, erst mit Zeitverluste zusammenzusuchen. Und wenn man dies auch mit noch so viel Geschwindigkeit tun kann; so verliert man doch immer Zeit dabei. Das *schneller* ist überhaupt von nicht kleinem, und bei der Darstellung ist es von sehr großem Gewicht.

Das Reden, und die Musik lassen uns ihre Gegenstände *nach* und *nach* hören; die Malerei hingegen zeigt uns die ihrigen *auf einmal*, oder vielmehr *beinah auf einmal*. Dies verwandelt sich sogar in das ›nach und nach‹, wenn der Maler sehr viele Gestalten, und schlechte Gruppen gemacht hat; allein das soll hier nicht in Betracht kommen, und wir wollen jenes bei der Malerei annehmen.

Es gehört nicht hierher über den Vorzug des einen oder des andern etwas zu sagen; aber angemerkt muß werden, daß das ›nach und nach‹ in zwei Punkten von dem ›beinah auf einmal‹ wesentlich verschieden ist. Der erste: Der Redende bringt die Vorstellungen in der Ordnung bei dem Zuhörer hervor, in welcher er die Worte stellt; der Maler hingegen muß seine Gegenstände dem herumschweifenden Auge preisgeben, welches denn an diesem oder jenem so hängen bleibt, daß es darüber, einige Zeit, die andern fast gar nicht sieht. Er heftet es zwar allerdings auf die Gruppen, wenn sie gut sind; allein auch die Gruppen haben Teile, und in Ansehung dieser kann er dem Herumschweifen nicht genung Einhalt tun. Er kann also die Vorstellungen nicht so hervorbringen, wie es zu seinem Zwecke am besten sein würde. Der zweite Punkt: Weil der Redende seine Gegenstände, einen nach dem andern, wie aus Dufte, hervortreten läßt; so macht er dadurch die Erwartung derer rege, die noch nicht da sind. Und wer kennt die Lebhaftigkeit des Erwartens nicht. Seine Wirkung ist bei der Darstellung nicht klein. Man denkt sich das bisher Gesagte in seinem weitesten Umfange, wenn man sich gute Gemälde, und gute Gedichte vorstellt.

Man sieht, wieviel daran liege, welche Wortfolge eine Sprache habe. Jetzo von der deutschen Wortfolge. Ich habe bisher immer, wo ich dazu veranlaßt wurde, angemerkt,* wie der Dichter von dem Prosaisten abgehe. In Ansehung der Wortfolge tut er dies am oftesten; und er muß es tun, wenn er sich anders, auch in diesem Betrachte, *poetisch richtig* ausdrücken will. Das Abweichen ist ihm also nicht etwa bloß erlaubt, sondern es ist Pflicht. Ich nehme die *völlig kalte Prosa* zum Maßstabe an, nach welchem ich die auch regelmäßigen Abweichungen des Dichters bestimme. Ich weiß wohl, daß andre Prosa bisweilen auch abgeht; aber das hindert mich gleichwohl nicht, in *prosaisch* und *poetisch* zu teilen. Denn die Poesie ist zu den erwähnten Abweichungen vornehmlich berechtigt; und aus dieser Ursach benenne ich

---

* Dies Fragment ist eine Stelle aus meiner Grammatik.

nach ihr. Die kalte Prosa ist deswegen am geschicktesten Maßstab zu sein, weil sie immer dieselbe bleibt.

Über die poetische Wortfolge ist hauptsächlich zweierlei anzumerken. Fürs erste macht der Inhalt der Worte, durch die Ordnung selbst, in welche sie der Dichter gestellt hat, einen Teil seines Eindrucks. Zweitens wird diese Ordnung auch deswegen, weil sie abweicht, bemerkt. Die Frage der Verwunderung z. E. die wir in Prosa so tun: Du hättest *ihn* übertroffen? können wir in der Poesie auch so tun: *Ihn* hättest du übertroffen? und auch so: Übertroffen hättest du *ihn*? Vorausgesetzt, daß nicht auch auf *du* ein Nachdruck kommen solle; so darf man in dem ersten Beispiele *ihn* nicht mit Nachdrucke aussprechen; denn man redet da noch kalt; aber in den beiden andern Beispielen muß man es so aussprechen. Der Römer oder Grieche mag das *ihn* hinstellen, wohin er will; so weist die Stellung in nichts zurecht, man kann, nachdem man dabei denkt, den Nachdruck darauf legen, oder auch nicht darauf legen. Denn seine Sprache hat keine festgesetzte prosaische Stellung, und also auch keine abweichende, und deswegen bemerkte poetische. Bei ihm wird, wenn er anders stellt, nur der Numerus verschieden; und das wird er, außer dem, was wir durch die Stellung ausdrücken, bei uns auch.

Eh ich weitergehe, und die Ursachen, warum der Dichter die Ordnung der Worte ändert, anführe, will ich eine Stelle aus einem Alten übersetzen, um den Begriff der Wortfolge überhaupt zu erläutern. Ich mache zwei Übersetzungen, die erste mit unsrer, und die zweite mit der lateinischen Wortfolge. Ich beziehe mich hierbei auf das Urteil der Ungelehrten. Denn die Gelehrten können hier kaum mitsprechen, weil sie zu sehr an die Wortfolge der Alten gewöhnt sind. Horaz sagt (ich übersetze mit Fleiß beinah wörtlich) bei Gelegenheit, daß er den jungen Römer kriegerischer wünscht:

»Ihn von der feindlichen Mauer erblickend seufze das Weib des kriegenden Fürsten, und ihre reife Tochter: Weh uns, wenn nur der in Schlachten unerfahrne königliche Bräutigam den beim Berühren wütenden Löwen nicht reizt, welchen der blutige Grimm mitten durch das Würgen fortreißt.«

Und nun eben die Worte, aber nach Horazens Stellung.

»Ihn von der Mauer feindlichen das Weib des kriegenden Fürsten erblickend, und ihre reife Tochter seufze: Weh uns, wenn nur nicht der unerfahrne in Schlachten Bräutigam reizt königliche den wütenden beim Berühren Löwen, welchen der blutige mitten durch fortreißt Grimm das Würgen.«

Und dies ist gleichwohl einer von den schönsten poetischen Perioden, die Horaz gemacht hat.

Ich sagte oben, bei Gelegenheit des *schnelleren Denkens*, daß man die Worte, wenn sie hier und da getrennt herumtaumelten, mit *Zeitverluste* zusammensuchen müßte. Und mich deucht ja, daß es die angeführte Strophe laut genung bestätigt.

Die Griechen gingen in dieser Verwerfung der Worte nicht so weit, als die Römer. Homer ist unter jenen der enthaltsamste. Der gute Alte, der überhaupt ein trefflicher Witterer war, mocht auch wohl davon wittern, daß diese Wortordnung Tücken hätte, die der Darstellung zuweilen wohl gar bis ans Leben kämen. Die Wortfolge nachstehender Stelle aus ihm ist beinah völlig deutsch:

»Er stieg von des Olympus Höhn voll Zorn die Seele, den Bogen an der Schulter habend, den ringsverwahrten und Köcher. Es erklang das Geschoß an der Schulter des Zürnenden, des Einherstürmenden. Er ging der Nacht gleich. Er setzte sich hierauf fern von den Schiffen; und hin die

Pfeile sandt er. Und ein furchtbarer Klang entstand des silbernen Bogens.«

Ich glaube gefunden zu haben, wie die verworfne Wortfolge der Alten entstanden sei. Sie hatten eine Menge Wörter mit lauter Längen, oder lauter Kürzen; und diese Wörter waren noch dazu nicht selten vielsilbig. Oft brachte die natürliche Wortordnung ihrer mehr von einer Art zusammen. Dies bald sehr langsame, und bald sehr schnelle Sprechen war denn nun nicht auszuhalten. Und so trennte man, was, der Gedankenfolge nach, zusammengehörte. Es war ein kühner Schritt, aber immer einer der Not; und die hat kein Gesetz. Allein man hätte nicht gesetzloser sein sollen, als es die Not erfoderte. Dies war man gleichwohl, und oft in hohem Grade. Denn die Trennungen wurden nicht etwa nur gemacht, das erwähnte üble Sprechen zu vermeiden, sondern auch, um einen schönen Numerus zu haben. Ich kenne die Wirkungen des Numerus; aber ich weiß auch, daß die dem Denken und Empfinden gemäße Wortfolge überhaupt wichtiger; und daß ihre Zerstörung insbesondre der Darstellung sehr nachteilig ist. Es scheint, bei dem ersten Hinblicke, nur ein kleiner Umstand zu sein, daß in den Sprachen der Alten so manches Wort mit lauter Längen, oder lauter Kürzen ist; und doch hat dies diesen Sprachen einen sehr unterscheidenden Zug, und zugleich einen gegeben, der sie, von dieser Seite, unter die neuern herabsetzt.

Der Dichter hat vornehmlich vier Ursachen, warum er die Wortfolge ändert:

»1. Er will den Ausdruck der Leidenschaft verstärken;

2. etwas erwarten lassen;

3. Unvermutetes sagen;

4. dem Perioden gewisse kleine Nebenschönheiten geben, wodurch er etwa mehr Wohlklang, oder leichtere und freiere Wendungen bekömmt.«

Ich nenne dies die Grundsätze der *Leidenschaft*, der *Erwartung*, des *Unvermuteten*, und der *Nebenausbildung*.

Der *erste* Grundsatz wird wohl so am kürzesten und deutlichsten ausgedrückt: Wessen das Herz am vollsten ist, davon geht der Mund am ersten über.

Nach dem *zweiten* wird das ›wovon‹, weiter als gewöhnlich ist, vom Anfange des Satzes entfernt. Es versteht sich, daß der Gegenstand verdienen müsse, so unterschieden zu werden.

Unsere Sprache zeigt schon darin einen Hang Erwartung zu veranlassen, daß sie das Beiwort *vor* die Benennung, und die Modifikation vor das Modifizierte setzt. Als *unaussprechlich* elend.

Da, wegen des ›nach und nach‹ der Sprachen, erregtes Erwarten überhaupt in ihrer Natur liegt; so scheint mir diejenige Sprache Vorzüge zu haben, die auf diesem Wege weiter als andre fortgehn kann.

Nach dem *dritten* kömmt da noch etwas hinzu, wo die gewöhnliche Wortfolge nichts mehr vermuten ließ. Als: Hermann richtete in der ersten Siegsfreude ein unordentliches Denkmal von Schilden, Schwertern, und Lanzen auf, *und von den Adlern der Legionen.*

Das Hinzukommende muß wichtig genung sein, um so ausgezeichnet zu werden.

Ein Dichter, der den *vierten* Grundsatz nicht unrichtig anwenden will, muß viel kleine, aber genaue und wahre Unterschiede machen können, und stark in der Sprache sein. Denn sonst mißlingen ihm diese letzten Ründungen des Perioden so sehr, daß sie Auswüchse werden. Viele unsrer neuesten, und in andern Betrachtungen schönen Werke sind voll von solchen Auswüchsen. Und das verunstaltet denn doch gleichwohl die größeren Schönheiten.

Gedanken über die Natur der Poesie

Es sind so wenige die sich einen rechten Begriff von dem machen, was eigentlich die Poesie ist, daß ich glaube, daß es für die meisten von ihren Liebhabern nicht überflüssig sein wird, folgende zerstreute Gedanken darüber zu lesen. Ich habe bei weitem nicht alles darüber, und ich habe dies wenige auf keine Art systematisch sagen wollen, um sie durch die Idee einer langen Abhandlung nicht abzuschrecken.

Man hat viele überflüssige Regeln der Poesie gegeben, und bis zum Ekel wiederholt. Man hat viele von den notwendigsten noch nicht gegeben. Wenn man eine *vollständige* Poetik, ohne sie durch Beispiele praktisch zu machen, schreiben wollte: so hätte man nur wenig Blätter dazu nötig, und man würde gleichwohl noch viel Neues sagen können.

In einer Poetik vom Epigramma handeln, wäre eben das, als wenn man in einer Rhetorik von *Bonmots* handeln wollte; obgleich ein *Bonmot* bisweilen mehr als eine ganze lange Rede wert sein kann.

Das Wesen der Poesie besteht darin, daß sie, durch die Hülfe der Sprache, eine *gewisse Anzahl* von Gegenständen, die wir *kennen*, oder deren Dasein wir *vermuten*, von einer *Seite* zeigt, welche die *vornehmsten* Kräfte unsrer Seele in einem so hohen Grade *beschäftigt*, daß eine auf die andre wirkt, und dadurch die *ganze* Seele in Bewegung setzt.

Wenn man mir einwirft, daß dies eine Definition der *höhern* Poesie sei; so antworte ich, daß die *angenehme* Poesie vieles von diesem allen tun müsse, wenn sie nicht den Namen einer versifizierten Prosa verdienen will.

Ich sage: *Eine gewisse Anzahl von Gegenständen.* Weil es einige gibt, die, für die Poesie, in jedem Gesichtspunkte betrachtet, unbrauchbar sind. Unterdes da einige bloß durch den Gesichtspunkt, in dem sie von den meisten angesehen werden, ihre Wirkung verloren haben; so kann sie der Poet oft in einem bessern zeigen. Nur ein *verzärtelter* Geschmack liebt diese Wiederherstellung nicht.

Deren Dasein wir vermuten. Wenn man der Poesie engere Grenzen setzen wollte; so müßte man ihr keine Erdichtungen erlauben.

Von einer Seite zeigt. Nicht wenige Objekte haben sogar nur *einen* Gesichtspunkt, in welchem sie die Poesie zeigen darf.

Beschäftigt. Die tiefsten Geheimnisse der Poesie liegen in der *Aktion*, in welche sie unsre Seele setzt. Überhaupt ist uns Aktion zu unserm Vergnügen wesentlich. Gemeine Dichter wollen, daß wir mit ihnen ein Pflanzenleben führen sollen.

Batteux hat nach Aristoteles das Wesen der Poesie mit den scheinbarsten Gründen in der Nachahmung gesetzt. Aber wer tut, was Horaz sagt: »Wenn du willst, daß ich weinen soll; so mußt du selbst betrübt gewesen sein!« ahmt der bloß nach? Nur alsdann hat er bloß nachgeahmt, wenn ich nicht weinen werde. Er ist an der Stelle desjenigen gewesen, der gelitten hat. Er hat *selbst gelitten.* Wenn mein Freund *beinahe* eben das empfindet, was ich empfinde, weil ich meine Geliebte verloren habe; und diesen Anteil an meiner Traurigkeit andern erzählt: ahmt er nach? Von dem Poeten hier weiter nichts als Nachahmung fodern, heißt ihn in einen Akteur verwandeln, der sich vergebens als einen Akteur anstellt. Und vollends der, der seinen eignen Schmerz beschreibt! Der ahmt also sich selbst nach?

Wenn der Ausdruck dem Gedanken ebenso *angemessen* ist, als der Gedanke dem Gegenstande, und dieser nicht allein gut gewählt, sondern auch in einem vorzüglich gefallenden Gesichtspunkte angesehn worden ist; so hat der Dichter allen Foderungen, die man ihm tun kann, genug getan.

Der Gegenstand ist gut gewählt, wenn er gewisse durch die Erfahrung bestätigte starke Wirkungen auf unsre Seele hat.

Er wird in einem vorzüglich gefallenden Gesichtspunkte angesehen, wenn dieser die vorher angeführte Wirkung mehr als die andern hervorbringt, in welchem der Gegenstand auch angesehn werden könnte.

Der Gedanke ist dem Gegenstande angemessen, wenn es scheint, als ob man keinen bessern dabei haben könnte; wenn er nicht da bloß Betrachtung bleibt, wo er Leidenschaft hätte werden sollen; wenn er überhaupt ein so genaues Verhältnis zu dem Gegenstande hat, als das Verhältnis zwischen Ursach und Wirkung ist.

Der Ausdruck ist dem Gedanken angemessen, wenn er dem Leser besonders dadurch gefällt, daß er *völlig bestimmt* sagt, was wir haben sagen wollen. Er ist ein Schatten, der sich mit dem Baume bewegt.

Es gibt eine Anordnung des Plans eines Gedichts, die einem Gebäude gleicht; und sie sollte einer schönen Gegend gleichen. Der Poet ist kein Baumeister; er ist ein Maler. Ich nenne ihn hier in einem andern Verstande einen Maler, als man diesen Ausdruck gewöhnlich nimmt. Ich rede von ihm, als von dem Zeichner seines Grundrisses. Wie wenig Kunst gehört dazu eine gewisse Symmetrie gerader Linien zu machen. Durch die Zusammensetzung krummer Linien Schönheit hervorzubringen, erfodert eine andre Meisterhand.

Man sagt, daß die Epopee alle Schönheiten der Poesie vereinige. Es wäre also überflüssig von ihr insbesondere zu reden, wenn man eine Poetik schriebe. Mich deucht jener Satz ist nur alsdann wahr, wenn man ihn auf die Schönhei-

ten der *höhern* Poesie, einschränkt; und ferner den *Haupt-*
ton bestimmt, der die Epopee von den übrigen Arten der
höhern Poesie unterscheidet.

> Den Sieger schützen die Götter; die Überwundenen Cato!

Ist das erhabenste Epigramma, das man machen kann. Es
müßte »Cato und die Götter« darüberstehn. Man könnte
eine nicht zu kleine Sammlung Epigrammata aus der Hen-
riade machen.

Die Materie und die Ausführung verhalten sich gegenein-
ander wie das Original, und das Porträt. Man erlaubt dem
guten Maler gewisse kleine Abweichungen, gewisse feine
Verschönerungen; aber man will erkennen, wer gemalt ist.
Die besten neuern tragischen Dichter haben oft zwar Kabi-
nettstücke, aber keine Porträts gemacht, wenn sie ihre Ma-
terie aus der alten Geschichte genommen haben.

Der Hauptton eines Gedichts besteht nicht allein in der
Art und dem *Grade* der Schönheiten, die einer gewissen
Dichtart vorzüglich eigen sind; sondern es kömmt auch
sehr darauf an, daß die gewählten Objekte von Seiten ge-
zeigt werden, die mit dieser Art und diesem Grade der
Schönheiten harmonieren. Man nehme an, daß, in einem
Gedichte vom Landleben, eine schöne Gegend beschrieben
werde; und dann, daß ein lyrischer Dichter, in einem Lobe
der Gottheit, sich mit einer ähnlichen Beschreibung be-
schäftige: werden sie nicht sehr verschieden sein müssen?
Jener muß fürs erste in dem Tone des Lehrgedichts schrei-
ben, und dann seine Objekte in einem Gesichtspunkte be-
trachten, die den Eindruck einer *sanften Freude* auf uns ma-
chen. Der lyrische Dichter muß sowohl dadurch, daß er
dem Tone der Ode gemäß singt, als auch dadurch, daß er die
schöne Gegend, als ein Werk des Allmächtigen vorstellt,
uns *entzücken*. Fast allen neuern Oden fehlt etwas von dem

Haupttone, den die Ode haben soll. Ich gestehe zu, daß ich Unrecht habe, wenn folgende Anmerkung falsch ist.

Horaz hat den Hauptton der Ode, ich sage nicht des Hymnus, durch die seinigen, bis auf jede seiner feinsten Wendungen, bestimmt. Er erschöpft alle Schönheiten, deren die Ode fähig ist. Man wird also den Wert einer Ode am besten ausmachen können, wenn man sich fragt: Würde Horaz diese Materie so ausgeführt haben? Aber man müßte ein wenig streng bei Beantwortung dieser Frage sein. Denn sonst bekommen wir zu viel Horaze unsrer Zeiten.

Ich erkläre mich hierdurch gar nicht gegen die Ansprüche, die besonders der lyrische Dichter auf einen Originalcharakter hat. Ich rede nur von der Biegsamkeit, mit der sich selbst ein Originalgenie dem Wesentlichen, was die lyrische Poesie fodert, unterwerfen muß. Und dieses Wesentliche, behaupte ich, hat Horaz, durch seine Muster, festgesetzt.

Es ist nichts gewöhnlicher, als daß man den Ausdruck mit dem Gedanken verwechselt. Man sagt: Es ist eben der Gedanke; es ist nur ein andrer Ausdruck. Und der Gedanke wird doch geändert, sobald der Ausdruck geändert wird. Dieser ist an sich selbst weiter nichts, als das Zeichen des Gedankens. Gleichwohl muß eine genaue Kenntnis *aller* Bestimmungen dieser Zeichen, die sie haben, und durch gewisse neue Stellungen haben können, zu erlangen, eine von den vornehmsten Beschäftigungen eines guten Dichters und eines Lesers sein, der sich nicht zu viel schmeicheln will, wenn er seine Urteile für entscheidend hält. Wenn eine Sprache gebildet ist; so ist eine vollständige Kenntnis derselben einer von den weitläufigsten Teilen der schönen Gelehrsamkeit.

Es kann niemand drei kurze Silben hintereinander aussprechen, ohne auf eine gezwungene Art zu eilen. Das $\breve{E}ss\breve{e}$

vídeātur des Cicero kann so, wie es gezeichnet ist, nicht ausgesprochen werden. Entweder müßte man das *e* in *esse* beinahe gar nicht hören lassen, welches hart sein würde; oder man muß auf das *vi* einen gewissen Ton legen, der es zu einer langen Silbe macht. Es sind daher eigentlich nur sechs verschiedne Füße, auf deren guten Zusammensetzung die ganze Harmonie der Prosa und der Poesie beruht. Ich verstehe durch einen Fuß so viele Silben, als das Ohr *auf einmal* miteinander vergleicht. Es vergleicht eine lange mit der andern langen, indem es hört: Schützgeist. Es vergleicht die lange mit ihrer Hälfte der kurzen auf zweierlei Art, entweder so: Gestalt, oder so: Freudig; es vergleicht die lange mit zwo kurzen und dies auf dreierlei Art, als ewige, oder: unerhört, oder auch: Geliebte. Diese letzte Art ist nicht so gut, als die übrigen fünfe. Denn der Umstand, daß die lange Silbe in der Mitte steht, macht, daß die Vergleichung dem Ohre etwas schwerer wird. Eine gewisse Reihe von Worten kann aus keinen andern, als den angeführten Füßen bestehn, wenn sie harmonisch sein soll. Die Prosa ist deswegen nicht so wohlklingend als die Poesie, weil sie diese angeführten Worte nicht nach einer so feinen Regel der Harmonie ordnet, als die guten Versarten tun. Wenn sie nun aber vollends *zu viele kurze Silben* (und drei sind schon zu viel) hintereinandersetzt; so macht sie dadurch einen besondern Übelklang, daß man gezwungen ist einige von diesen kurzen Silben, als lange auszusprechen, und also dem Silbenmaße eine Gewalt anzutun, bei welchem die Harmonie immer verliert. Die deutsche Sprache hat zwar hier einigen Vorteil, weil sie viele gleichgültige Silben hat, ich meine diejenigen, welche bald kurz bald lang gebraucht werden können; aber gleichwohl hilft dieser Umstand demjenigen nicht viel, der zu viele kurze Silben häuft. Will man zum Exempel diese Worte:

nach dem Silbenmaße aussprechen; so wird man so sehr ei-
len müssen, daß man nicht verstanden werden kann. Man
muß sie daher so aussprechen:

— ‿‿ — ‿‿ ‿
Verkündige die unerhörte Tat

Aber wie wird hier das Ohr durch die Länge des die belei-
digt.

Doch der Wohlklang entsteht nicht allein durch die Ver-
bindung der langen und kurzen Silben; es kömmt auch sehr
auf die Wahl harmonischer Wörter an. Eine gewisse Anzahl
Wörter wird durch ihren Übelklang unbrauchbar. Unterdes
muß man dieses auch nicht zu weit treiben. Die deutsche
Sprache muß von Ohren, die an sie gewöhnt sind, beurteilt
werden. Wenigstens müssen die Italiener, die *zu viele* Vo-
kalen haben, nicht ihre Richter sein. Wer sich auf die Aus-
sprache versteht, kann das Harte der vielen Konsonanten,
durch eine gewisse mäßigende Leisigkeit sanfter machen;
ein Vorteil, den die Italiener in Absicht auf ihre zu vielen
Vokalen nicht haben. Und wie wollen sie es machen der
Weichlichkeit ihrer Aussprache, und die Franzosen der
Flüchtigkeit, mit welcher sie sprechen, Konsistenz und
Nerven zu geben?

Ich irre mich entweder sehr, oder es ist mindstens ein sehr
verzeihbares Vorurteil, wenn ich dafürhalte, daß die deut-
sche Sprache vor allen neuern Sprachen alsdann die größten
Ansprüche auf die *meisten Arten des Wohlklangs* hat; wenn
diejenigen, die sie schreiben, sorgfältig genug sind, gewisse
unharmonische Wörter gar nicht zu brauchen, eine Sorg-
falt, die sogar Homer und Virgil nötig hatten.

Von der heiligen Poesie

Das Publikum ist sehr berechtigt, von dem, der etwas den Aussprüchen desselben unterwirft, zu fodern, daß er, wenn er das Gemälde aufgestellt hat, weggehe, und schweige. Ich darf sagen, daß ich diesem Gesetze beinahe mit einer Art Gewissenhaftigkeit nachgelebt habe. Ich habe mich gleich von Anfange unter die Zuschauer gemischt, geschwiegen, und von einigen gelernt. Ich werde auch itzt nichts anders tun. Ich werde nur einige von den Zuschauern, die mich hören wollen, auf die Seite nehmen, und sie auf eine Stelle führen, von welcher, wie ich glaube, Gedichte von dieser Art, in ihrem wahren Gesichtspunkte, angesehn werden. Meine Absicht ist also nicht, vom Messias; sondern von derjenigen Poesie, die ich die heilige nenne, überhaupt zu reden.

Ich weiß sehr wohl, daß ich mich hier doppelter Gefahr aussetze. Die erste ist, daß ich von einer Sache nur etwas sage, von der man ein Buch schreiben müßte, sie ganz zu sagen. Und es ist schwer, von einer wichtigen Sache genung zu sagen, wenn man sie nicht erschöpft. Die zweite Gefahr ist, daß ich meine Richter an die strengen Foderungen erinnre, die sie, so sehr berechtigt, an denjenigen tun, der es unternimmt, sie, durch diesen Weg, auf den erhabnen Schauplatz der Religion zu führen. Allein sowohl diese Vorstellung, als auch meine Abneigung, etwas, das zur Kritik gehört, zu schreiben, hat bei mir der Gedanke überwunden, daß ich dadurch vielleicht etwas täte, das einigen nützen, und andern angenehm sein könnte. Eh ich von der Sache selbst rede, kann ich die Frage nicht ganz unberührt lassen: Ob es erlaubt sei, den Inhalt zu Gedichten aus der Religion zu nehmen? Es können sie einige, aus wirklicher

Frömmigkeit, tun. Diesen antworte ich mit der Ehrerbietung, die ich gegen jedes rechtschaffne Herz habe.

Der Teil der Offenbarung, der uns Begebenheiten meldet, besteht meistenteils nur aus Grundrissen, da doch diese Begebenheiten, wie sie wirklich geschahn, ein großes, ausgebildetes Gemälde waren. Ein Dichter studiert diesen reichen Grundriß, und malt ihn nach den Hauptzügen aus, die er in demselben gefunden zu haben glaubt. Zugleich weiß man von ihm, daß er dies für nicht mehr, als Erdichtungen ausgibt. Er tut, in seiner Art, nicht weiter, als was ein andrer tut, der, aus den nicht historischen Wahrheiten der Religion, Folgen herleitet. Sie dachten, auf verschiedne Weise, über die Religion nach.

Wenn aber ein andrer aus noch zärterer Sorgfalt, nichts Fremdes in die Religion einmischen zu lassen, einwendet: Der Dichter bringt mich, durch seine mächtigen Künste dahin, daß ich zu der Zeit, da ich ihn lese, oder auch noch länger, vergesse, daß es ein Gedicht ist. Ist es erlaubt, daß jemand mich und viele zu einer solchen Art zu denken verleite, daß wir unvermerkt Geschichte, von denen wir nicht gewiß wissen, daß sie geschehn sind, für Geschichte von so großer Bedeutung, von solchen Endzwecken, für Geschichte der Religion, ansehn? Wenn jemand diesen Einwurf im Ernste machen könnte, würde ich sagen: Die Folgen, die er aus den Geschichten zieht, welche er, in diesem Feuer des Herzens oder der Einbildungskraft, für wahr hält, sind seinem moralischen Charakter nicht schädlich. Sobald die Geschichte von einer Art wären, daß sie dieses sein könnten, so wird er gewiß, eh er darnach handelt, sich erinnern, daß es Erdichtungen sind.

Da ich also, wie ich glaube, die Erlaubnis, in der Religion zu dichten, annehmen darf; oder mit andern Worten, da ich für erlaubt halte, auch nach poetischer Denkungsart, dasjenige, was uns die Offenbarung lehrt, weiter zu entwickeln: so gehe ich zu dieser viel wesentlicheren Frage fort: Unter welchen Bedingungen man von Materien der Religion dichten dürfe? Diese Bedingungen werden von nichts Geringerm, als von dem innern Plane der Religion bestimmt. Ein Teil des Entwurfs und der Ausbildung eines heiligen Gedichts hängt zwar von dem Genie und dem Geschmacke des Poeten ab; ein andrer Teil aber, und vielleicht der größte, gehört vor den Richterstuhl der Religion. Es ist hier sogar nicht genung, daß der Verfasser des heiligen Gedichts den Riß der Religion tiefsinnig studiert habe, ihren großen Umfang, nebst allen ihren Verhältnissen genau kenne; sie muß auch sein Herz, mit derjenigen starken Hand gebildet haben, die an dem rechtschaffnen Manne, der sie versteht, so kennbar ist. Eh ich diese Gedanken weiter auseinandersetze, und sie in einigen ihrer beinahe unzählbaren und fast immer moralischen Aussichten zeige, muß ich mich in wenigen Anmerkungen auf das beziehn, was in dem heiligen Gedichte von dem Genie und Geschmack allein abhängt.

Einige meiner Leser bitte ich, dies zu überblättern. Sie wissen, von welchem großen Umfange des Schönen und des Nützlichen die Poesie ist; welche würdige und mannigfaltige moralische Absichten sie haben kann, immer haben sollte, und selten hat. Sie wissen, was die Welt, von dem aufgeklärtesten Richter an, bis auf den letzten Nachsager, von der höhern Poesie fodert. Sie haben gelesen, und selbst gedacht. Sie halten nur das durch die Zeit reifgewordne Urteil des Publici, und nicht den Kritikus, für unfehlbar. Dieser hatte sie oft überzeugt, daß, was er Geschmack nenne, nicht selten Kurzsichtigkeit, Eigensinn, Einseitigkeit, oder gar nur Mode sei. Sie haben festgesetzt, daß in einem kleinen Stücke des Virgils, und derer, die mit ihm genannt zu werden verdienen, mehr eigentliche, und wahre Regel, als in vielen Lehrbüchern sei.

Es sind aber noch andre, und ebenso verehrungswürdige Leser, die wenig von diesem allen wissen, es zu wissen verdienen, eine unverdorbne natürliche Empfindung, und ein gutes Herz haben. Sie sind ein sehr würdiger, so schätzbarer, und der größte Teil des Publici, wenn man nicht alle, die sich ins Urteilen mischen, zum Publico rechnet. Der Verfasser eines heiligen Gedichts muß besonders auch für sie schreiben. Und für sie mache ich folgende wenige Anmerkungen über die höhere Poesie, welche ich voraussetzen muß, um die Frage zu erklären: Auf welche Art man von Materien der Religion dichten dürfe? Ich will jenes in kurzen Sätzen tun.

Die höhere Poesie ist ein Werk des Genie; und sie soll nur selten einige Züge des Witzes, zum Ausmalen, anwenden.

Es gibt Werke des Witzes, die Meisterstücke sind, ohne daß das Herz etwas dazu beigetragen hatte. Allein, das Genie ohne Herz, wäre nur halbes Genie.

Die letzten und höchsten Wirkungen der Werke des Genie sind, daß sie die ganze Seele bewegen. Wir können hier einige Stufen der starken und der stärkern Empfindung hinaufsteigen. Dies ist der Schauplatz des Erhabnen.

Wer es für einen geringen Unterschied hält, die Seele leicht rühren; oder sie ganz in allen ihren mächtigen Kräften, bewegen: der denkt nicht würdig genung von ihr.

Man fodert von demjenigen, der unsre Seele so zu bewegen unternimmt, daß er jede Seite derselben, auf ihre Art, ganz treffe. Sie bemerkt hier jeden Mißton, auch den feinsten. Wer dieses recht überdacht hat, wird sich oft entschlossen haben, lieber gar nicht zu schreiben.

Wem es dennoch glückt, der hat Empfindungen in uns hervorgebracht, die, weder die höchste philosophische

Überzeugung, noch die andern Arten der Poesie, verursachen können. Diese Eindrücke haben, in Betrachtung der Stärke und der Dauer, einige Ähnlichkeit mit dem Exempel, das ein großer Mann gibt.

Die höhere Poesie ist ganz unfähig, uns durch blendende Vorstellungen zum Bösen zu verführen. Sobald sie das tun wollte, hört sie auf zu sein, was sie ist. Denn so sehr auch einige sich selbst klein machen wollen, so können sie sich doch niemals so weit herunterbringen, daß sie etwas anderm, als was wirklich edel und erhaben ist, diese große und allgemeine Bewegung aller Kräfte ihrer Seele erlaubten.

Der letzte Endzweck der höhern Poesie, und zugleich das wahre Kennzeichen ihres Werts, ist die moralische Schönheit. Und auch diese allein verdient es, daß sie unsre ganze Seele in Bewegung setze. Der Poet, den wir meinen, muß uns über unsre kurzsichtige Art zu denken erheben, und uns dem Strome entreißen, mit dem wir fortgezogen werden. Er muß uns mächtig daran erinnern, daß wir unsterblich sind, und auch schon in diesem Leben viel glückseliger sein könnten.

Der Mensch, auf diese Höhe geführt, und in diesem Gesichtspunkte angesehn, ist der eigentliche Zuhörer, den die höhere Poesie verlangt.

Man kann hier, auch ohne Offenbarung, schon weit gehn. Homer ist, außer seiner Göttergeschichte, die er nicht erfunden hatte, schon sehr moralisch. Wenn aber die Offenbarung unsre Führerin wird; so steigen wir von einem Hügel auf ein Gebirge.

Youngs Nächte sind vielleicht das einzige Werk der höhern Poesie, welches verdiente, gar keine Fehler zu haben. Wenn wir ihm nehmen, was er als Christ sagt, so bleibt uns Sokrates übrig. Aber wie weit ist der Christ über Sokrates erhaben!

Vielleicht sind auch noch folgende Anmerkungen, in Betrachtung dessen, was ich von der heiligen Poesie zu sagen habe, nicht überflüssig.

Wir haben uns gewöhnt, der Seele Verstand, Einbildungskraft, und Willen, als Hauptkräfte, zu geben. Das Gedächtnis, das immer mit jenen zugleich wirkt, gehört nicht hierher. Wer Werke der höhern Poesie unternimmt, sieht dies, nach seinem Endzwecke, so an.

Die Einbildungskraft ist ihm öfter eine Malerin des großen und furchtbaren Schönen in der Natur, als ihrer sanftrührenden Gegenstände. Indem er jenes malt, gelingen ihm alsdann die stärksten Züge, wenn er sich, durch das Feuer seiner Abbildung, der Leidenschaft nähert.

Dem Verstande legt er am liebsten diejenigen Wahrheiten vor, die gewußt zu werden verdienen, und die nur der rechtschaffne Mann ganz versteht.

Und in dem Willen, oder dem Herzen, dieser vielseitigen und gewaltigsten Kraft der Seele, sucht er vorzüglich diejenigen Empfindungen zu treffen, die es erweitern, die es groß und edel sein lehren.

Aber sein Zweck geht weiter, als eine Kraft der Seele, indes daß die andern schlummern, nur zu erregen, sie sanft zu unterhalten, und ihr einen stillen Beifall abzulocken. Eine Absicht, welche auch Meisterstücke hervorgebracht hat! Er bringt uns, (welches ihm besonders alsdann glückt, wenn ihn der Schauspieler, oder der Vorleser verstanden hat,) er bringt uns mit schneller Gewalt dahin, daß wir ausrufen, uns laut freuen; tiefsinnig stehnbleiben, denken, schweigen; oder blaß werden, zittern, weinen. Die Kritik sollte sich fast nicht einlassen, die Ursachen dieser so schnellen und so mächtigen Wirkungen aufzusuchen. Sie sind von so verschiednen Feinheiten, und diese haben ein so mannigfaltiges Verhältnis untereinander, daß es unendlich schwer ist, sie alle mit Richtigkeit zu entwickeln. Und wenn sie entwickelt sind, so untersucht sie der Leser von tiefsinnigem Geschmacke zwar gern; allein der Poet wußte sie schon, und wußte noch mehr, als diese; oder, wenn er auch etwas Neues lernte, so würde er doch nicht mehr Poet dadurch. Überdies sind diese feinen Entwicklungen, die den Faden durch das ganze Labyrinth ziehn, zu sehr der Gefahr ausgesetzt, unrichtig, durch ihre Feinheit, zu werden. Doch etwas läßt sich davon sagen.

Das Schwerste für den Verfasser und den Beurteiler jedes größern Gedichts ist der Grundriß des Ganzen. Das Wesentlichste dieses Grundrisses ist, Einfalt und Mannigfaltigkeit auf eine Art verbinden, die großen Endzwecken angemessen ist; eine gewisse Hoheit in die Hauptidee des Gedichts bringen; die kühne Erfindung eben an ihre Grenzen, und keinen Schritt darüber, führen; neue Charaktere, aber diese so groß und so liebenswürdig zeigen, daß es uns sonderbar vorkömmt, daß sie dennoch neu sind; die Hauptbegebenheiten Hand an Hand so auf Einem Schauplatz fortleiten, daß die Episode immer um sie und neben ihnen ist, und sich so wenig jenseits der Berge verirrt, daß sie sich vielmehr oft in die Reihe der Hauptbegebenheiten einflicht. Es ist noch eine gewisse Ordnung des Plans, wo die Kunst in ihrem geheimsten Hinterhalte verdeckt ist, und desto mächtiger wirkt, je verborgner sie ist. Ich meine die Verbindung und die abgemeßne Abwechslung derjenigen Szenen, wo in dieser die Einbildungskraft; in jener die weniger eingekleidete Wahrheit; und in einer andern die Leidenschaft, vorzüglich herrschen: wie sich diese Szenen einander vorbereiten, unterstützen, oder erhöhn; wie sie dem Ganzen eine größre, unangemerkte, aber gewiß gefühlte Harmonie geben. Wir wollen annehmen, daß sich der Poet vorgesetzt habe, in einer gewissen wichtigen Stelle unser Herz in einem sehr hohen Grade zu bewegen. Vielleicht würde er unvermerkt auf folgende Art verfahren. Vielleicht würde er sich auch den Entwurf gemacht haben, es zu tun. Hier das Herz mit dieser Stärke zu bewegen, sagt er zu sich, muß ich immer, und so steigen, daß jeder meiner vorhergehenden Schritte Vorbereitung sei. Diesen stummen, erstaunungsvollen Schmerz will ich hervorbringen! Ich muß meine Hörer nach und nach mit wehmütigen Bildern umgeben. Ich muß sie vorher an gewisse Wahrheiten erinnern, die ihre Seele für diesen letzten großen Eindruck aufschließen. Wenn sie eine Weile bei Gräbern, die noch mit Blumen bedeckt waren, vorübergegangen sind, dann sollen sie, noch schnell genung, an die tiefe, totenvolle Gruft kommen. Führte ich sie auf einmal dahin, so würden sie mehr betäubt werden, als fühlen. Es gehören diese Vorbereitungen ohnedies zu meinem übrigen Plane; und itzt will ich sie, aus dieser Ursache, so anordnen. Einige werden diese Anmerkungen über die Kunst des Plans für zu hoch getrieben halten; aber wohl nur diejenigen, die, wenn sie andrer Meinung gewesen wären, den Satz in der Ausübung übertrieben hätten.

Das Erhabne, wenn es zu seiner vollen Reife gekommen ist, bewegt die ganze Seele. Und welche Seele am meisten? Die selbst Hoheit hat, die selten bewundert, aber auch mehr bewundert, als irgend eine kleine, wenn sie muß. Mittelmäßige Seelen trifft es nur mit einem gewissen Schlage, den sie nicht ganz fühlen, weil sie mehr durch ihn erschüttert werden, als ihn fühlen. Die Kräfte unsrer Seele haben eine solche Harmonie unter sich, sie fließen, wenn ich es sagen darf, so beständig ineinander, daß, wenn eine stark getroffen wird, die andern mitempfinden, und in ihrer Art zugleich wirken. Der Poet zeigt uns ein Bild. Dem Bilde gibt er so viel Ebenmaß und Richtigkeit, daß es auch den Verstand reizt, oder er weiß ihm gewisse Züge mitzuteilen, die nahe an die Empfindung des Herzens grenzen. Die ungeschmückte Wahrheit, die allein den Verstand zu beschäftigen schien, hat gleichwohl unter seiner Hand einige helle Mienen der Bilder angenommen, oder sie zeigt sich mit einer solchen Würde und Hoheit, daß sie die edelsten Begierden des Herzens reizt, sie in Tugend zu verwandeln. Ist es das Herz, so der Poet angreift, wie schnell entflammt uns dies! Die ganze Seele wird weiter, alle Bilder der Einbildungskraft erwachen, alle Gedanken denken größer. Denn obgleich einige Leidenschaften eine gewisse ruhige Art zu denken ganz unterbrechen, so feuert uns doch überhaupt das bewegte Herz an, schnell, groß und wahr zu denken. Welche neue Harmonie der Seele entdecken wir dann in uns! Mit welchem ungewohnten Schwunge erheben sich die Gedanken und Empfindungen in uns! Welche Entwürfe! welche Entschlüsse!

Aber dieser unsrer Erhebung hängt oft noch eine gewisse Mittelmäßigkeit an. Wir fühlens, wir wollten uns noch höher erheben. Unsre Seele ist noch weiter. Sie kann noch mehr fassen. Uns fehlte die Religion noch. Wir waren nur noch in der Sphäre, wo wir selbst die Wahrheiten erfunden haben. Wie glücklich ist gleichwohl derjenige, der hier viel weiß, viel denkt, und viel empfindet. Aber wie glückselig der, der auch nur angefangen hat, die viel höhern Wahrheiten der Religion zu verstehn, und zu empfinden.

Die Religion ist, in der Offenbarung selbst, ein gesunder männlicher Körper. Unsre Lehrbücher haben ein Gerippe daraus gemacht. Doch haben sie in ihren Absichten ihren großen Nutzen.

Der Verfasser des heiligen Gedichts ahmt der Religion nach; wie er, in einem nicht viel verschiedenen Verstande, der Natur nachahmen soll.

Obgleich die Offenbarung, in Absicht auf die Lehren fürs Herz, nur auf dem Wege der Natur fortgegangen war; so ist doch ihr Mittel uns von neuem glückselig und tugendhaft zu machen, weit über die Natur erhaben. Das heilige Gedicht ist auf einem viel höhern Schauplatze. Der Plan der Offenbarung ist seine erste Regel.

Ein Gedicht, dessen Inhalt aus gewissen Geschichten des ersten Bundes genommen würde, müßte nach einer andern Hauptidee gearbeitet werden, als eins, so das Innre der Religion näher anginge. Jenem wäre, wenn ich so sagen darf, noch eine Art Weltlichkeit erlaubt.

Der Anstand oder die Würdigkeit, sowohl der handelnden Personen als ihrer Handlung, ist vielleicht das Schwerste in dem heiligen Gedichte. Diese Schwierigkeit geht so weit, daß man mit vielen Gründen behaupten könnte, Gott gar nicht reden zu lassen.

Die Offenbarung selbst führt Gott auf doppelte Art redend ein. Bald redet er ganz kurz, und ganz als der Schöpfer und Richter der Welt; bald so erbarmend, daß er den Menschen die Ursachen seiner Gerichte anzeigt, und die Bedingungen, unter welchen sie Gnade erlangen sollen, oft wiederholt.

Diese Würdigkeit soll sich ebenso in den menschlichen Bildern zeigen, durch die der Dichter die Handlungen Gottes vorstellt. Er muß hier mit genauer Sorgfalt in den Fußstapfen der Offenbarung bleiben. Man könnte, den höchsten Grad dieses Anstands, Feierlichkeit nennen.

Eine Handlung, die an sich selbst wahrscheinlich ist, wird, durch den Mangel der Würdigkeit, unwahrscheinlich.

Diese Würdigkeit muß für die geringsten Personen des heiligen Gedichts einige Züge übrig haben. Und um ihrentwillen gehören weder gewisse Personen, noch gewisse

Handlungen darein, die in andern epischen Gedichten einen Platz verdienten.

Die Geschichte der Bibel, besonders die, so das Innre der Religion näher angeht, enthält nur einige der großen Taten, die geschehn sind, und sie sagt uns selbst in starken Ausdrücken, daß die meisten für uns (gewiß nur solange wir hier leben) verloren sind. Einige andre entwirft sie mit so wenigen Worten, daß wir notwendig Umstände hinzudenken müssen, um sie uns vorzustellen. Dies sind Gründe für die Wahrscheinlichkeit der Erdichtungen überhaupt.

Gewisse Wahrheiten, deren völlige Erkenntnis uns in diesem Leben noch nicht notwendig ist, sind uns so offenbart, daß sie so viel Winke zu sein scheinen, weiter über diese Wahrheiten nachzudenken. Entdeckungen, die wir auf diese Art machen, gehören in das heilige Gedicht. Und oft können wir Erdichtungen darauf gründen.

Einige Kritici sind viel zu freigebig mit der Erlaubnis gewesen, nach welcher der Dichter, auf die Sage, in Absicht der Geschichte; und auf den Wahn, in Betrachtung der Grundsätze, fortbauen dürfe. Der Verfasser des heiligen Gedichts muß hier vor allen andern Dichtern am behutsamsten sein.

Wenn alles dies, was der Poet auf diese oder jene Art folgert, oder hinzudichtet, demjenigen, was wir gewiß wissen, nicht allein nicht widerspricht, sondern auch in dem lichtvollen Plane der Religion kein zu dunkler Schatten ist; so hat er sich aufs wenigste bemüht, der Religion nicht unwürdig zu dichten.

Dasjenige, was uns die Offenbarung lehrt, besteht, aus moralischen Wahrheiten; aus Begebenheiten; aus Prophezeiungen; aus Geheimnissen; und aus solchen Stellen, wo das Geheimnisvolle mit jenen, besonders mit moralischen Wahrheiten, vermischt ist. Obgleich überhaupt dieses alles

sehr deutlich geschrieben ist; so gibt es doch auch viele tief-
sinnige Stücke. Es ist sonderbar, daß die Ausleger eben so
oft bei den deutlichen Stellen, als bei den tiefsinnigen, geirrt
haben. Ich nenne schon Irrtum, wenn man zuweilen da
hundert Schritte sehn will, wo man nur einige sehn sollte,
und wenn man sehn will, wo man nur glauben sollte. Im
Gegenteil nenne ich eine Vermutung, als eine solche be-
trachtet, noch nicht Irrtum. Denn wir dürfen, wo wir in der
Schrift dazu veranlaßt werden, mit Demut vermuten. Aber
sowohl in Betrachtung dessen, was wir für eine vermutliche
Wahrheit, als auch dessen, so wir für eine gewisse halten,
scheint es, daß der Verfasser des heiligen Gedichts sich fol-
gendes zur Regel zu machen habe. Die moralische Wahrheit
der Bibel, besonders da, wo sie eine Stufe höher, als die
philosophische, steigt, muß in ihrer vollen Stärke gesagt
werden; aber nicht mürrisch und trübsinnig. Die Offenba-
rung ist beides nicht. Sie ist voll Ernst. Einige heilige Bege-
benheiten lassen ebensowenig eine Ausbildung zu, als sie
andre zu fodern scheinen. Die Stelle: »Die Gräber taten sich
auf, und stunden auf viele Leiber der Heiligen, die da schlie-
fen; und gingen aus den Gräbern nach seiner Auferstehung,
und kamen in die heilige Stadt, und erschienen vielen.«
Diese Stelle ist von der letzten Art. Wo eine Anwendung
der Prophezeiung nötig sein sollte; so hat sie keine andre
Regel, als die allgemeine Regel der Schriftausleger, die sie
dabei zu beobachten haben. Nur müßte der Dichter die
Erfüllung in eben dem Tone beschreiben, in welchem der
Prophet die Begebenheit vorher verkündigt hat. Die Ge-
heimnisse sind dasjenige, was mit der meisten Einfalt gesagt
werden muß, außer wo sie, daß ich so sage, zu Begebenhei-
ten werden. Alles, was der Messias tut, ist Geheimnis, weil
er der Gottmensch ist, aber dennoch ist es zugleich histo-
risch. Bei den vermischten Geheimnissen, zum Exem-

pel, bei der Ordnung, in welcher der Mensch selig werden soll, ist dem Dichter vorzüglich die äußerste Sorgfalt nötig, seiner großen Wegweiserin, der Offenbarung, zu folgen.

Da ich vorher sagte, der Dichter müsse der Religion nachahmen, wie er der Natur nachahmen soll; so meinte ich nicht die Schreibart der Offenbarung. Ich meinte den Hauptplan der Religion: Große wunderbare Begebenheiten, die geschehen sind, noch wunderbarere, die geschehen sollen! eben solche Wahrheiten! diesen Anstand! diese Hoheit! diese Einfalt! den Ernst! diese Liebeswürdigkeit! diese Schönheit! soweit sie sich durch eine menschliche Nachahmung erreichen lassen. Die Nachahmung der Propheten, sofern ihre Werke Meisterstücke der Beredsamkeit in Absicht auf den Ausdruck sind, ist etwas anders.

Die Griechen, die Römer, und die Franzosen, haben ein goldnes Weltalter ihrer schönen Wissenschaften, das in kurze Zeit eingeschränkt ist. (Ich weiß nicht, warum wir vergessen haben, den Engländern auch eins zu geben? Es ist schon lange her, daß sie Meisterstücke haben. Und mindstens haben sie, durch Glover, nicht aufgehört.) Das goldne Weltalter der Hebräer ist von viel längrer Dauer. Es fängt mit Moses oder Hiob an. Und es sind zwo verschiedne Sachen, die Schreibart der Morgenländer überhaupt, und die Schreibart der Offenbarung.

Die höhern Wesen, welche, für unsre philosophische Erkenntnis, außer der Schöpfung waren, die wir kennen, sind durch die Offenbarung in dieselbe zurückgekommen. Aber sie mußten, nach unsrer Art zu denken, auch für die Einbildungskraft gebildet werden. Und daß sie dies würden, hat seine guten Gründe. Es ist wahrscheinlich, daß endliche Geister, die sich besonders auch mit Betrachtung der Körperwelt beschäftigen, Leiber haben. Und es ist nicht ganz ohne Wahrscheinlichkeit, daß Wesen, die Gott auch so sehr bei der Seligkeit der Menschen braucht, einen Körper empfingen, der demjenigen ähnlich war, welchen der Mittler dieser Seligkeit annahm. Der Verfasser des heiligen Gedichts ist hier auf eine ganz neue Szene der Einbildungskraft geführt. Hier kann er besonders seinem großen Zwecke am nächsten kommen, den Bildern solche Züge zu geben, daß er zugleich den Verstand beschäftigt, oder die Empfindungen des Herzens in Bewegung setzt. Einfalt und Hoheit sind hier die Züge der letzten Hand.

Und welche erstaunungswürdige Wahrheiten legt die Religion dem Verstande vor! Wie bringen diese in unsre Seele diejenige Hoheit zurück, die ihr angeschaffen war! Und wie vielseitig sind sie! Jeder ihrer Zweige gibt dem Wandrer, der von Kleinigkeiten ermüdet war, einen Schatten, unter dem er ausruhn, und sein wahres Leben atmen kann. Seid vollkommen, wie Gott! sagte der große Stifter unsrer Religion. Wenn der Dichter diese Wahrheiten nicht vergebens sagen will; so muß er sie so sagen, daß sie das Herz ebensosehr als den Verstand beschäftigen.

Das Herz ganz zu rühren, ist überhaupt, in jeder Art der Beredsamkeit, das höchste, was sich der Meister vorsetzen, und was der Hörer von ihm fodern kann. Es durch die Religion zu tun, ist eine neue Höhe, die für uns, ohne Offenbarung, mit Wolken bedeckt war. Hier lernen der Dichter und der Leser einander am gewissesten kennen, ob sie Christen sind. Nichts geringers darf derjenige sein, der hier unser ganzes Herz bewegen, und der, welcher hier den Dichter ganz empfinden will. Denn wird der Dichter, auch mit dem glücklichsten Genie, ohne wirkliche Empfindung der Schönheit der Religion, und ohne eine Rechtschaffenheit des Herzens, die nicht schimmern, noch viel weniger glänzen will, diese Bewegungen in uns hervorbringen können?

Der Freigeist, und der Christ, der seine Religion nur halb versteht, sehn da nur einen großen Schauplatz von Trümmern, wo der tiefsinnige Christ einen majestätischen Tempel sieht. Und wie konnten jene etwas anders sehn? Denn nicht selten verwandeln sogar kleine Züge, die sie verkannten, den Tempel für sie in Trümmern. Und gleichwohl haben sie, wenn mir diese kühnste unter allen Vergleichungen erlaubt ist, die Mythologie studiert, den Homer zu verstehn.

Von dem Range der schönen Künste und der schönen Wissenschaften

Der *Geschmack* war schon oft von den *schönen Wissenschaften* und von den *schönen Künsten* gebeten worden, ihren alten Streit, um den Vorzug, zu entscheiden. Allein er hatte dieser Entscheidung noch immer auszuweichen gewußt.

Einst wurde ein Gedicht und ein Gemälde an einem feierlichen Versammlungstage in den Tempel des *Geschmacks* gebracht, der Vorzugsstreit wurde diesmal heftiger, als er jemals gewesen war. Der Richter konnte die Entscheidung nicht mehr von sich ablehnen. Man sagt, daß die Hitze, mit welcher itzt alles vorging, daher entstanden sei, daß der *Geschmack* zu der Zeit, die er der Untersuchung des Gemäldes zu bestimmen schien, einige begierige Blicke in das Gedicht getan hätte. Er sahe sich endlich gezwungen, beiden Parteien zu erlauben, ihm ihre Ansprüche auf den Vorzug mit aller der Umständlichkeit vorzutragen, zu der sie die Wichtigkeit des Streits und der Entscheidung berechtigte.

Die *Malerei*, die *Baukunst*, die *Kupferstecherkunst* und die *Musik* trugens der *Bildhauerkunst* auf, die Verteidigung ihrer gemeinschaftlichen Vorrechte zu übernehmen.

Die *Philosophie*, nicht diejenige, die sich in den neuern Zeiten von den *schönen Wissenschaften* getrennt hat, und in großen Bänden, die nicht gelesen werden, oft Sachen lehrt, die wenig wissenswürdig sind, und wenn sie wissenswürdigere vorträgt, sie auf eine Art sagt, die sich von jeder Kunst zu gefallen mit der äußersten Sorgfalt zu entfernen scheint: Diejenige *Philosophie*, deren Liebling Sokrates war, wurde von ihren Freundinnen, der *Poesie*, der

Beredsamkeit und der *Geschichte* gebeten, ihre gemeinschaftliche Sache vorzutragen.

Die *schönen Wissenschaften* ließen es zu, daß sich die *Bildhauerkunst* hervordrang.

Unser Richter, fing diese an, wird uns verzeihen, daß wir der Ungewißheit erwähnen, in der er, nach der Anklage einiger, manchmal sein soll. Wir tun es nur, um ihm zu sagen, daß wir gar keinen Teil an der Anklage nehmen, und daß wir aus dieser Ursache desto zuversichtlicher glauben, daß sein Ausspruch auf unsrer Seite sein werde. Die Gründe, die uns zu dieser Hoffnung berechtigen, sind diese. Wenn deine Lieblinge, die feinsten Kenner des Schönen, große Städte auf ihren Reisen besuchen, so sind wir es, die machen, daß sie sich lange darin verweilen. Unsre Werke suchen sie am eifrigsten auf. Diese betrachten sie. Zu diesen kommen sie am oftesten zurück. Wie tot wäre die größte, die volkreichste ja selbst die gesellschaftlichste Stadt ohne uns! Sind es etwa die Besitzer jener prächtigen Päläste, welche machen, daß sich der reisende Kenner so lange darin aufhält? Wie selten sind es diese! Die Meisterhand der *Baukunst*, welche die Päläste aufgeführt, die majestätische *Bildhauerkunst*, die feurige *Malerei*, die sanfte *Kupferstecherkunst*, welche sie mit jeder Schönheit ausgeschmückt hatten, diese sind es, die das Auge des Kenners so lange und so angenehm beschäftigen. Er hört in einem von der *Baukunst* dazu eingerichteten Saale unsre Freundin, die *Musik*. Und nur dieser erlauben wir es, daß sie ihn aufhalten, und ihn nicht sogleich nach der Galerie oder in die Gärten, welche Venus und die Grazien reizender machen, zurückkehren lasse. Welch ein trauriger Anblick muß es für ihn sein, wenn er, aus unsern Pälasten, in einen Buchladen, kömmt. Was sieht er da? Eine alte, bekannte verdrießliche Sache, Bücher! Bedrucktes Papier voll Zeilen, die immer auf die vorige Art wiederkommen, und welches er, ihm doch einige Zierde zu geben, in gefärbtes Leder einbinden lassen, und es irgendwo hinstellen kann, daß eine Art von Symmetrie herauskomme. Jeder kann diese Papiere kaufen, jeder, wenn ihm nichts Bessers einfällt, sie lesen. Es ist so was Gemeines, so was Wiederholtes, so was Wohlfeiles, ein Buch! Man würde die Bücher gar nicht mehr haben, gar nicht mehr ansehen mögen, wenn sie nicht die gütige Hand der *Kupferstecherkunst* bisweilen ausschmückte. Wie viel vorzüglicher sind unsre Werke! Es ist kein geringer Teil der Ehre einer Nation, uns zu unterstützen, uns mit jeder Aufmerksamkeit zu unterscheiden. Die *Baukunst* macht das Leben durch die Bequemlichkeit und durch die Pracht der Werke, die sie errichtet, angenehmer. Die *Bildhauerkunst*, die *Malerei*, die *Kupferstecherkunst* belohnen und verewigen das Verdienst. Wer würde sich der großen Männer, der Lieblinge des Vaterlandes, so oft erinnern, wenn er ihre unvergänglichen Bildnisse nicht auf den öffentlichen Plätzen, und in den Galerien sähe? Wie traurig würde das Leben derer ohne *Musik* sein, die sie kennen! Und wie wenige sind, die sie nicht, bis auf einen gewissen Grad, empfinden? Wir würden uns durch falsche Bescheidenheit schaden, wofern wir es nicht frei heraus sagten, daß wir uns nicht zu sehr zu schmeicheln glauben, wenn wir uns für schöner halten, als die Wissenschaften, denen man diesen Beinamen auch gegeben hat. Wir ahmen die Natur besser, als sie nach, weil wir, durch unsre Nachahmung unmittelbar auf die Sinne und durch ihre Hülfe zugleich auf die Einbildungskraft und aufs Herz wirken. Unsre Gegnerinnen arbeiten nur für die Einbildungskraft und fürs Herz. Außer dem, daß die Nachahmung, mit welcher wir der Natur folgen, reizender ist, so ist sie auch wahrer. Wir lassen uns in keine philosophische Untersuchung dieses wichtigen Vorzugs ein. Genug, daß er da ist. Und überhaupt haben wir uns nicht viel in Untersuchungen einzulassen, da die Welt ebenso von uns denkt, als wir von uns selbst denken. Belohnt sie uns nicht mit gleicher, und oft mit größrer Ehre, als die *schönen Wissenschaften* von ihr erhalten? Sie werden uns gewiß nicht vorwerfen, daß wir die Ehre weniger als sie suchen, oder daß wir nicht so fein darüber denken: Allein lebt man von der Ehre? Müssen sie nicht ganz andre Beschäftigungen als die, so sie am meisten lieben, übernehmen, um zu leben? Wir leben von unsern Werken; und oft machen sie uns sogar reich!

Unsre Gegnerinnen, fing die *Philosophie* an, haben ihre Ansprüche auf den Vorzug ein wenig lebhaft und mit einem Stolze vorgetragen, dessen eine gute Sache, vor einem Richter, wie der unsrige ist, noch niemals bedurft hat. Überhaupt werden sie gestehn, daß sie uns seit jeher weniger Gerechtigkeit, als wir ihnen, haben widerfahren lassen. Vielleicht sind das Genie und die Kenntnis, die zureichen, ihre Arbeiten hervorzubringen, nicht von eben der Hoheit, und von kleinern Umfange, als das Genie und die Einsichten sind, die zu unsern Werken erfodert werden. Wenigstens können wir diesen Stolz mit dem ihr euren Vorzug vor uns behauptet, aus keiner andern Ursache herleiten. Wir haben diese eingeschränkte Art zu denken so wenig, daß wir dasjenige, was ihr für eure Sache noch hättet anführen können, hinzutun wollen.

Der Eindruck, den die Religion auf jeden rechtschaffnen Mann macht, kann durch euch vergrößert werden.

Die *Bildhauerkunst* und die *Malerei* reizen die Andacht durch die Bilder, die sie aus der heiligen Geschichte nehmen und damit die vornehmsten Meisterstücke der *Baukunst* ausschmücken. Die Arbeiten der *Kupferstecherkunst* werden zwar zu dieser Absicht nicht gebraucht; allein dies benimmt ihrem Verdienste nichts, welches sie um die rührende Vorstellung der Begebenheiten der Religion haben kann. Und zu welchen Empfindungen würde die Seele von der *Musik* erhoben werden, wenn sie in den Kirchen die wahre Sprache des Herzens und der Andacht zu reden und vornehmlich hier ihre Stärke in ihrem ganzen Umfange zu zeigen veranlaßt würde.

Wenn wir dieser Unparteilichkeit ungeachtet, dennoch den Vorzug vor den *schönen Künsten* zu verdienen glauben; so ist die Neigung, ihn zu erhalten, zwar auch eine Ursache davon: Aber es wird bei unsrer Sache doch vorzüglich auf die Gründe ankommen, die wir für uns anzuführen haben.

Unsre Gegnerinnen glauben schöner, als wir zu sein. Wir verdanken es dem schnellen Urteile unsers Richters, daß wir über diesen Punkt unsers Streits kurz sein können. Dasjenige, so durch die Schönheit hervorgebracht wird, sind gewisse angenehme Vorstellungen und Empfindungen, die nach den Graden der Lebhaftigkeit, der Feinheit, und der Stärke, die sie haben, die verschiednen Grade des Schönen bestimmen. Wenn wir teils erweisen, daß wir eben die Eindrücke, die ihr macht, sehr oft mit mehr Feinheit, mit mehr Lebhaftigkeit und nicht selten mit größrer Stärke zu machen wissen; teils euch daran erinnern, daß von dem, so schön vorgestellt werden kann, so vieles ist, daß eure Sprachen auf keine Art auszudrücken fähig sind: so werdet ihr uns zugestehn, daß wir nicht wenig Recht auf den Vorzug der Schönheit haben.

Diejenige unter euch, die nicht fürs Auge arbeitet, kann zwar vieles sagen, was die übrigen nicht sagen können; da sie aber wieder vieles von dem, was die übrigen vorstellen, nicht ausdrücken kann: so hebt sichs gegeneinander auf, und sie bleibt so eingeschränkt, als die übrigen.

Ihr arbeitet für die Einbildungskraft und fürs Herz; wir auch. Wir wirken unmittelbar auf dieselben; ihr durch die

Hülfe der Sinne. Dieser Umstand, der euch so vorteilhaft schien, ist euch, in einer gewissen Betrachtung, nachteilig. Die Seele bleibt hier zu sehr an den sinnlichen Vorstellungen hangen, als daß sie sich den Beschäftigungen der Phantasie und der Leidenschaft mit dem Feuer sollte überlassen können, mit dem sie es bei uns kann, da wir unmittelbar auf sie wirken.

Aber wenn auch dies nicht wäre; mit welchen neuen Umständen und Bestimmungen, mit welchem ganz andern Schwunge, wissen wir die Gegenstände der Einbildungskraft, die in eurer Sphäre liegen, vorzustellen! Könnt ihr uns durch irgendeine Art von Abbildung oder von Harmonie, auf allen den *Stufen* nachsteigen, auf denen wir uns erheben? Und, in Absicht aufs Herz, wer hat jemals, bei einer Statüe oder bei einem Gemälde, geweint? Die Musik allein nähert sich uns hier.

Jede Geschichte, die ihr vorstellt, ist, und muß die Geschichte eines Augenblicks sein. Welche Reihen von ähnlichen, und oft schönern Augenblicken verbindet die *Äneis*! Welche Menge von Meistern müßte es sein, die sie malen wollten! Wie lange müßten sie leben, um es zu tun! Und würde derjenige, der die Äneis nicht gelesen hätte, sie gesehn haben, wenn er durch diese unendlich lange Galerie gegangen wäre? Wie viel Neues, wie viel von euren Meistern Ungesagtes, würde er finden, wenn er nun den *Virgil* läse!

Wenn wir überdies behaupten, daß es euren größten Meistern unmöglich ist, dasjenige, was dem Verstande schön ist, in irgendeiner eurer Sprache zu sagen; so werdet ihr uns zwar antworten, daß es euer Geschäft nicht sei, die Wahrheit auszudrücken: Aber hört der reizende Ausdruck der Wahrheit dadurch auf, ein Verdienst zu sein, weil es über eure Sphäre ist, sie vorzustellen? Könnt ihr, weil ihr, weder durch Abbildungen, noch durch Töne, wie unser *Young* zu denken vermögt, deswegen leugnen, daß das, was er gedacht hat, nicht von der Nachwelt gedacht zu werden verdiene?

Aber wir eilen zu dem wichtigsten von dem, was wir für uns zu sagen haben. Unsre Verdienste um die Ausbreitung der Tugend sind viel größer, als ihr auch denn, wenn ihr es mehr wolltet, hier jemals haben werdet. Wir sind viel nützlicher, als ihr. Die Menschen moralischer zu machen, ist, und soll so sehr unsre Hauptabsicht sein, daß wir unsrer Neigung, zu gefallen, nur insofern folgen dürfen, als sie uns zu diesem letzten Endzwecke führt. Wir erniedrigen uns und wir sind nicht mehr schön, wenn uns die moralische Schönheit fehlt. Die große Nation, die ehmals so viel von der Welt besaß, ist auch durch den Namen merkwürdig, den sie uns gab. Sie nannte uns die *Wissenschaften der Menschlichkeit*. Die Wahrheit dieser Benennung wird durch die Erfahrung ganzer Jahrhunderte bestätigt.

Eine Nation, die durch den Ackerbau, durch die Handlung, durch gute Gesetze, und durch diejenigen Wissenschaften groß ist, die man sich angewöhnt hat, die *höhern* zu nennen, (die *Theologie* allein sollte so genannt werden) ist eine *glückliche* Nation! Aber ist sie *glückselig*? Sie ist es nicht eher, als bis sie *auch tugendhaft* ist! Und wodurch wird sie dieses? Etwa durch den Reichtum? Durch Gesetze, die weiter nichts, als den Schein der Tugend gebieten, und auch nichts mehr gebieten können? Durch die höhern Wissenschaften? Wodurch also? Durch die Religion, und durch die moralischen Wahrheiten, welche die Religion dem menschlichen Verstande zu finden übriggelassen hat. Aber auf welche Art durch diese? Derjenige müßte ein merkwürdiger Fremdling in der Kenntnis des Menschen sein, der behaupten wollte, es sei überflüssig, die philosophische, und die erhabnere Tugend der Religion dem Menschen liebenswürdig vorzustellen. Es ist dies so wenig überflüssig, daß es *notwendig* ist.

Die Religion selbst, insofern die heiligen Schriften, in welchen sie enthalten ist, als menschliche Werke anzusehen sind, ich meine, insofern sie sich zu der Denkart der Menschen herunterlassen, um dieselben zu unterrichten, und zu rühren; die Religion ist durch Muster der Poesie und der Beredsamkeit offenbart worden, die sich der tiefsinnigste Kenner nicht reizender, stärker, und erhabner denken kann. Und es ist keine geringe Ehre für uns, daß die Sprache, welche in der Offenbarung geredet wird, unsre Sprache ist. Unsre Lieblinge haben alsdenn die *wahrste Hoheit* und die *vielseitigste Nützlichkeit* erreicht, wenn sie diesen großen Mustern auch nur von fern nachgefolgt sind. Die Religion hat das wichtigste von dem, was zur Ausübung der Pflicht gehört, teils wiederholt, teils offenbart. Sie hat der Untersuchung der Menschen fast nichts, als einige Entwicklungen ihrer erhabnen Lehren, übriggelassen. Auch dies gehört uns zu, es den Menschen auf eine Art zu zeigen, welche sie reizen kann, es nicht nur zu denken; sondern auch zu tun. Die Menschen also zur Ausübung ihrer Pflichten, das ist, zu demjenigen, warum sie leben, und in andern Welten leben werden, anzufeuern, und ihren Verstand, noch mehr ihr Herz zu der Erreichung dieses letzten und höchsten Zwecks, zu erheben, dieser ist derjenige von unsern Vorzügen, worauf wir am meisten stolz sind, und ohne welchen uns der Vorzug unsrer Schönheit, und jeder Anspruch auf Schönheit überhaupt klein vorkommen würde. Wir leugnen gar nicht, daß die *schönen Künste* nicht auch einige Reize über die Tugend ausstreuen können. Sie wissen, wie wir gegen sie gesinnt sind, und wir haben es ihnen im Anfange unsrer Verteidigung nicht verborgen. Aber wir sagen es ebenso frei heraus, daß ihre Verdienste um die Ausbreitung der Tugend nur gering sind. Es scheint, auf der einen Seite, ihrer Natur gemäß zu sein, daß sie sich mehr bemühen, schön, als, durch Schönheit, zugleich nützlich zu sein: Auf der andern Seite, ist das, was sie auszudrücken fähig sind, von so engem Umfange, und so wenig zureichend, jene Reihen mannigfaltiger Gedanken und Empfindungen hervorzubringen, die notwendig sind, wenn die Menschen für die Tugend eingenommen werden sollen, daß die Einflüsse, die sie auf die Erreichung dieser wichtigsten aller Absichten haben, nicht, anders als nur schwach sein können. Wir wollen eine Nation annehmen, die, auf die angeführte Art glücklich ist. Wird sie, wenn wir ihr über das, so sie schon besitzt, noch die *schönen Künste* geben, glückselig werden? Es ist wahr, die *Musik*, wenn sie ausgebreitet genug ist, wird einige rauhe Seelen etwas weniger rauh sein lehren. Die *Bildhauerkunst* und ihre Schwestern werden den Geschmack am Vergnügen dadurch feiner machen, daß sie ihn auf schönere Gegenstände richten; eine Eigenschaft, die wir überdies mit ihnen in denjenigen von unsern Werken gemein haben, in welchen die Neigung, *nur* zu gefallen, den viel erhabnern Endzweck, durch die Kunst zu gefallen, für die Tugend einzunehmen, verdrungen hat. Dieser feinere Geschmack am Vergnügen ist eine Art von Vorbereitung, die Eindrücke, die ein gutes Herz bilden, leichter anzunehmen; aber es ist auch weiter nichts, als eine *Vorbereitung*. Man gebe ihn einer Nation in seinem weitesten Umfange; und sie wird doch dadurch nur sehr wenig zur Tugend gereizt werden.

Aber man lasse sie unsre auserlesensten Werke besitzen; was fehlt ihr denn noch an Reizungen zur Tugend?

Man wird uns vielleicht einwenden, daß wir das Beispiel, welches große Männer geben, und die mächtigen Wirkungen desselben vergessen. Wie könnten wir unsern Stolz, unsre vorzüglichste Ehre vergessen? Haben wir nicht fast immer zur Bildung dieser großen Männer etwas beigetragen? Und wer erneut, wie wir, ihr Beispiel für die künftigen Jahrhunderte? Unsre Gegnerinnen haben dies letzte Verdienst zwar auch. Aber haben sie es in dem Grade, als wir? Durch wen kennt die Nachwelt den Sokrates am besten, durch sie, oder durch uns?

Selbst den großen Männern, deren Beispiele von so ausgebreiteten moralischen Nutzen sind, fehlt etwas, wenn wir ihnen fehlen. Sie hören zwar dadurch nicht auf, tugendhaft zu sein; aber ihnen fehlt doch eine *Reizung mehr*, es zu bleiben.

Allein man nehme uns einmal einer ganzen Nation. Die Sprache, ihr linker Arm, sei, weil wir von ihr nicht geschätzt werden, ungelenkig, mager, nervenlos! Sie sei weder zur Prosa noch zu der vortrefflichern Poesie fähig. Diese schweige, und schmücke die moralische Schönheit mit keinem neuen Reize; oder, wenn sie redet, so schläfre sie ein. Jede nützliche und wichtige Sache, die in guter Prosa glücklich gesagt werden kann, bleibe unbekannt; oder werde auf eine Art gesagt, daß man sie lieber nicht wissen mag. Die Geschichte, diese so notwendige Oberrichterin, erzähle keine große Begebenheiten, die Wege der Vorsehung, und oft die Vorschrift der Nachwelt; oder verunstalte sich durch den Vortrag. Mich, (denn heut darf ich von mir selbst reden) sollen Schulmethode, Armseligkeit am guten Ausdrucke, und jene überflüssigen Untersuchungen verstellen, die nichts weniger, als die Kenntnis der Menschen und ihre Verbeßrung, angehen. Ich sei nicht mehr die Führerin und die Freundin des gesunden Verstandes, sondern eine Grüblerin, welche die von ihr erhitzte Einbildungskraft vergebens zu fesseln sucht. Diejenigen so sich durch Unterredungen oder durch Briefe unterhalten, sein von allem, was der falsche Witz Plumpes oder Spielendes hat, so eingenommen, daß sie dadurch auch ihren Geschmack am moralischen Schönen verlieren. Die Erklärung der Offenbarung, die vorzüglich auf unsre Kenntnis gestützt werden sollte, weil die heiligen Bücher zugleich Muster der Poesie und der Beredsamkeit sind, arte in theologische Spitzfündigkeiten aus. Die Beredsamkeit des Predigers sei gemein, schwach, witzelnd, ohne Gedanken, ohne Empfindungen, kurz, derjenigen erhabnen Religion ganz unwürdig, durch deren Hülfe sie unterrichten und rühren soll. Die Lieder, die ganze Versammlungen zur Andacht entflammen sollten, sein, wenn es möglich ist, noch platter, und der entzückenden Religion noch unwürdiger. Es stehen keine rechtschaffnen Männer auf, die in andern Gedichten, aus jener reichen Quelle der Offenbarung schöpfen, und die Seele auf diese Art an ihren ganzen Wert, und an ihre Unsterblichkeit erinnern.

Wird einer solchen Nation nicht sehr vieles zu ihrer Glückseligkeit fehlen?

Und gleichwohl fehlt ihr nichts, als einige wenige Bücher. Unsre Gegnerinnen sahen in ihrer Verteidigung die Bücher in einem sonderbaren Gesichtspunkte an. Und gleichwohl können diese Bücher die Seele mit mehr und mit schönern Bildern anfüllen, und das Herz zu lebhaftern und feinern Empfindungen fortreißen, als ihr jemals hervorzubringen fähig seid. Aber vielleicht mißfällt euch an den Büchern am meisten, daß sie länger, als eure Werke, dauern. Es ist mindstens eurer Aufmerksamkeit nicht ganz unwürdig, daß von der griechischen Nation, die so sehr aufgehört hat, eine Nation zu sein, daß die itzige ihren Namen nicht mehr führen sollte, fast nichts Wichtiges, als Bücher übrig geblieben ist. Ohne diese würden wir kaum wissen, daß sie da gewesen wäre. Die Werke, die ihr unter dieser Nation hervorgebracht hattet, sind mit ihr vergangen; und nur selten entdekken wir einige Ruinen davon. Unser *Horaz* sagt, und ihr werdet gestehen, daß er wahr geredet habe, er sagt von seinen Werken: »Ich habe ein Denkmal vollendet, das daurender, als Erz, und erhabner, als die königliche Pracht der Pyramiden ist; das weder verzehrende Regen, noch wütende Winde, nicht die Reihen unzählbarer Jahre, nicht die Flucht der Zeit, zerstören werden.« Wenn nun auch unsre Lieblinge von Werken, die vornehmlich durch moralische und denn auch durch andre Schönheiten diese Unsterblichkeit verdienen, wenn sie, wie es wahr ist, von diesen Werken, nicht leben können: sind sie deswegen weniger schätzbar? Wenn wir, unsern *Young*, selbst eurem *Raphael*, mit Recht vorziehn, weil der erste der menschlichen Gesellschaft mehr genützt hat, als der letzte; verdient der vortrefflichere diesen Vorzug deswegen weniger, weil gewisse Nebenumstände da sind, die den andern durch seine Arbeiten reich gemacht haben? Denn so lächerlich es sein würde, sich wider die Neigung, Geld zu gewinnen, überhaupt zu erklären; so klein und erniedrigend würde man von euch und uns denken, wenn man unsern Wert, mit diesem Maße, messen wollte.

Als die *Philosophie* ihre und ihrer Freundinnen Sache auf diese Art verteidigt hatte, so erwarteten beide Teile den Ausspruch ihres Richters mit einer Unruhe, die *Virgil* unnachahmbar und unübersetzlich beschrieben hat, wenn er sagt:

trepidantia haurit
Corda pavor pulsans laudumqu' arrecta cupido.

Es schien, als wenn der *Geschmack* über die Art, auf welche er sein Urteil sprechen wollte, nachsänne. Dies kam nicht daher, daß er ungewiß war, welcher Partei er den Vorzug derjenigen Schönheit geben sollte, die, so reizend sie auch an sich selbst ist, doch nichts anders, als die Aufwärterin der viel erhabnern moralischen Schönheit sein soll; da, auf der andern Seite diese Urheberin der wahrsten menschlichen Glückseligkeit nichts Geringers als eine Grazie zur Aufwärterin haben kann: ich sage, der *Geschmack* war, wegen der Entscheidung über jenen ersten Vorzug, nicht ungewiß. Die *schönen Wissenschaften* haben sogar behauptet, daß er ihre Gegnerinnen mit einem gewissen zärtlichen Mitleid angesehn habe. Sein noch daurendes Stillschweigen entstund am meisten von dem Zweifel, in welchem er war: Ob er sich auch, das mit zu berühren, einlassen wollte: daß diejenige Partei vorzüglichere Unterstützungen des gemeinen Wesens verdiene, die, durch größre moralische Schönheit nützlicher, als die andre sei? Doch sein Zweifel währte nicht lange. Er sahe bald, daß er diese Entscheidung der *Politik* zu überlassen habe. Er wollte eben anfangen zu reden, als er durch einen Zufall unterbrochen wurde.

Die *Tanzkunst*, die bisher nicht zugegen gewesen war, erschien auf einmal mit ihrer gewöhnlichen Lebhaftigkeit. Sie erfuhr bald, was vorgegangen war, und worauf man wartete. Die *schönen Wissenschaften* konnten eine gewisse Freude über die Ankunft der *Tanzkunst* nicht verbergen. Ihre Gegnerinnen waren auch ein wenig mißvergnügt darüber. Denn ob sie gleich nicht recht einsahen: Was ein *moralischer Vorzug* eben zu bedeuten haben sollte; so hatte sie doch die Zärtlichkeit, mit der sie der *Geschmack* angesehen hatte, so furchtsam gemacht, daß sie nicht ganz ohne Ahndung waren, daß jener Vorzug doch vielleicht von einigem Gewichte sein könnte. Der *Tanzkunst* kam es sonderbar vor, daß man einer Schönheit, die sie kaum dafür erkennen wollte, nur hätte erwähnen können! Und überhaupt war sie

so mißvergnügt darüber, daß sie nicht wäre gerufen wor-
den; bezog sich so lebhaft darauf, wie sie für sich und ihre
Freundinnen geredet haben würde; und drang so sehr auf
eine neue Versammlung, in welcher sie die gemeinschaftli-
che Sache führen wollte, daß sich der Richter entschloß, die
Parteien ohne sein Endurteil von sich zu lassen.

Eine Beurteilung der Winckelmannischen Gedanken über die Nachahmung der griechischen Werke in den schönen Künsten

Winckelmann ist den Liebhabern der schönen Künste zu bekannt, als daß ich etwas zu seinem Lobe zu sagen nötig hätte. Unterdes wird es nicht überflüssig sein, einige noch mehr in den Stand zu setzen, ihn richtig zu beurteilen. Außer diesem Zwecke habe ich noch den, ihm durch Kritiken meinen Beifall zu bezeigen. Ich weiß sehr wohl, daß, um dieser Art des Beifalls einen rechten Wert zu geben, die Kritiken noch strenger sein müssen, als ich sie machen kann; unterdes werden die meinigen diesem großen Kenner doch zeigen, wie sehr mich seine Werke interessiert haben. Der Titel von seiner ersten Schrift ist dieser: Gedanken über die Nachahmung der griechischen Werke in der Malerei und Bildhauerkunst.

»Der einzige Weg für uns unnachahmlich zu werden ist die Nachahmung der Alten.« Ich würde diese Einschränkung hinzusetzen: In denen Arten der Schönheiten, die sie erschöpft haben. Denn welches Genie würde nicht erschrecken müssen, wenn es sich nicht erlauben dürfte, an der Allgemeinheit jenes Satzes zu zweifeln. Haben zum Exempel die Griechen die Vorstellungen ausdrücken können, die wir uns von Engeln machen müssen? Aber wie vortrefflich haben sie nicht oft die Götter vorgestellt. Sollten wir nicht die Engel so machen? Gewiß nicht völlig so. Wir sollten jene Vorstellungen der Götter übertreffen. Bisher zwar sind wir von diesem Übertreffen sehr weit entfernt gewesen. Wir malen Kinderchen, Frauenzimmer, und wenn wir uns recht hoch schwingen, schöne Jünglinge, geben diesen

Figuren Flügel, und bilden uns ein, Engel vorgestellt zu haben. Sogar Raphaels Michael ist ein Jüngling; und er sollte doch wenigstens ein Jupiter sein, der eben gedonnert hat. Wenn nun Raphael vollends einen Todesengel hätte machen sollen; z. E. einen, durch dessen bloßen Anblick der erstgeborne Sohn Pharaos niedersinkt. Michael Angelo also, wird man sagen. Nein, der auch nicht. Denn er übertrieb zu oft. Der Contour des wahren Großen ist sehr fein. Wenn die Hand nur ein klein wenig ruckt; so kann es übertrieben werden. Wer also? Vielleicht ein noch ungeborner Künstler, dem es aufbehalten ist, die heilige Geschichte *würdig* vorzustellen, nämlich die meisten schon oft wiederholten, neu, und dann viele sehr erhabne, die noch niemals gemacht worden sind. Wie würde ich mich freuen, wenn er schon lebte und dieses läse. Er ist es, der noch viel was anders sagen würde, als die Griechen haben sagen können. Gott vorzustellen, würde er sich niemals unterfangen, niemals! Aber den Versöhner der Menschen einigermaßen würdig abzubilden, würde er alle Kräfte seines Genies anstrengen, und sich den großen Empfindungen, welche die Religion gibt, ganz überlassen.

»Die Kenner und Nachahmer der griechischen Werke finden an ihren Meisterstücken nicht allein die *schönste* Natur; sondern noch mehr als Natur. – –« Wenn es noch Natur ist, verschiedne zerstreute Schönheiten mit Urteile in einem Bilde zu vereinigen; so sehe ich nicht recht ein, was diese idealische Schönheit, dieses noch mehr als Natur sein soll. Doch vielleicht könnte man einen *höhern Grad* desjenigen Vortrefflichen, das wir gesehen haben, so nennen. Auf diesen Stufen über der schönsten Natur würde ein Künstler auf- und niedersteigen, der es unternähme, Engel zu bilden.

»Das allgemeine vorzügliche Kennzeichen der griechischen Meisterstücke ist eine edle Einfalt, und eine stille Größe sowohl in der Stellung als im Ausdrucke.

Alle Handlungen und Stellungen der griechischen Figuren, die mit diesem Charakter der Weisheit nicht bezeichnet, sondern gar zu feurig und wild waren, verfielen in einen Fehler, den die alten Künstler Parenthyrsos nannten.«

Es kömmt bei den Künsten überhaupt sehr darauf an, daß die Meister in denselben die feine Linie des Schönen finden. Unterdes ist der Parenthyrsos meistenteils viel eher zu entdecken, als wenn die stille Größe ein wenig zu ruhig ist. Raphaels Christus am Ölberge hat mich zu dieser Anmerkung veranlaßt. Er hat nichts von dem, was die Schrift so stark ausdrückt, indem sie sagt: Und es kam, daß er mit dem Tode rang, und heftiger betete.

»Die Geschichte der Heiligen sind seit einigen Jahrhunderten der ewige und fast einzige Gegenstand der neuern Maler. – – « Hierauf wird vorgeschlagen, mehr allegorisch zu malen, als bisher geschehen ist.

Die beiden Hauptfehler der meisten allegorischen Gemälde sind, daß sie oft gar nicht oder doch sehr mühsam verstanden werden, und daß sie, ihrer Natur nach, uninteressant sind. Man male eine fast gleichgültige Szene aus der Geschichte, und man zeige eine auserlesene Versammlung von den abstrakten Ideen, die wir allegorische Personen zu nennen pflegen; die erste wird dennoch mehr gefallen.

Ich bin sehr damit zufrieden, daß man endlich aufhöre, die Mythologie zu malen, man hätte schon lange aufhören können; aber die wahre heilige und weltliche Geschichte sei dasjenige, womit sich die größten Meister am liebsten beschäftigen. Welch ein weites Feld! und wie interessant kann man hier besonders alsdann sein, wenn die rechten Momente gewählt werden. Man kann sogar das Wiederholte wiederholen, und dennoch neu sein. Zuerst will ich (so müßte der junge Künstler, der sich fühlt, zu sich selbst sagen) zuerst will ich für die Religion arbeiten! Hierauf soll die Geschichte meines Vaterlandes mein Werk sein, damit auch ich etwas dazu beitrage, meine Mitbürger an die Taten unsrer Vorfahren zu erinnern, und denjenigen Patriotismus unter uns wieder aufzuwecken, der sie beseelte! Hierauf – – doch weder mein Leben, noch vieler andrer, reicht zu, jene Unternehmungen bis zu einer gewissen Vollständigkeit auszuführen. Die heilige Geschichte also, und die Geschichte meines Vaterlandes – – Die andern mögen die Geschichte ihres Vaterlandes arbeiten. Was geht mich, wie interessant sie auch ist, sogar die Geschichte der Griechen und Römer an? – – Aber wenn nur die Kupferstecher ihre unermüdete Gütigkeit behalten, und unsre Kopisten bleiben! denn nur durch ihre Hülfe können unsre Arbeiten einen ausgebreiteten Nutzen haben. Ein verschloßnes Manuskript, und ein gedrucktes Buch sind zwei sehr verschiedne Sachen. Wenn sie nur nicht aufwachen, und sich erinnern, daß es ihnen niemand wehrt, so wohl wie wir, Erfinder, Zeichner und alles zu werden. – –

Wie kann man gewiß sein, daß sie niemals aufwachen werden? Und wenn sie erst einmal recht aufgewacht sind, so schlafen sie gewiß nicht wieder ein. Da führen wir dann unser unbemerktes Leben in dem Exilio irgendeines Kabinetts oder einer Galerie! Und dann kömmt noch überdies die grausame Zeit, und wischt uns unsre geliebte Farbe weg. – – – Wenn ich der Sache recht nachdenke, so sehe ich nicht ein, warum ich denn notwendig ein Maler werden muß? – – – Die Kolorit – – haben nicht die großen Kupferstecher etwas, das der Kolorit sehr nahe kömmt? Aber die Maler werden mehr geehrt. Vielleicht nicht von allen Kennern. Und wird man denn in diesem Vorurteile bleiben, wenn die Kupferstecher aufhören, nichts als Kopisten zu sein? –– Mein Entschluß ist gefaßt. Es sei denn! Weniger Ehre; aber mehr Nutzen! Vielleicht würde selbst Apelles so gedacht haben, wenn diese Kunst, deren vervielfältigte Werke sogar länger als der Marmor aufbehalten werden, zu seinen Zeiten erfunden gewesen wäre. Und vielleicht auch nicht weniger Ehre. Begeistre du mich nur, Genie der Erfindung und der Zeichnung, und leite meine Hand, daß ihr die Linie der Schönheit glücke; so –– ist dies nicht zu kühn gedacht? nein, nicht zu kühn, wenn ich es ausführe! so soll es noch Gemälde geben, die Kopien von Kupferstichen sind. –––

»Parrhasius hat sogar den Charakter eines ganzen Volkes ausdrücken können. Er malte die Athenienser, wie sie gütig und zugleich grausam; leichtsinnig und zugleich hartnäkkig; brav und zugleich feige waren. Diese Vorstellung ist allein durch den Weg der Allegorie möglich.«

Außer daß sie undeutlich und uninteressant hat sein müssen; so hat sie auch, um die angezeigte Absicht zu erreichen, nicht anders als sehr gezwungen sein können.

Es ist wahr, »daß Rubens der Vorzüglichste unter den großen Malern ist, der sich auf den unbetretnen Weg der allegorischen Malerei gewagt hat«, allein was wir an Rubens am meisten bewundern, ist gewiß die Vermischung allegorischer Personen mit historischen nicht. Er kann uns hier eben so wenig gefallen, als uns Milton gefallen kann, wenn er die *Sünde* und den *Tod* mit den wirklichen Personen den Engeln und den Menschen zugleich handeln läßt. Solche Zusammensetzungen sind sehr gute Exempel zu der bekannten Stelle aus dem Horaz:

Delphinum silvis appingunt.

»Der Künstler hat ein Werk nötig, welches aus der ganzen Mythologie, aus den besten Dichtern alter und neuer Zeiten, aus der geheimen Weltweisheit vieler Völker, aus den Denkmalen des Altertums auf Steinen, Münzen und Geräten, diejenigen sinnlichen Figuren und Bilder enthält, wodurch allgemeine Begriffe dichterisch gebildet werden.«

Die Mythologie gehört hier nicht her. Wenn wir den Homer lesen, so sehen wir seine Götter als Personen an, die von den Heiden für wirklich sind gehalten worden. Sie sind also, insofern wir uns an die Stelle der Griechen setzen, welches wir bei der Lesung des Homer tun müssen, historische Personen für uns. Sie werden freilich *nicht völlig* historische Personen für uns, weil wir sie nicht glauben; unterdes sind sie doch von ganzen Nationen geglaubt worden, und dies ist zu einem *gewissen Grade von Anteil*, den wir an ihren Taten nehmen, zureichend. Nicht allein der Umstand, daß sie von ganzen Nationen als wirklich geglaubt worden sind, hindert, daß wir sie nicht als allegorische Personen denken mögen: sondern sie würden auch meistenteils sehr gezwungne und unvollständige Bilder von allgemeinen Begriffen sein. Nun stelle man sich ein Gemälde vor, auf dem wirkliche Personen, allegorische, und mythologische wären. Z. E. *Leonidas* werde vom *Mars* nach Thermopylae geführt. Die *Freiheit* streue Blumen vor ihm her; und die *Unsterblichkeit* winke ihm von der Spitze der thermopylischen Gebirge entgegen. *Erst Leonidas!* Ein sehr ernsthafter und wahrer Gedanke, der unsre ganze Seele interessiert. Ein großer Mann, der wirklich einmal gelebt hat, und sich nicht etwa nur der Gefahr für sein Vaterland zu sterben ausgesetzt hat; sondern der einem gewisse Tode für dasselbe entgegengegangen ist. Und nun *Mars*. Was soll Mars bei ihm? Wir bemühen uns vergebens, ihn in der Gesellschaft des Leonidas gern zu sehen. Er ist ein bloßes Phantom für uns, ob wir gleich wissen, daß ihn die Griechen für einen Gott gehalten haben. Soll er den *Krieg* bedeuten? Wieviel verderbt uns diese in Panzer gekleidete abstrakte Idee. Ebenso ist es mit der *Freiheit* und der *Unsterblichkeit*. Sie sind etwas Fremdes, etwas Fabelhaftes, das wir bei dem wirklichen Leonidas nicht haben mögen. Er steige mit dem Ernste und der Ruhe, mit der er sich für sein Vaterland aufopfert, das jähe Gebirge hinauf. Einige junge Spartaner begleiten ihn voll Ehrfurcht und zurückgehaltnen Ungestüm; einige erwarten ihn oben, und schmücken sich zum Gefechte, oder werfen ihm Lorbeerkränze entgegen, die sie in das Blut eines noch rauchenden Opfertiers getaucht haben.

Ich bin unterdes nicht so sehr gegen die Allegorie, daß ich nicht zugestände, »daß der Geschmack in unsern heutigen Verzierungen in der Baukunst durch ein gründliches Studium der Allegorie gereinigt werden, und Wahrheit und Verstand erhalten könnte.«

Nicht allein hierzu sondern auch zu Vignetten, und Medaillen sind simple und deutliche Allegorien sehr brauchbar. Allein zur Verschönerung des Vortrefflichsten, was die Künste hervorbringen können, der historischen Werke, müssen sie nichts beitragen wollen.

Anhang

Acht ausgewählte Oden

Die künftige Geliebte

(1747)

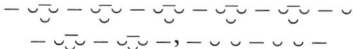

Dir nur, liebendes Herz, euch, meine vertraulichsten Thränen,
    Sing' ich traurig allein dieß wehmüthige Lied.
Nur mein Auge soll's mit schmachtendem Feuer durchirren,
    Und, an Klagen verwöhnt, hör' es mein leiseres Ohr!
Ach warum, o Natur, warum, unzärtliche Mutter,
    Gabest du zum Gefühl mir ein zu biegsames Herz?
Und in das biegsame Herz die unbezwingliche Liebe,
    Daurend Verlangen, und ach keine Geliebte dazu?
Die du künftig mich liebst, (wenn anders zu meinen Thränen
    Einst das Schicksal erweicht eine Geliebte mir giebt!)
Die du künftig mich liebst, o du aus allen erkoren,
    Sag, wo dein fliehender Fuß ohne mich einsam jetzt irrt?
Nur mit Einem verrathenden Laut, mit Einem der Töne,
    Die der Frohen entfliehn, sag' es, einst Glückliche, mir!
Fühlst du, wie ich, der Liebe Gewalt, verlangst du nach mir hin,
    Ohne daß du mich kennst; o so verheel' es mir nicht!
Sag' es mit einem durchdringenden Ach, das meinem Ach gleicht,
    Das aus innerster Brust Klage seufzet, und stirbt.
Oft um Mitternacht wehklagt die bebende Lippe,
    Daß, die ich liebe, du mir immer unsichtbar noch bist!
Oft um Mitternacht streckt sich mein zitternder Arm aus,
    Und umfasset ein Bild, ach das deine vielleicht!
Wo, wo such' ich dich auf? wo werd' ich endlich dich finden?
    Du, die meine Begier stark und unsterblich verlangt!
Jener Ort, der dich hält, wo ist er? wo fließet der Himmel,
    Welcher dein Aug' umwölbt, heiter und lächelnd vorbey?
Werd' ich mein Auge zu dir einst, segnender Himmel, erheben,

Und umarmet sie sehn, die aufblühen du sahst?
Aber ich kenne dich nicht! es ging die fernere Sonne
      Meinen Thränen daselbst niemals unter und auf.
Soll ich jene Gefilde nicht sehn? Führt nie dort im Frühling
      Meine zitternde Hand sie in ein blühendes Thal?
Sinkt sie, von süßer Gewalt der mächtigen Liebe bezwungen,
      Nie mit der Dämmerung Stern mir an die bebende Brust?
Ach wie schlägt mir mein Herz! wie zittern mir durch die Gebeine
      Freud' und Hofnung, dem Schmerz unüberwindlich dahin!
Unbesingbare Lust, ein süßer begeisternder Schauer,
      Eine Thräne, die mir still den Wangen entfiel;
Und, o ich sehe sie! mitweinende, weibliche Zähren,
      Ein mir lispelnder Hauch, und ein erschütterndes Ach;
Ein zusegnender Laut, der mir rief, wie ein Schatten dem Schatten
      Liebend ruft, weissagt, dich, die mich hörete, mir.
O du, die du sie mir und meiner Liebe gebahrest,
      Hältst du sie, Mutter, umarmt; dreymal gesegnet sey mir!
Dreymal gesegnet sey dein gleich empfindendes Herz mir,
      Das der Tochter zuerst weibliche Zärtlichkeit gab!
Aber laß sie itzt frey! Sie eilt zu den Blumen, und will da
      Nicht von Zeugen behorcht, will gesehen nicht seyn.
Eile nicht so! doch mit welchem Namen soll ich dich nennen,
      Du, die unaussprechlich meinem Verlangen gefällt?
Heißest du Laura? Laura besang Petrarka in Liedern,
      Zwar dem Bewunderer schön, aber dem Liebenden nicht!
Wirst du Fanny genannt? Ist Cidli dein feyrlicher Name?
      Singer, die Joseph und den, welchen sie liebte, besang?
Singer! Fanny! ach Cidli! ja Cidli nennet mein Lied dich,
      Wenn im Liede mein Herz halb gesagt dir gefällt!
Eile nicht so, damit nicht vom Dorn der verpflanzeten Rose
      Blute, wenn du so eilst, dein zu flüchtiger Fuß;
Du mit zu starken Zügen den Duft des Lenzes nicht trinkest,
      Und um den blühenden Mund sanfter die Lüfte nur wehn.
Aber du gehest denkend und langsam, das Auge voll Zähren,
      Und jungfräulicher Ernst deckt das verschönte Gesicht.
Täuschte dich jemand? und weinest du, weil der Gespielinnen eine
      Nicht, wie von ihr du geglaubt, redlich und tugendhaft war?

Oder liebst du, wie ich? erwacht mit unsterblicher Sehnsucht,
    Wie sie das Herz mir empört, dir die starke Natur?
Was sagt dieser seufzende Mund? Was sagt mir dieß Auge,
    Das mit verlangendem Blick sich zu dem Himmel erhebt?
Was entdeckt mir dieß tiefere Denken; als sähst du ihn vor dir?
    Ach, als sänkst du ans Herz dieses Glücklichen hin!
Ach du liebest! So wahr die Natur kein edleres Herz nicht
    Ohne den heiligsten Trieb derer, die ewig sind, schuf!
Ja, du liebest, du liebest! Ach wenn du den doch auch kenntest,
    Dessen liebendes Herz unbemerket dir schlägt;
Dessen Wehmuth dich ewig verlangt, dich bang vom Geschicke
    Fodert, von dem Geschick, das unbeweglich sie hört.
Weheten doch sanftrauschende Winde sein innig Verlangen,
    Seiner Seufzer Laut, seine Gesänge dir zu!
Winde, wie die in der goldenen Zeit, die vom Ohre des Schäfers,
    Hoch zu der Götter Ohr, flohn mit der Schäferin Ach.
Eilet, Winde, mit meinem Verlangen zu ihr in die Laube,
    Schauert hin durch den Wald, rauscht, und verkündet mich ihr:
Ich bin redlich! Mir gab die Natur Empfindung zur Tugend;
    Aber mächtiger war, die sie zur Liebe mir gab,
Zu der Liebe, der schönsten der Tugenden, wie sie den Menschen
    In der Jugend der Welt stärker und edler sie gab.
Alles empfind' ich von dir; kein halb begegnendes Lächeln;
    Kein unvollendetes Wort, welches in Seufzer verflog;
Keine stille mich fliehende Thräne, kein leises Verlangen,
    Kein Gedanke, der sich mir in der Ferne nur zeigt;
Kein halb stammelnder Blick voll unaussprechlicher Reden,
    Wenn er den ewigen Bund süßer Umarmungen schwört;
Auch der Tugenden keine, die du mir sittsam verbirgest,
    Eilet mir unerforscht und unempfunden vorbei!
Ach, wie will ich, Cidli, dich lieben! Das sagt uns kein Dichter,
    Und selbst wir im Geschwätz trunkner Beredtsamkeit nicht.
Kaum, daß noch die unsterbliche selbst, die fühlende Seele
    Ganz die volle Gewalt dieser Empfindungen faßt!

An Fanny

(1748)

Wenn einst ich todt bin, wenn mein Gebein zu Staub'
Ist eingesunken, wenn du, mein Auge, nun
Lang' über meines Lebens Schicksal,
Brechend im Tode, nun ausgeweint hast,

Und stillanbetend da, wo die Zukunft ist,
Nicht mehr hinauf blickst, wenn mein ersungner Ruhm,
Die Frucht von meiner Jünglingsthräne,
Und von der Liebe zu dir, Messias!

Nun auch verweht ist, oder von wenigen
In jene Welt hinüber gerettet ward:
Wenn du alsdann auch, meine Fanny,
Lange schon todt bist, und deines Auges

Stillheitres Lächeln, und sein beseelter Blick
Auch ist verloschen, wenn du, vom Volke nicht
Bemerket, deines ganzen Lebens
Edlere Thaten nunmehr gethan hast,

Des Nachruhms werther, als ein unsterblich Lied,
Ach wenn du dann auch einen beglückteren
Als mich geliebt hast, laß den Stolz mir,
Einen Beglückteren, doch nicht edlern!

Dann wird ein Tag seyn, den werd ich auferstehn!
Dann wird ein Tag seyn, den wirst du auferstehn!
Dann trennt kein Schicksal mehr die Seelen,
Die du einander, Natur, bestimtest.

Dann wägt, die Wagschaal in der gehobnen Hand,
Gott Glück und Tugend gegen einander gleich;
Was in der Dinge Lauf jetzt misklingt,
Tönet in ewigen Harmonieen!

Wenn dann du dastehst jugendlich auferweckt,
Dann eil' ich zu dir! säume nicht, bis mich erst
Ein Seraph bey der Rechten fasse,
Und mich, Unsterbliche, zu dir führe.

Dann soll dein Bruder, innig von mir umarmt,
Zu dir auch eilen! dann will ich thränenvoll,
Voll froher Thränen jenes Lebens
Neben dir stehn, dich mit Namen nennen,

Und dich umarmen! Dann, o Unsterblichkeit,
Gehörst du ganz uns! Komt, die das Lied nicht singt,
Komt, unaussprechlich süße Freuden!
So unaussprechlich, als jetzt mein Schmerz ist.

Rinn unterdeß, o Leben. Sie komt gewiß
Die Stunde, die uns nach der Zypresse ruft!
Ihr andern, seyd der schwermuthsvollen
Liebe geweiht! und umwölkt und dunkel!

Der Zürchersee

(1750)

Schön ist, Mutter Natur, deiner Erfindung Pracht
Auf die Fluren verstreut, schöner ein froh Gesicht,
Das den großen Gedanken
Deiner Schöpfung noch Einmal denkt.

Von des schimmernden Sees Traubengestaden her,
Oder, flohest du schon wieder zum Himmel auf,
Kom in röthendem Strale
Auf dem Flügel der Abendluft,

Kom, und lehre mein Lied jugendlich heiter seyn,
Süße Freude, wie du! gleich dem beseelteren
Schnellen Jauchzen des Jünglings,
Sanft, der fühlenden Fanny gleich.

Schon lag hinter uns weit Uto, an dessen Fuß
Zürch in ruhigem Thal freye Bewohner nährt;
Schon war manches Gebirge
Voll von Reben vorbeygeflohn.

Jetzt entwölkte sich fern silberner Alpen Höh,
Und der Jünglinge Herz schlug empfindender,
Schon verrieth es beredter
Sich der schönen Begleiterin.

»Hallers Doris«, die sang, selber des Liedes werth,
Hirzels Daphne, den Kleist innig wie Gleimen liebt;
Und wir Jünglinge sangen,
Und empfanden, wie Hagedorn.

Jetzo nahm uns die Au in die beschattenden
Kühlen Arme des Walds, welcher die Insel krönt;
Da, da kamest du, Freude!
Volles Maßes auf uns herab!

Göttin Freude, du selbst! dich, wir empfanden dich!
Ja, du warest es selbst, Schwester der Menschlichkeit,
Deiner Unschuld Gespielin,
Die sich über uns ganz ergoß!

Süß ist, fröhlicher Lenz, deiner Begeistrung Hauch,
Wenn die Flur dich gebiert, wenn sich dein Odem sanft

In der Jünglinge Herzen,
Und die Herzen der Mädchen gießt.

Ach du machst das Gefühl siegend, es steigt durch dich
Jede blühende Brust schöner, und bebender,
Lauter redet der Liebe
Nun entzauberter Mund durch dich!

Lieblich winket der Wein, wenn er Empfindungen,
Beßre sanftere Lust, wenn er Gedanken winkt,
Im sokratischen Becher
Von der thauenden Ros' umkränzt;

Wenn er dringt bis ins Herz, und zu Entschließungen,
Die der Säufer verkennt, jeden Gedanken weckt,
Wenn er lehret verachten,
Was nicht würdig des Weisen ist.

Reizvoll klinget des Ruhms lockender Silberton
In das schlagende Herz, und die Unsterblichkeit
Ist ein großer Gedanke,
Ist des Schweisses der Edlen werth!

Durch der Lieder Gewalt, bey der Urenkelin
Sohn und Tochter noch seyn; mit der Entzückung Ton
Oft beym Namen genennet,
Oft gerufen vom Grabe her,

Dann ihr sanfteres Herz bilden, und, Liebe, dich,
Fromme Tugend, dich auch gießen ins sanfte Herz,
Ist, beym Himmel! nicht wenig!
Ist des Schweisses der Edlen werth!

Aber süßer ist noch, schöner und reizender,
In dem Arme des Freunds wissen ein Freund zu seyn!
So das Leben genießen,
Nicht unwürdig der Ewigkeit!

Treuer Zärtlichkeit voll, in den Umschattungen,
In den Lüften des Walds, und mit gesenktem Blick
Auf die silberne Welle,
That ich schweigend den frommen Wunsch:

Wäret ihr auch bey uns, die ihr mich ferne liebt,
In des Vaterlands Schooß einsam von mir verstreut,
Die in seligen Stunden
Meine suchende Seele fand;

O so bauten wir hier Hütten der Freundschaft uns!
Ewig wohnten wir hier, ewig! Der Schattenwald
Wandelt' uns sich in Tempe,
Jenes Thal in Elysium!

Ihr Schlummer.

(1752)

```
◡ — ◡ — ◡ , — ◡ ◡ — ◡ ◡ ,
◡ — ◡ — ◡ , — ◡ ◡ — ◡ ◡ ,
◡ — ◡ — ◡ — ◡ — ◡ .
— ◡ ◡ — ◡ ◡ — ◡ — ◡ .
```

Sie schläft. O gieß ihr, Schlummer, geflügeltes
Balsamisch Leben über ihr sanftes Herz!
Aus Edens ungetrübter Quelle
Schöpfe den lichten, krystallnen Tropfen!

Und laß ihn, wo der Wange die Röth' entfloh,
Dort duftig hinthaun! Und du, o bessere,
Der Tugend und der Liebe Ruhe,
Grazie deines Olymps, bedecke

Mit deinem Fittig Cidli. Wie schlummert sie,
Wie stille! Schweig, o leisere Saite selbst!

Es welket dir dein Lorbersprößling,
Wenn aus dem Schlummer du Cidli lispelst!

An Sie.

(1752)

```
− ∪ − ∪ ∪ −, ∪ − ∪ − ∪,
− ∪ − ∪ ∪ −, ∪ − ∪ − ∪,
− ∪ − ∪ ∪ − ∪,
− ∪ ∪ − ∪ ∪ −.
```

Zeit, Verkündigerin der besten Freuden,
Nahe selige Zeit, dich in der Ferne
Auszuforschen, vergoß ich
Trübender Thränen zu viel!

Und doch komst du! O dich, ja Engel senden,
Engel senden dich mir, die Menschen waren,
Gleich mir liebten, nun lieben
Wie ein Unsterblicher liebt.

Auf den Flügeln der Ruh, in Morgenlüften,
Hell vom Thaue des Tags, der höher lächelt,
Mit dem ewigen Frühling,
Komst du den Himmel herab.

Denn sie fühlet sich ganz, und gießt Entzückung
In dem Herzen empor die volle Seele,
Wenn sie, daß sie geliebt wird,
Trunken von Liebe, sichs denkt!

Furcht der Geliebten.

(1752)

⏑ ⏑ ⏑ — ⏑ — ⏑ — ⏑ — ⏑ .
— ⏑ — ⏑ ⏑ — ⏑ — ⏑ — ⏑ ,
— ⏑ — ⏑ — ⏑ ⏑ — ⏑ — ⏑ ,
— ⏑ ⏑ — ⏑ ·

Cidli, du weinest, und ich schlumre sicher,
Wo im Sande der Weg verzogen fortschleicht;
Auch wenn stille Nacht ihn umschattend decket,
Schlumr' ich ihn sicher.

Wo er sich endet, wo ein Strom das Meer wird,
Gleit' ich über den Strom, der sanfter aufschwillt;
Denn, der mich begleitet, der Gott gebots ihm!
Weine nicht, Cidli.

Die frühen Gräber.

(1764)

⏑ — ⏑ ⏑ — ⏑ ⏑ — ,
— ⏑ — ⏑ ⏑ — ⏑ — ,
⏑ ⏑ — , — ⏑ — , — ⏑ — ⏑ — ,
— ⏑ ⏑ — ⏑ ⏑ — , — ⏑ ⏑ — ·

Willkommen, o silberner Mond,
Schöner, stiller Gefährt der Nacht!
Du entfliehst? Eile nicht, bleib, Gedankenfreund!
Sehet, er bleibt, das Gewölk wallte nur hin.

Des Mayes Erwachen ist nur
Schöner noch, wie die Sommernacht,
Wenn ihm Thau, hell wie Licht, aus der Locke träuft,
Und zu dem Hügel herauf röthlich er kömt.

Ihr Edleren, ach es bewächst
Eure Maale schon ernstes Moos!
O wie war glücklich ich, als ich noch mit euch
Sahe sich röthen den Tag, schimmern die Nacht.

Die Sommernacht.

(1766)

```
∪ ∪ — ∪, ∪ ∪ — ∪, ∪ ∪ —,
∪ ∪ — ∪, ∪ ∪ —, ∪ ∪ — ∪,
∪ ∪ — ∪, ∪ ∪ — ∪,
∪ ∪ — ∪ ∪ —.
```

Wenn der Schimmer von dem Monde nun herab
In die Wälder sich ergießt, und Gerüche
Mit den Düften von der Linde
In den Kühlungen wehn;

So umschatten mich Gedanken an das Grab
Der Geliebten, und ich seh in dem Walde
Nur es dämmern, und es weht mir
Von der Blüthe nicht her.

Ich genoß einst, o ihr Todten, es mit euch!
Wie umwehten uns der Duft und die Kühlung,
Wie verschönt warst von dem Monde,
Du o schöne Natur!

Editorische Notiz

Die vorliegende Ausgabe will Klopstock als Dichtungstheoretiker präsentieren. Sie sieht in seinen Gedanken über die genuin sprachliche Natur der Poesie, über »Wortbewegung« und »Darstellung«, Klopstocks wichtigste und aktuelles Interesse verdienende theoretische Leistung – eine Vorwegnahme von manchem, was seit einigen Jahrzehnten unter den Begriffen ›Poetizität‹ oder ›Literarizität‹ verhandelt wird. Wie das Neue und Bahnbrechende seiner Dichtungen, der *Oden* und des *Messias*, wesentlich in der Dimension von Metrum und Rhythmus liegt, so kreist auch Klopstocks Theorie der Wortbewegung um den »Tanz« der Worte, durch den sich »Darstellung« von »Abhandlung« unterscheidet. Entwickelt hat er diese Theorie vor allem im Rahmen seiner Experimente mit neuen Versmaßen und seiner kritischen Reflexion auf Probleme der Metrik und der damit zusammenhängenden Fragen sprachvergleichender Prosodie. Deshalb werden hier auch zwei seiner Sammlungen metrischer Schemata abgedruckt, und deshalb steht im Zentrum der Ausgabe die Schrift *Vom deutschen Hexameter*, Klopstocks umfangreichster und wohl auch wichtigster dichtungstheoretischer Text, der erstaunlicherweise noch nie in eine der Auswahl-Editionen aufgenommen worden ist. Seine letzte Publikation im Rahmen einer Klopstock-Ausgabe geht auf die zehnbändigen *Sämmtlichen Werke*, Leipzig 1854-55, zurück.

Die abgedruckten Texte folgen den von Klopstock selbst besorgten Erstausgaben. Zum Vergleich wurden ebenfalls von Klopstock betreute Zweitausgaben herangezogen sowie die posthume Ausgabe *Klopstocks sämmtliche sprachwissenschaftliche und ästhetische Schriften*, nebst den übrigen bis jetzt noch ungesammelten Abhandlungen, Gedichten, Briefen etc. hg. von A. L. Back und A. R. C. Spindler, 6 Bde., Leipzig 1830, die als Fortsetzung (Bd. 13-18) der zwölfbändigen, von Klopstock selbst begonnenen Leipziger Gesamtausgabe der *Werke* (1798-1817) erschienen ist. Offensichtliche Fehler in den Druckvorlagen (= Erstausgaben) wurden korrigiert. Der Lautstand und die eigenwillige Interpunktion Klopstocks blieben gewahrt – andernfalls wäre der Klopstock so wichtige Rhythmus angetastet worden. Die Orthographie, sofern sie *nicht* einen abweichenden Lautstand (wie *itzt* statt *jetzt*) betrifft, wurde jedoch modernisiert. Gegen ihre Beibehaltung im Sinne historisch-kritischer Treue oder ästhetisch verfremdender Patina sprachen zwei Gründe. Erstens ist gut die Hälfte des abgedruckten Textumfangs in einer – von Klopstock selbst kreierten und nur von ihm befolgten – (vermeintlich) rein phonetischen Orthographie erstveröffentlicht worden, die so radikal von der ›Norm‹ abweicht, daß man sie wie eine fremde Schrift nur mühsam lesen und kaum in einer ›Leseausgabe‹ zumuten kann. Und zweitens ist das historische Kolorit der in den anderen Texten befolgten Orthographie – sofern es ›nur‹ graphische und keine phonetischen Unterschiede impliziert – von dem Orthographie-Reformer Klopstock im Sinne seiner Polemik gegen die ›Schreibung des Ungehörten‹ ausdrücklich kritisiert worden.

Das Schwergewicht des Anmerkungsapparats liegt aus mehreren Gründen auf Erläuterungen zu der Schrift *Vom deutschen Hexameter*. Sie ist nicht nur der wichtigste, wiewohl am seltensten edierte der hier vorliegenden Texte; sie verlangt auch am meisten nach Ergänzung durch Anmerkungen. Gleichzeitig ist gerade diese Schrift die einzige unter den hier abgedruckten, die noch nie mit (wie immer spärlichen) Kommentaren ediert worden ist. Und schließlich: auch in der großen historisch-kritischen Hamburger Klopstock-Ausgabe ist für diese Schrift, wie für alle Werke, allein ein textkritischer, aber nicht ein sachkommentierender Anmerkungsapparat vorgesehen. Da die Leitbegriffe und -theoreme der Texte im Nachwort eingehend kommentiert werden, beschränken sich die Anmerkungen auf Nachweise der Zitate und Anspielungen bzw. auf Erläuterungen zu Namen und Realien. Das Interesse der Anmerkungen ist also allein sachkommentierender und nicht textkritischer Art. Ungenauigkeiten und Eigenwilligkeiten der Zitate und Paraphrasen Klopstocks werden in der Regel nicht vermerkt. In manchen Fällen konnte ich auf frühere Kommentare und vor allem auf Ergebnisse der Klopstock-Forschung zurückgreifen. Für Hinweise danke ich darüber hinaus der Klopstock-Arbeitsstelle in Hamburg sowie den Berliner Professoren Alexander Dittmann, Ursula Hennig, Wolfgang Maaz und Hartmut Röhn.

Mehr oder weniger aus Liebhaberei – und natürlich auch, um zumindest wenige Bruchstücke jener Dichtung zu präsentieren, die den Hintergrund von Klopstocks dichtungstheoretischen Gedanken bilden – werden in einem nicht kommentierten Anhang *Acht ausgewählte Oden* abgedruckt. Zwei weitere Oden (*Der Kamin*, *Der Lehrling der Griechen*) sind integral innerhalb der *Neuen Silbenmaße* bzw. im Rahmen des *Nachworts* zitiert (S. 55 ff. und 260 f. der vorliegenden Ausgabe). Die Auswahl der abgedruckten Oden ist weder für das thematische Spektrum noch für die Formenvielfalt von Klopstocks Odendichtung repräsentativ. Sie folgt vielmehr allein dem wie immer zufälligen Kriterium, welche Oden der Herausgeber besonders schätzt. Der Text der Oden folgt der historisch-kritischen Ausgabe von Franz Muncker und Jaro Pawel, Stuttgart 1889.

Anmerkungen

Von der Nachahmung des griechischen Silbenmaßes
im Deutschen

Erstdruck als Vorrede zum 2. Band des *Messias*, Kopenhagen 1755.

10 *Alkäen*: siehe das auf S. 228 abgedruckte metrische Schema der
alkäischen Ode *An Fanny*.
Silbentöne: Vokale, die für sich allein eine Silbe bilden.
11 *Buchstaben und Töne*: Konsonanten und Vokale.
15 *einige unter uns* ...: Ewald von Kleist, Ramler und Uz veränder-
ten den Hexameter durch Hinzufügung einer kurzen Auftakt-
bzw. ›Vorschlagssilbe‹.
16 *Quattuor hic* ...: Vergil, *Aeneis* 6, 587-594. Klopstocks eigene
Übersetzung dieser Verse lautet (nach Back-Spindler XIII, S.
211):

> Auf dem Wagen des Viergespanns, und schüttelnd die Flamme,
> Eilet’ er durch der Achäer Gefild, und mitten durch Elis
> In Triumphe daher, und forderte Götterverehrung;
> Rasete, hatte den Sturm, und den unerreichbaren Donner
> Nachgebildet durch Erzt, und den Lauf hornfüßiger Rosse.
> Aber der Vater der Himmlischen warf von der nächtlichen
>   Wolke
> Sein Geschoß, nicht Fackeln auch er, noch dampfenden Brand,
>   und
> Stürzt’ ihn zur Erd’ im Orkan ...

17 *Unsre eingeführten langen Jamben*: der von den deutschen Ba-
rockdichtern aus Frankreich übernommene 6-hebige Jambus mit
Mittelzäsur (›Alexandriner‹).
Der zehnsilbichte Vers: Der 5-hebige Jambus mit 10/11 Silben und
variabler Zäsur (bzw. ohne Zäsur) – letzteres unterscheidet ihn
vom ›vers commun‹, dem von den deutschen Barockdichtern aus
Frankreich übernommenen 5-hebigen Jambus mit festgelegter Zä-
sur hinter der zweiten Hebung – wurde in Deutschland erst nach
1770 gebräuchlich. Klopstock nennt ihn daher den *Vers der Eng-
länder, der Italiener und auch einiger Franzosen*. Der *Vers der*

Engländer, Shakespeares und Miltons 5-hebiger Jambus ohne Reim (Blankvers), wurde von Klopstock in seinem Trauerspiel *Salomo* (1764) verwendet; bald darauf wurde er zum beherrschenden deutschen Dramenvers. Der 5-hebige, frei geschnittene Vers der *Italiener* (Endecasillabo) ist dagegen gereimt; in ihm schrieb Dante seine Terzinen, Petrarca seine Sonette, Ariosto und Tasso ihre Stanzen. In Deutschland wurde dieser Vers erst durch die romantischen Sonette und Stanzen gebräuchlich. *Auch einige Franzosen* haben diesen Vers verwendet, teilweise sogar früher als die Italiener. Klopstock dürfte hier in erster Linie auf Ronsard und die Dichter der Pléiade anspielen, die vor allem ihre Sonette im *zehnsilbichten Vers* (›vers décasyllabe‹) dichteten.

Glover: Richard Glover (1712-1785), englischer Dichter; Klopstock spielt hier auf sein bekanntestes Werk, das Heldenepos *Leonidas* (1737), an.

Fénelon: François de Salignac de la Mothe Fénelon (1651-1715), Erzbischof von Cambrai, Autor des Romans *Les aventures de Télémaque* (zuerst erschienen 1699). Klopstock schätzte Fénelons Prosarhythmus.

18 *mit den beiden choriambischen zu fliegen*: Choriambisch ist hier ein anderer Ausdruck für die asklepiadeischen Strophenformen, in denen es mehrere choriambische Silbensequenzen (–⏑⏑–) gibt. *Die eine Choriambe besteht*, wie Klopstock etwas weiter unten sagt, *aus vier Versen, und nur einem ungleichen*; *die zweite Choriambe* gleicht ihr *bis auf den dritten Vers*. Ein Schema dieser zweiten Choriambe ist abgedruckt auf S. 229 (*Der Zürchersee*). Das Schema der ersteren ergibt sich, wenn man an die Stelle von Vers 3 ein drittes Mal das Schema von Vers 1 und 2 setzt.

der sapphischen (Ode): Ein Schema der Klopstockschen sapphischen Ode ist abgedruckt auf S. 234 (*Furcht der Geliebten*). In der antiken sapphischen Ode sind die ersten drei Verse metrisch gleich und entsprechen dem 3. Vers von Klopstocks Schema, das die ersten 3 Verse durch Verschiebung des Daktylus (›Wanderdaktylus‹) variiert.

19 *Ode an Pettius*: Horaz, *Epoden* 11.

Ode an Melpomene: Horaz, *Oden* IV, 3.

20 *Boileau*: Nicolas Boileau-Despréaux (1636-1711), Schriftsteller und Dichtungstheoretiker; seine *L'Art poétique*, ein Lehrgedicht

nach dem Vorbild von Horaz' *Ars Poetica*, galt als die kanonische Formulierung der Poetik des französischen Klassizismus.

Von der Sprache der Poesie

Erstdruck im *Nordischen Aufseher*, 1. Bd., 26. St., 18. 5. 1758.

22 *meines zweiten Vaterlandes*: Dänemark.
27 *Ihr sucht angenehm zu sein*...: nach Horaz, *Ars Poetica* 26f.: »sectantem levia nervi/ deficiunt animique«.
   fusus: Ovid, *Metamorphoseon libri* III, 438.
31 *Ronsard*: Pierre de Ronsard (1524-1585), bedeutender französischer Dichter der späteren Renaissance, versuchte die französische Dichtungssprache durch wetteifernden Rekurs auf griechische und lateinische Vorbilder zu erneuern. Hauptgestalt des Dichterkreises, der sich nach antikem Vorbild Pléiade nannte.
   Corneille: Pierre Corneille (1606-1684), Dramatiker der französischen ›Klassik‹.
   Idiotismos: eigentümliche Worte oder Ausdrücke einer Sprache, für die es in anderen Sprachen keine direkte Entsprechung gibt.

Vom gleichen Verse

Erstdruck im 4. Bd. des *Messias*, Halle 1773, S. 3-24.

35 *Die Silbenmaße des ähnlichen Verses*... *die Silbenmaße des gleichen Verses*: vgl. Nachwort, S. 279 ff.
38 *Da der Gottmensch*...: *Messias* XX, 100-103 (Verszählung nach der Ausgabe von Richard Hamel, *Klopstocks Werke*, Bd. 2, Berlin und Stuttgart 1883).
39 *Er betet*...: *Messias* XX, 249-252.
   Dann heiß ich's...: *Messias* XX, 289-292.
   Ertönet...: *Messias* XX, 471-474.
40 *Aussaat*...: *Messias* XX, 839-842.
   Zema...: *Messias* XX, 90-93.
   Labyrinth...: *Messias* XX, 65-68.

41 *Gott sei ...*: *Messias* XX, 120-123.
Ach zu ...: *Messias* XX, 171-174.
Wie die Freude ...: *Messias* XX, 187-190.

42 *Schwinge dich ...*: *Messias* XX, 604-607.
Donnr' es ...: *Messias* XX, 929-932.
O Aufgang ...: *Messias* XX, 1018-1021.

43 *O der Angst ...*: *Messias* XX, 225-228.
Meer, du ...: *Messias* XX, 210-213.
Posaunenrufen ...: *Messias* XX, 231-234.

44 *Selbstständiger ...*: *Messias* XX, 611-614.
Geh unter ...: *Messias* XX, 445-448.
Die Gott rächt ...: *Messias* XX, 713-716.
Sie sind's ...: *Messias* XX, 914-917.

45 *Liebe des Sohns ...*: *Messias* XX, 509-512.

46 *Fanget bebend ...*: *Messias* XX, 5-8.
Gott sei ...: *Messias* XX, 128-131.
Sie versinkt ...: *Messias* XX, 703-706.

47 *Wo erhöht ...*: *Messias* XX, 825-828.
Todt', erwacht: *Messias* XX, 845-848.
Ihr lieft nicht: *Messias* XX, 883-886.

48 *Gerichtsdonner ...*: *Messias* XX, 919-922.
Da ihr Gang ...: *Messias* XX, 974-977.
Wehklagen ...: *Messias* XX, 955-958.
Am Thron ...: *Messias* XX, 992-995.

49 *Begleit' Ihn ...*: *Messias* XX, 1074-1077.
Goldpalast ...: *Messias* XX, 901-904.
O sie kommen ...: *Messias* XX, 157-160.

50 *Ernst ist er ...*: *Messias* XX, 689-692.
Das Gewand weiß ...: *Messias* XX, 961-964.
ionische Versart: die einzige stichische Versart, die Klopstock einem *Messias*-Lied zugrunde gelegt hat (XX, 633-686). Zu Klopstocks stichischen Versarten vgl. Nachwort, S. 279f.

51 *O entfleuch ...*; *Und ruf dort ...*; *Der aufsteh ...*: Diese drei Verse entstammen nicht einem vorliegenden Werk Klopstocks, sondern sind offenbar eigens zum Zweck der Demonstration verfaßt.

53 *Tläton ... apäura*: Homer, *Ilias* 24, 49-50.

Erstdruck in *Fragmente über Sprache und Dichtkunst*, Hamburg 1779.

54 *anapästische Versart*: Diese Versart liegt Klopstocks Ode *Das Gehör* zugrunde.

Es erscholl ...; *Da lautheulend* ...; *Und er sang* ...; *Mit dem Wehn* ...: Beispielverse, die nicht, soweit ich sehe, aus anderen Werken übernommen, sondern ad hoc gebildet sind.

55 *Wenn der Morgen in dem Mai* ...: vollständiger Abdruck von Klopstocks Ode *Der Kamin.*

59 *Lyrische Silbenmaße*: Keines dieser Schemata hat Klopstock in einer seiner Oden verwendet. Die Beispielstrophen sind offenbar nur zu Demonstrationszwecken ›erfundene‹ Fragmente. Vgl. Hans-Heinrich Hellmuth, *Metrische Erfindung und metrische Theorie bei Klopstock*, München 1973, S. 68 f. (Auch bei der Kommentierung der Schriften *Vom gleichen Verse* und *Vom deutschen Hexameter* stütze ich mich wiederholt auf Hellmuths vorzügliche Studie.)

Vom deutschen Hexameter

Erstdruck in *Fragmente über Sprache und Dichtkunst*, Hamburg 1779.

60 *einige deutsche Dichter*: in erster Linie Klopstock selbst, aber auch E. v. Kleist, Uz, Ramler u. a.

61 *Einwendungen und Angriffe*: Klopstocks Text ist wesentlich eine Antwort auf die *Angriffe*, die G. A. Bürger gegen den Versuch hexametrischer Dichtung in deutscher Sprache vorgebracht hatte. Bürger war anläßlich seiner eigenen *Ilias*-Übersetzung in Jamben von Wieland und Goethe ermuntert worden, seine Gründe für den Jambus und gegen die Nachbildung des Hexameters darzulegen. Ein entsprechender Brief wurde 1776 unter dem Titel *An einen Freund über seine teutsche Ilias* in Wielands ›Teutschem Merkur‹ veröffentlicht. Klopstock mußte diesen Text als direkte Kampfansage verstehen. Obwohl er es grundsätzlich vermied, auf Kritiken zu replizieren, konnte er doch Bürgers Invektiven nicht mit

Schweigen übergehen, sondern schrieb seinen größten dichtungs-
theoretischen Text – wobei er auf seine langjährigen Studien zu
einer Fragment gebliebenen *Abhandlung vom Silbenmaße* zu-
rückgreifen konnte. *Die erste Hälfte der Schrift* (S. 126) setzt sich
Punkt für Punkt mit 13 durchnumerierten *Angriffen und Einwen-
dungen* auseinander. Zehn davon, in Klopstocks Verständnis die
Angriffe, stammen aus Bürgers genanntem Text, drei weitere
Einwendungen von J.A. Schlegel (Nr. 4), Ramler (Nr. 7) und
Haller (Nr. 10). Die zweite, ganz unverbunden neu einsetzende
Hälfte der Schrift (ab S. 126) formuliert dann positiv Klopstocks
allgemeine Theorie der *Wortbewegung*. Vgl. Hellmuth, a.a.O.,
S. 46-55.

63 »*Der Jambus . . . unsrer Sprache*«: Bürger, *An einen Freund über
seine teutsche Ilias* (1776), zit. nach: Gottfried August Bürger,
Sämtliche Werke, hg. von Günter und Hiltrud Häntzschel, Mün-
chen 1987, S. 650.
   »*Wenn Homer . . . gesungen*«: a.a.O., S. 652.
   »*Nichts als . . . empöret*«: a.a.O., S. 651.
   »*Man skandiere . . . heraus*«: a.a.O., S. 651.

64 »*Man kann sagen . . . bilden*«: a.a.O., S. 650f.

66 »*Der Verfasser . . . zu erweisen*«; »*Kürzen . . . zusammenstelle*«:
a.a.O., S. 656ff.

68 »*in welcher der Hexameter kaum unerfunden bleiben konnte*«:
a.a.O., S. 652.

69 »*Von den Sechzehnteln . . . krümmt*«: a.a.O., S. 648.

70 »*Man werfe seinen Blick . . . überhäuft sind*« sowie die folgenden
Zitate bis »*Aus dem allen . . . Sprache hat*«: Johann Adolf Schlegel,
Vom Reime, in: Charles Batteux, *Einschränkung der Schönen
Künste auf einen einzigen Grundsatz*, aus dem Französischen
übersetzt und mit verschiednen eignen damit verwandten Ab-
handlungen begleitet von Johann Adolf Schlegeln, Leipzig ³1770,
Zweyter Theil (Anhang), S. 531f.

72 »*Sehen Sie . . . antreffen*«: Bürger, a.a.O., S. 651.
   On thät . . . Walde: aus der altenglischen *Judith*-Dichtung, von ei-
nem unbekannten Autor ca. zwischen 850 und 925 geschrieben,
nach der Verszählung der Ausgabe von B.J. Timmer (Exeter
²1978) die Verse 204-206a. Hinter *Dagred* fehlt das Wort »sylf«;
die Verseinteilung entspricht nur im ersten Vers derjenigen des

Originals. Klopstock zitiert wahrscheinlich nach dem ihm bekannten Werk von George Hickes, *Thesaurus* I (Oxford 1705), *Grammatica Anglo-Saxonica*, S. 180.

Ich klage dir... Sunne: aus einem Minnelied des Herzogs Heinrich von Pressela (13. Jahrh.), auch abgedruckt in: *Minnesinger. Deutsche Liederdichter des 12., 13. und 14. Jahrhunderts*, hg. von Friedrich Heinrich von der Hagen, Leipzig 1838, Bd. 1, S. 10.

das Gedicht des Sachsen (er lebte zu den Zeiten Ludwigs des Frommen): die altsächsische *Heliand*-Dichtung (Heiland), eine Evangelien-Harmonie in Stabreimen von unbekanntem Verfasser, entstanden zwischen 822 und 840. Klopstock sah in ihr offenbar einen altgermanischen Vorläufer seines *Messias*. Laut lateinischer *Praefatio* ist die Anregung zu dem Werke von Ludwig dem Frommen ausgegangen. Klopstocks Datierung (*er lebte zu den Zeiten Ludwigs des Frommen*) beruht aber wohl nicht – oder nicht allein – auf einer Kenntnis dieser Vorrede (deren Echtheit im übrigen umstritten ist). Denn in einem Brief an Gleim vom 30. Juni 1769 (Back/Spindler VI, S. 241) schreibt er: »*Hickes* setzt ihn (den Dichter des *Heliand*) bald in Karls des Großen Zeiten, bald hält er ihn noch für älter [vgl. Hickes, *Thesaurus* I, *Grammatica Franco-Theotisca*, S. 106, d. Hg.]. Ich glaube sein Zeitalter in einer Stelle eines Geschichtsschreibers unter Ludwig dem Frommen gefunden zu haben. Dieser redet von einer poetischen Übersetzung der Bibel, die dieser Kaiser von einem sächsischen Dichter hätte machen lassen.« Durch den *Thesaurus* (1705) des englischen Philologen George Hickes auf die Londoner *Heliand*-Handschrift aufmerksam gemacht, regte Klopstock offenbar beim dänischen König Christian VII. eine Abschrift der Cottonianus genannten Handschrift an (in der heute verbreiteten kritischen Ausgabe figuriert eine andere, Monacensis genannte Handschrift als der zuverlässigere Text). Während der England-Reise des dänischen Königs 1768 schrieb einer seiner Begleiter, J. F. Temler, Teile aus dem Cottonianus ab. Klopstock berichtet in dem bereits genannten Brief: »Ich besitze schon etwas davon, das mir einer von des Königs Begleitern abgeschrieben hat (wenn Mylord *Morton* nicht eben darüber gestorben wäre, so hätte ich den *Codex*;) und ich hoffe bald eine ganze Abschrift zu besitzen. Der König läßt sie machen.« Daraus wurde offenbar nichts mehr; ebensowenig aus Klopstocks Plan, als erster den *Heliand* »mit einer fast ganz wörtlichen Übersetzung und mit kurzen aber bedeutenden Anmerkungen herauszugeben«, und zwar unter dem Titel »Die Geschichte des Erlösers« (a.a.O.). Die erste vollständige Edition des *Heliand* datiert aus dem Jahre 1830. Die Klopstock zugängliche Teil-Abschrift wurde 1787 in Rasmus Nyerups *Symbolae ad literaturam Teutonicam antiquiorem* in Kopenhagen veröffentlicht, sehr wahrscheinlich allerdings nur teilweise: denn Klopstocks *Heliand*-Zitate sind zum überwiegenden Teil nicht in Nyerups Abdruck der – nach Information der Klopstock-Arbeitsstelle Hamburg leider verlorenen – Temler-Abschrift enthalten, und es bleiben auch unter Berücksichtigung der in Hickes' *Thesaurus* abgedruckten Stellen einige Nachweis-Lücken.

»Er ist edel und so poetisch, als es die schöne Einfalt des Originals zuläßt«, schrieb Klopstock über den *Heliand* (a.a.O.), und weiter: »Es ist vornämlich viel alte Kernsprache darin und unter andern manches vielbedeutende poetische Wort, das wir armen Neulinge verloren haben; außerdem viel schönes lyrisches Sylbenmaß.« Klopstocks Verseinteilungen und metrische Schematisierungen stimmen weithin allerdings nicht mit dem im 19. Jahrhundert editorisch etablierten Text überein. In der Cottonianus-Handschrift ist das *Gedicht des Sachsen* in der Tat, wie Klopstock sagt, *wie Prose geschrieben.* So war es üblich in mittelalterlichen Abschriften – nicht aus Ignoranz, sondern um kostbares Pergament zu sparen. Auch deshalb das erhebliche Rätselraten der Nachwelt über die Metrik der ›altgermanischen‹ Sprachen. Die entscheidende Erkenntnis des Stabreims als formgebenden Prinzips geht erst auf das 19. Jahrhundert zurück, ebenso die klare Einsicht in den Aufbau der ›epischen‹ Langzeile aus An- und Abvers mit je zwei Ikten und Füllungsfreiheit zwischen den Ikten. Klopstock war durchaus auf der Höhe des zeitgenössischen Wissens und keineswegs nur von seinen eigenen metrischen Präokkupationen bestimmt, als er die *Heliand*-Verse im wesentlichen mit den Mitteln der griechisch-lateinischen Metrik interpretierte. Noch Hickes hatte das getan. Hickes unterschied »pseudorythmi«, die keinerlei quantitas der Silben beachteten, keine pedes bildeten und – so Hickes' Verständnis – das Fehlen von Metrum und Rhythmus gewissermaßen durch den (End-)Reim (teilweise auch durch feste Silbenzahl) ausglichen, von »rythmi« genannten Versen, die im Prinzip, wenn auch nicht immer mit der gleichen Strenge, wie griechische und lateinische Verse auf »quantitas syllabarum« und »pedes« beruhten. Zu letzteren zählte Hickes den *Cædmon* und die von Klopstock zitierten *Judith*- und *Heliand*-Dichtungen. In ihnen, so Hickes' Überzeugung, könne man wie im Pindar alle einfachen und vielleicht auch alle zusammengesetzten »pedes« finden – auch wenn Hickes gleichzeitig noch die Unkenntnis der altsächsischen quantitas und der metrica ratio der Verse beklagt. Hickes spricht geradezu von einem genus Pindaricum und glaubt insbesondere auch daktylische pedes zu sehen. Vgl. *Thesaurus* I, *Grammatica Anglo-Saxonica.*, S. 186f., 189 und *Grammatica Franco-Theotisca*, S. 101, 105.

Klopstocks metrische Schematisierungen bewegen sich erkennbar im Rahmen dieser Vorstellungen seines angesehenen Gewährsmanns Hickes, die natürlich seinen eigenen ›Interessen‹ entgegenkamen. Und in einem, für ihn dem entscheidenden Punkt war Klopstock sich ganz sicher: auch wenn man die Verse anders einteile als er, *in Rücksicht auf das Polymetrische des Dichters ändert das nichts*. Denn in der Tat sind die *Heliand*-Verse, aufgrund der Füllungsfreiheit der Abstände zwischen den Ikten (bei geregelter ›Füllung‹ der Langzeile mit vier Ikten), gewissermaßen polymetrisch – wenn man nämlich das Fehlen einer metrischen Regel für die ›kurzen‹ bzw. unbetonten Silben selbst wiederum als positiven metrischen Befund auslegt. Sobald man allerdings den Aufbau der Langzeile und den Stabreim mit all seinen Konsequenzen erkennt, sieht die Metrik des *Heliand* gleich viel geregelter und in ihrer Mannigfaltigkeit viel eingeschränkter aus als für Klopstock.

Die Zitate werden im folgenden nach der Verszählung in der kritischen Ausgabe von O. Behaghel (8. Auflage bearbeitet von Walther Mitzka, Tübingen 1965) nachgewiesen.

73 *Hwo ... Barnon*: 494b-496.

Thoh thi ... willia: 4675b-4677. Statt »fole« müßte es »folc« heißen, was aber nicht zum metrischen Schema paßt (also kein Druckfehler!). Zwischen »Fole« und »Geswican« ist das Wort »quathie«, zwischen »mid thi« und »Tholoian« die Wortfolge »at allon tharabon« ausgelassen.

Thuo quamun ... Whila: 3354a-3355.

Nec it ... wiht: 1746b-1748a.

74 *Fodda ina ... Barn*: 438-440a.

Thar werthet ... gifastnot: 3526b-3527a.

Fader usa ... Dadeom: 1600-1612. Als Hexameter können die
Verse 2, 5, 6, 11, 12 (nach Klopstocks Einteilung) gelesen werden.

75 *Ef hie ... wirdig*: 5105b-5108a.

Hier alosdi ... gifahat: sechs einzelne Verse, der Reihenfolge nach
248a-249a, 165b-166a, 418a-419b, 489b-490a, 3063b-3064a,
1159b-1160a.

Wie kann ... gewiß nicht: Bürger, a.a.O., S. 653.

76 *Demetrius rechnet*: *De elocutione* (Περὶ ἑρμηνείας) 117.

Numerus: in der lateinischen Rhetorik gebräuchlicher Terminus
für Prosarhythmus.

all' uk estin ... Aischinä: Demosthenes 18 (*Rede über den Kranz*),
208.

tosuton ... hypologisamenos: Demosthenes 18, 197.

77 *peri prooteioon*: Demosthenes 18, 66. So eindeutig diese Stelle auf-
grund des Wortlauts zu identifizieren ist, so schwer fällt es doch,
sie auf Klopstocks rhythmisches Schema auszulegen. Klopstock
hatte ganz offenbar nicht den korrekten Wortlaut der *bekannten
Stelle* im Kopf, deren Rhythmus er hier auswendig zitiert, ohne
sich ›auf die Rede besinnen‹ zu können.

79 *Mä nü ... theoio*: Ilias 1, 28.

Ei de ... Menelaos: Ilias 3, 284.

Zooma ... andres: Ilias 4, 187.

Alla ... Menelaos: Ilias 5, 55.

Ton ... äüda: Ilias 5, 217.

Too ... phoboio: Ilias 5, 272.

Daitron ... aiei: Ilias 4, 262.

Däun ... boeias: Ilias 12, 425.

80 *»Die deutschen Dichter... abmessen können«*: Karl Wilhelm
Ramler, *Zusätze* zu seiner Übersetzung von Charles Batteux, *Ein-
leitung in die schönen Wissenschaften*, Leipzig 1756, Bd. 1, S. 166.

81 *Dionys ... in einer kurzen Stelle auf Demosthenen*: Dionysios von
Halicarnassos, *De compositione verborum* (Περὶ συνθέσεως ὀνο-
μάτων) 18.

85 *Authis ... anaithäs*: Homer, *Odyssee* 11, 598.

91 *»Man komme ... Ohre zuwider«*: Diese Stelle aus einem nicht mit

Namen genannten griechischen *Theoristen* habe ich nicht finden können.

92 *Scribendi recte … fons*: Horaz, *Ars Poetica* 309.

Zeu pater idäden: Ilias 3, 276.

bei Simoniden: bezieht sich auf Simonides, Frag. 37 (nach der Zählung in T. Bergks Ausgabe *Poetae lyrici graeci*, Stuttgart 1882, Bd. 3); Klopstock kennt die Stelle sehr wahrscheinlich durch Dionysios, *De comp.* 26.

Jam, jam … aequis: Aeneis 4, 371-372.

At Venus … nimbos: Aeneis 8, 608.

Bromie … polemokelade: Fragment eines anonymen griechischen Autors nach Dionysios, *De comp.* 17 (Nr. 108 in der Sammlung der *Fragmenta Adespota* durch T. Bergk in seiner Edition *Poetae lyrici graeci*).

93 *Suave mari magno … suav' est*: Lucrez, *De rerum natura* II, 1-4.

95 »*Der Takt … zu verdanken*«: Bürger, a. a. O., S. 648.

96 »*Welche nordische Sprache … nachtanzte*«: Bürger, a. a. O., S. 648.

97f. »*Die deutsche Sprache … dröhnt*«: Bürger, a. a. O., S. 648.

100 *Wenn es, sagt er … anführen wollte*: Paraphrase zweier Stellen aus Dionysios, *De comp.* 16.

101f. »*Mir kam es … sehr schwer*«: Albrecht von Haller, Brief an Eberhard Freiherrn v. Gemmingen, März 1772, in: *Sammlung Kleiner Hallerischer Schriften*, Bern 1772, 3. Theil, S. 341.

103 *Retegiturque merito ea sciola*: Eine Stelle dieses Wortlauts ist mit den Mitteln alt- und mittellateinischer Wörterbücher nicht nachzuweisen; vielleicht handelt es sich um ein neulateinisches Zitat etwa aus einem humanistischen Autor.

Conrad Geßner: schweizerischer Polyhistor, Natur- und Sprachforscher (1516-1565), übertrug die lateinische Zeitmessung direkt auf die deutsche Sprache und kam angesichts der vielen ›Positionslängen‹ durch Doppelkonsonanz zu dem Ergebnis, daß kein deutscher Dichter die ›quantitas‹ beachte, sondern lauter schlechte Verse mit ausschließlich langen Silben geschrieben würden. In diesem Zusammenhang versuchte er sich selbst daran, die vermeintliche Abundanz langer Silben im Deutschen für einen rein spondeischen Hexameter zu nutzen – wobei er die Akzente souverän überging. Siehe seine Schrift *Mithridates*, Zürich 1555, 36 und 37. Vgl. auch Nachwort, S. 292 f.

Tönender sangen ... Klage: vermutlich ad hoc gebildeter Beispielvers.

Den Frühling ... bekränzet: J.P. Uz, *Der Frühling* (1741), in: *Sämtliche Poetische Werke von J.P. Uz*, hg. von A. Sauer, Stuttgart 1890, S. 13.

105 *Longin*: Zu Klopstocks Zeiten unterschied man noch nicht den heute für anonym geltenden, nur aus Gründen der Tradition noch (Pseudo-)Longin genannten Autor der Schrift Περὶ ὕψους (*Über das Erhabene*), der vermutlich im ersten Jahrhundert nach Christus gelebt hat, von dem Rhetor Cassios Longinos aus dem dritten nachchristlichen Jahrhundert. Klopstock zitiert daher aus Werken beider Autoren unter demselben Autorennamen.

»Der Rhythmus ... lang«: Cassius Longinus, ΤΑ ΣΩΖΟΜΕΝΑ (Fragments authentiques), éd. Louis Voucher, in: L. Voucher, *Etudes critiques sur le traité du sublime et sur les écrits de Longin*, Genève 1854, *Fragments littéraires* XII, 5 (S. 296).

109 *Dionys nennt ...*: De comp. 18.

»ein Baccheus ... ein Daktyl«: Dionysios, *De comp.* 18.

»Der Rhythmus ... will«: Cassius Longinus, *Fragments littéraires* XII, 5 (S. 296).

Longin unterscheidet ...: ebda.

110 *»Pros ist kurz ... sein muß«*: Cassius Longinus, *Fragments littéraires* XIII, 3 (S. 302); die zitierte Homer-Stelle: *Ilias* 9, 147 oder 289.

»Im Sprechen ... herauskömmt«: Dionysios, *De comp.* 11.

111 f. *»Ossian, Milton ... lag«*: Bürger, a. a. O., S. 653.

115 *In the beginning ... Sion Hill*: Paradise Lost I, 9-10.

Brought Death ... Woe: a. a. O. I, 3.

That Sheperd ... Seed: a. a. O. I, 8.

Above ... pursues: a. a. O. I, 15.

116 *Ossian*: Die vermeintlichen Werke des sagenhaften keltischen Dichters und Sängers Ossian, des Sohns König Fingals, auf die Klopstock sich hier bezieht, haben sich bekanntlich später als eine – unerhört erfolgreiche und literarisch wirkungsvolle – Mystifikation ihres vorgeblichen Herausgebers und Übersetzers (1762-63) James *Macpherson* herausgestellt.

117 *Aus Komala ... Aus Fingal ...*: Bei den hier abgedruckten Strophenschemata zu Stellen aus Ossians (Macphersons) *Komala* und

Fingal handelt es sich wahrscheinlich um eine fast schon phantastische Mystifikation. Macpherson selbst, so Klopstock, *hat (sie) mir geschickt.* Die Tatsache einer Korrespondenz mit Macpherson ist in der Tat mehrfach bezeugt; in einem Brief an Denis vom 22. Juli 1768 heißt es etwa: »*Macpherson* (mit dem ich korrespondiere) versteht entweder Ossians Quantität oder das Sylbenmaß überhaupt nicht genug« (nach: *Briefe von und an Klopstock*, hg. von J. M. Lappenberg, Braunschweig 1867, S. 211). Von dieser Korrespondenz ist allerdings nichts erhalten; teilweise war sie wohl auch nur mündlich vermittelt, nämlich durch Helferich Peter Sturz, als dieser 1768 den dänischen König nach London begleitete. Klopstocks brennendes Interesse war es, möglichst die Noten und Melodien zu den ›originalen‹ Ossian-Gesängen zu erhalten, von denen ihr ›Erfinder‹ Macpherson ja behauptet hatte, sie seien in den schottischen Hochlanden noch tradiert. Daraus wollte Klopstock dann Rückschlüsse auf die Metrik der gälischen Gesänge ziehen. Bis zu den Noten des Ossian ist er natürlich weder durch Macpherson noch durch Angelika Kauffmann, die er gleichfalls zu diesem Zweck bemühte, vorgestoßen. Immerhin hat Macpherson ihm aber offenbar metrische Schemata zu den (nicht-existenten) gälischen Originalen seiner englischen Prosafassungen von *Komala* und *Fingal* geschickt. Wenn es sich so verhält, dann sind die von Klopstock präsentierten *pindarischen* Strophenmaße von nicht-existenten Texten ein potenziertes Randprodukt von Macphersons mystifikatorischem Genie, und zwar eines, das vermutlich allein durch Klopstocks Schrift *Vom deutschen Hexameter* überliefert ist.

allein durch Hülfe des sechsten Gesangs von Temora: Als Probe der angeblichen gälischen Vorlage hatte Macpherson neben seinen fingierten nicht-versifizierten ›Übersetzungen‹ den 7. Gesang von *Temora* – nicht den 6., wie Klopstock schreibt – im versifizierten ›Original‹ publiziert.

»*Ich habe die Leute ... sie könnten's*«: Bürger, a. a. O., S. 655.

118 »*Prüfen Sie ... ausrechnen läßt*«: a. a. O., S. 653.

121 »*Daß diese ... davon gellen*«: a. a. O., S. 653 und 656.

»*welche die einzige ... gesungen hätte*«: a. a. O., S. 650 und 652.

125 »*Das Ohr ... das Ohr*«: Cassius Longinus, *Fragments littéraires* XII, 3 (a. a. O., S. 294).

129 »*daß viele sich folgende Längen keinen Rhythmus haben*«: Deme-
trius, *De eloc.* 42 (und 117).

 So sagt z. E. Dionys vom Daktyle: *De comp.* 17.

 Iliothen . . . pelassen: Odyssee 9, 39.

 Choriamb: − ⌣ ⌣ −.

 Anapäst: ⌣ ⌣ −.

 Päon: vgl. Erläuterung zu S. 143.

 Amphibrach: ⌣ − ⌣.

 Vossius: Gerardus Joannis (Gerhard Johannes) Vossius (1577-
1649), niederländischer ref. Theologe, Philologe und Historiker.

135 »*Daß nur der Geweihte . . . Thüre verschlossen werde*«: *De comp.*
25.

136 *Situ . . . bebrithasin*: Odyssee 15, 334.

141 *Wir können hierüber nichts ausmachen, ohne die Alten selbst zu
hören*: Mit diesem und den beiden folgenden Sätzen leitet Klop-
stock ein ausführliches Referat der *Meinungen der Alten* über
(Prosa-)Rhythmus und Silbenmaß ein, das erst auf S. 147 mit der
Formel *So weit aus den Alten* endet. Dabei zitiert und paraphra-
siert Klopstock – unter Einbeziehung der richtungweisenden Be-
merkungen in Aristoteles' *Rhetorik* – aus den bedeutendsten Lite-
rarästhetikern des ersten vor- und des ersten nachchristlichen
Jahrhunderts, die sich als erste (zumindest was die erhaltene Über-
lieferung betrifft) ausführlich und unter detaillierter Erörterung
von Beispielen mit dem Problem des Sprachrhythmus auseinan-
dergesetzt haben. Die von Klopstock gewählte Reihenfolge – Dio-
nysius, Demetrius, Cicero, Longin – entspricht nicht der Chrono-
logie der zitierten Werke (über die man allerdings zu Klopstocks
Zeiten auch noch andere Vorstellungen hatte als heute). Auch in-
nerhalb der einzelnen zitierten Werke hält Klopstock sich nicht an
die Abfolge des Textes, sondern stellt Zitat-Puzzles eigener Ord-
nung her.

142 *Auch in der Rede, sagt Dionys . . . Überredende)*: beide Absätze
aus drei verschiedenen Passagen von *De comp.* 11.

 Durch edle Füße . . . Schönheit des Ausdrucks: beide Absätze aus
zwei verschiedenen Passagen von *De comp.* 18.

 Wohl nur die . . . Dichter angehe: vgl. *De comp.* 25.

143 *Die sich hierum . . . schlechteren wählte*: aus *De comp.* 18.

 Nach Demetrius drücken zwei der Päonen Größe aus: nach *De eloc.* 39. *Ein* Päon *bzw. Paion besteht aus einer langen und drei kurzen Silben; je nach Plazierung der langen Silbe spricht man vom ersten* (− ‿ ‿ ‿), *zweiten, dritten und vierten* (‿ ‿ ‿ −) *Päon. Wenn man auch . . .* ‿ ‿ ‿ − − : *De eloc.* 41. Die von Theophrast angeführte Stelle – sie und Theophrasts Meinung dazu sind überhaupt nur durch die vorliegende Demetrius-Stelle überliefert – lautet im Wortlaut: τῶν μὲν περὶ τὰ μηδενὸς ἄξια φιλοσοφούντων. *Theophrast* aus Eresos auf Lesbos (371-287) war Schüler des Aristoteles und sein Nachfolger als Schulhaupt der Peripatetiker; unter seinen zahlreichen Werken war auch eine nur in Fragmenten überlieferte Schrift zur Rhetorik (Περὶ λέξεως), auf die offenbar auch Klopstocks Zitat des Demetrius-Zitats zurückgeht.

Wenn Plato . . . in den Worten liegt: De eloc. 184. Die Platon-Stellen stammen aus *Politeia* 411 a und 411 b; ihr Wortlaut ist: διατελεῖ τὸν βίον ὅλον, (bzw. in der Veränderung διατελεῖ ὅλον τὸν βίον) und ὥσπερ σίδηρον ἐμάλαξεν (bzw. in der Veränderung ἐμάλαξεν ὥσπερ σί δηρον).

Das Große . . . Zusammensetzung: De eloc. 40.

Wenn man die Prose . . . Thucydides vermeidet sie: De eloc. 181.

144 *Es ist unsrer Seele, sagt Cicero . . . Gedichte und Lied*: Cicero, De oratore III, 197.

Fragt man . . . ohne Regel bestimmen: Cicero, Orator 203.

Man setzt den Päon nach Aristotelen, Theophrasten, Theodekten und Ephoren . . . nimmt er sich zu sehr aus: beide Absätze aus Orator 218. Vgl. Aristoteles, Rhetorik 1409ª. Zu *Theophrast* siehe Anm. zu S. 143. Die von Klopstock zitierte Cicero-Stelle ist zugleich die einzige Quelle für das, was sie *Theodekten und Ephoren* nachsagt. *Theodectes* (375-334) war Schüler von Platon, Isokrates und Aristoteles – der ein Werk über Rhetorik nach ihm *Theodectes* nannte – und selbst Autor eines rhetorischen Handbuchs. *Ephoros* (ca. 405-330) verfaßte die erste griechisch geschriebene Universalgeschichte von der Rückkehr der Herakliden bis zur eigenen Zeit sowie u. a. eine Schrift περὶ λέξεως, die auch von Fragen des sprachlichen Rhythmus handelte. *Kretikus*: (− ‿ −).

Die Feldherrn brachten . . . Anapäst: vgl. Cicero, Tusc. II, 37. *Anapäst*: (‿ ‿ −).

Carbo schloß in einer Rede . . . aber nicht das Ohr: Orator 213-215. Den metrischen Formeln liegen die von Cicero überlieferten

Carbo-Worte »filii temeritas comprobavit« bzw. »comprobavit filii temeritas« zugrunde. C. Papirius *Carbo* Arvina war Volkstribun 90, Praetor ca. 83 v. Chr.

Wie die Athleten ... weder Feuer noch Kraft haben: Cicero, *Orator* 228-229. *Apalästische Kämpfer*: untrainierte Kämpfer.

145 *Und diese, die es nicht erreichen konnten ... der Numerus mit sich fortrisse*: Cicero, *Orator* 234. *Als wenn ein Trallian Demosthen wäre*: als ob Demosthenes ein Trallianus sei, d. h. aus Tralles stamme, einer Stadt in Karien unweit Ephesos, welche Heimatort einiger Redner war, deren geschmacklosen Stil der ältere Seneca (*Contr.* 10, 5, 21) tadelt.

Wenn die Teile des Großen, sagt Longin ... zur Erhabenheit bei: nach Pseudo-Longin, *Vom Erhabenen* 40, 1.

145 f. *Wir werden von Natur ... und erschlafft*: beide Absätze nach *Vom Erhabenen* 39, 1-4. Die dort zitierte Stelle aus Demosthenes' Kranzrede lautet (Dem. 18, 188): τοῦτο τὸ ψήφισμα τὸν τότε τῇ πόλει κίνδυνον παρελθεῖν ἐποίησεν ὥσπερ νέφος. – »Dieser Beschluß ließ die Gefahr, die über der Stadt hing, fortziehn wie ein Gewölk.« (Übers. Reinhard Brandt)

147 *(Durch daktylische Füße ... aber sie hat doch etwas Päonisches)*: Bei diesen beiden Absätzen handelt es sich nicht mehr um zitierende, sondern um kommentierende Präsentation *der Alten* – deshalb wohl die Einklammerung. Die Bemerkungen zu *Longin* am Anfang des ersten und vor allem des zweiten dieser beiden Absätze beziehen sich offenbar auf *Vom Erhabenen* 39, 4, wo Longin sich ›besonders bei dem Fuß (– – ◡ ◡) aufhält‹ (die entsprechenden Demosthenes-Worte sind ὥσπερ νέφος) und von daktylischem Rhythmus spricht. Das abschließende Demetrius-Zitat (*Wenn wir auch ... etwas Päonisches*) aus *De eloc.* 41.

148 *Fischart*: Johann Fischart (1546-1590), Satiriker und Publizist, der sich um die Erneuerung der deutschen Prosasprache verdient machte.

149 f. *Aber da rollte der Donner ...; Da die Lüfte des Lenzes ...; Und der Donner schlug ein ...; Da Waldströme ...; O Wehklagen ...*: eigene Klopstocksche Beispielverse.

153 *Aristides sagt, »daß die kurzen ... zweizeitig seien«*: Aristides Quintilianus, *De musica* (περὶ μουσικῆς) I, 21.

»Weil hier kein Mitlaut ist ... von seiner Dauer«: ebenda.

»*Der Abstand ... die Länge*«: ebenda.

154 *So oft Dionys prosaische Stellen in künstliche Füße teilt ...*: vgl. etwa die Demosthenes-Analyse in *De comp.* 18.

155 *Lege de ... melea*: nach Dionysios, *De comp.* 17 (= *Fragmenta Adespota* 12).

Darstellung und Abhandlung und Zur Poetik

Auszüge aus *Die deutsche Gelehrtenrepublik*. Erstdruck: Hamburg 1774.

164 *Haben sich denn die Grazien jemals geschämt, der Venus den Gürtel anzulegen?*: der Mythologie zufolge rührt Venus' zaubergleiche Liebeskraft von einem Gürtel her, den sie bei Gelegenheit auch auslieh, damit etwa Hera Zeus verführen und täuschen konnte (*Ilias* 14, 214 ff.).

Von der Darstellung

Erstdruck in *Fragmenten über Sprache und Dichtkunst*, Hamburg 1779.

172 *daß die Geliebte aufhört, marmorn zu sein, und lebendig wird*: Anspielung auf das Mythologem von Pygmalion, der sich in eine selbstgefertigte Statue verliebte, die ihm Aphrodite auf seine Bitten belebte. Vgl. auch Klopstocks Epigramm *Beschreibung und Darstellung*:

In der Dichtkunst gleicht Beschreibung der Schönheit
                        Pygmalions Bilde,
Da es nur noch Marmor war;
Darstellung der Schönheit gleicht dem verwandelten Bilde,
Da es lebend herab von den hohen Stufen stieg.

Erstdruck in *Fragmenten über Sprache und Dichtkunst*, Hamburg 1779.

174 *Wortändrung*: Deklination und Konjugation.
177 *»Ihn von der feindlichen Mauer... fortreißt«*: Horaz, *Oden* III, 2.
    »Er stieg ... Bogens«: *Ilias* 1, 43-49.
178 *Numerus*: siehe Anm. zu S. 76.

Gedanken über die Natur der Poesie

Erstdruck im *Nordischen Aufseher*, 2. Bd., 105. Stück vom 21.9.1759.

181 *Batteux hat nach Aristoteles* ...: Charles Batteux (1713-1780), zu Klopstocks Zeit prominenter französischer Dichtungstheoretiker, vertrat unter Berufung auf Aristoteles' Mimesis-Lehre eine Variante der von Klopstock kritisierten Nachahmungstheorie. Seine Hauptwerke wurden von Klopstocks Zeitgenossen und ›Dichterkollegen‹ Ramler und J. E. Schlegel ins Deutsche übertragen.
    »Wenn du willst ... gewesen sein«: Horaz, *Ars Poetica* 102-103: »si vis me flere, dolendum est/ primum ipsi tibi«.
182 *Man sagt, daß die Epopee*: Dichtungstheoretiker von der Renaissance bis zu Klopstock sprachen dem Epos den ersten Rang unter den Gattungen zu; entsprechend wurde die Schaffung eines großen nationalen Epos als die vornehmste dichterische Aufgabe angesehen. Von daher auch Klopstocks äußerst ehrgeizige Motivation, den *Messias* zu schreiben.
183 *Henriade*: Epos in gereimten Alexandrinern auf das Leben Heinrichs IV. von Voltaire; erschien zuerst 1723 unter dem Titel *La Ligue ou Henri le Grand*; seit der Neufassung London 1728 trägt es den heute gebräuchlichen Titel *La Henriade*.
184 f. *Das* Esse videatur *des Cicero*: eine von Cicero häufig verwendete prädikative Formel (esse videtur, ut ... esse videatur u. ä.; »zu sein scheint«). Vgl. Tacitus' Bemerkung in *Dial.* 23, 1: »Nolo irridere [...] illud tertio quoque sensu in omnibus orationibus pro

sententia positum *esse videatur*«. – »Ich will nicht über das in allen seinen (Ciceros) Reden in jedem dritten Satz an Stelle einer geistreichen Wendung gebrachte *esse videatur* spotten« (Übers. Hans Volkmer).

Von der heiligen Poesie

Erstdruck als Vorrede zum 1. Band des *Messias*, Kopenhagen 1755.

191 *Youngs Nächte*: *The Complaint, or Night Toughts on Life, Death and Immortality* (London 1742-45), episches Gedicht von Edward Young (1683-1765), eines der einflußreichsten Werke des 18. Jahrhunderts (Stichworte: Melancholie, ›Empfindsamkeit‹), zu Klopstocks Lebzeiten mehrfach ins Deutsche übersetzt.

198 *»Die Gräber taten sich auf . . . erschienen vielen«*: Matthäus 27, 52-53.

199 *Glover*: siehe Anm. zu S. 17.

Von dem Range der schönen Künste und der schönen Wissenschaften

Erstdruck im *Nordischen Aufseher*, 1. Bd., 43. Stück vom 7.9.1758.

202 *Tempel des Geschmacks*: vermutlich eine Anspielung auf Voltaires Gedicht *Le Temple du Goût* (1733; deutsch 1750).

208 *Young*: vgl. Anm. zu S. 191.

213 *»Ich habe ein Denkmal vollendet . . . zerstört werden«*: Horaz, Ode III, 30.

trepidantia haurit . . . cupido: Vergil, *Aeneis* 6, 822-823.

Eine Beurteilung der Winckelmannischen Gedanken
über die Nachahmung der griechischen Werke
in den schönen Künsten

Erstdruck im *Nordischen Aufseher*, 3. Bd., 150. Stück vom 10. 5. 1760.

216 *Gedanken über* ...: Winckelmanns Schrift dieses Titels ist zuerst
1755 in Friedrichstadt erschienen; Klopstock zitiert offenbar nach
der zweiten Ausgabe Dresden und Leipzig 1758, in der an einer
von Klopstock zitierten Stelle *Parrhasius* statt *Aristides* (siehe
oben, S. 220) steht. Die im folgenden gegebenen Nachweise bezie-
hen sich auf die historisch-kritische Edition von Winckelmanns
*Gedancken über die Nachahmung der Griechischen Wercke in der
Mahlerey und Bildhauer-Kunst* in: J. J. Winckelmann, *Kleine
Schriften. Vorreden. Entwürfe*, hg. von Walter Rehm, Berlin
1968, S. 27-59.
»*Der einzige Weg* ... *Nachahmung der Alten*«: a. a. O., S. 29.

217 »*Die Kenner* ... *mehr als Natur*«: a. a. O., S. 30.
»*Das allgemeine* ... *im Ausdrucke*«: a. a. O., S. 43.
»*Alle Handlungen* ... *nannten*«: ebda.

218 *Parenthyrsos*: Nach Pseudo-Longin, *Vom Erhabenen* 3, 5 be-
nannte Theodor mit diesem Begriff das verfehlte Pathos, die fal-
sche Begeisterung.
»*Die Geschichte der Heiligen* ... *der neuern Maler*«: a. a. O., S. 55.
»*Hierauf wird vorgeschlagen* ... *geschehen ist*«: a. a. O., S. 55 ff.

220 »*Parrhasius hat* ... *möglich*«: a. a. O., S. 55. *Parrhasius*: griech.
Maler des 5. Jh. v. Chr., in der antiken Kunstliteratur einer der
höchstgeschätzten.
»*daß Rubens* ... *gewagt hat*«: a. a. O., S. 56.
Delphinum silvis appingunt: Horaz, *Ars poetica* 29-30: »qui va-
riare cupit rem prodigialiter unam,/ delphinum silvis adpingit«. –
»Wer ein einzelnes Thema verschwenderisch auszugestalten be-
gehrt, malt einen Delphin in die Wälder« (Übers. Bernhard Kytz-
ler).
»*Der Künstler* ... *gebildet werden*«: Winckelmann, *Gedanken* ...,
S. 57.

222 »*daß der Geschmack* ... *erhalten könnte*«: a. a. O., S. 57.

Winfried Menninghaus
Klopstocks Poetik der schnellen »Bewegung«

Jede Lektüre Klopstocks ist auch eine Lektüre seiner ›Unlesbarkeit‹ – nicht erst heute, sondern seit es Klopstock-Rezeption gibt. Anziehungs- und Abstoßungskraft Klopstocks verteilten sich schon vor mehr als 200 Jahren nicht nur auf die streitfreudigen Lager der Verehrer und der Gegner Klopstocks. Ihre Demarkationslinie verlief und verläuft vielmehr auch durch das Feld seiner positiven Aufnahme hindurch. Der Dichter, der auf so vielen Gebieten Extremes suchte und versuchte, fand selbst im günstigsten Fall nur Leser, die eine euphorische Hochschätzung bestimmter Teile seiner Produktion mit ebenso klarer Ablehnung anderer verbanden. Wer den hohen Ton der ›Empfindsamkeit‹ verehrte, konnte sich trotzdem durch die anstrengenden Geister-, Engels- und Teufelsepiphanien enerviert fühlen. Wer die Aspiration Klopstocks auf eine dichterische Religion begrüßte, konnte die Form ihrer Darstellung doch gekünstelt und abwegig finden. Umgekehrt wurden die formalen Innovationen gefeiert und gleichzeitig die Inhalte, der thematische Raum und ideologische ›Überbau‹, mit ironischer Distanz bedacht oder der Odendichter gegen den *Messias*-Dichter ausgespielt. Andere Leser, zuletzt Arno Schmidt, glaubten Klopstock schließlich nur unter Distanzierung von seiner gesamten Dichtung für die Nachwelt retten zu können: nämlich als Sprachtheoretiker und -wissenschaftler, als Autor der *Grammatischen Gespräche* sowie korrespondierender Passagen der *Gelehrtenrepublik*.

Klopstock lesen heißt also seit je: ihn mit ihm gegen ihn lesen. Das soll auch in der folgenden Interpretation geschehen. Aber doch mit dem Anspruch auf eine theoretisch veränderte Qualität der selektiven Schnitte: es wird nicht aufgrund von außen herangetragener Kriterien dieses hochgehalten und jenes ausgeblendet, vielmehr werden nur solche Schnitte markiert und kritisch vertieft, die Klopstock selbst seinem Werk eingebildet hat. Das Ausspielen Klopstocks gegen ihn selbst nicht (nur) als rettendes Eingreifen von außen, sondern als Tendenz, ja Geschehen in seinem Werk selbst – das ist eine Grundfigur der folgenden Argumentation. Ihr Gravitationszentrum ist der Begriff der »Bewegung«. Klopstock hat ihn für fast alle Schichten und Provinzen seines Werkes ausdrücklich formuliert, und zu Recht ist er auch seit langem ein Leitbegriff der wissenschaftlichen Beschäftigung mit ihm.[1]

Der Lehrling der Griechen – Nachahmung der antiken Vers- und Strophenformen

Mit der ersten überlieferten Ode, *Der Lehrling der Griechen* von 1747, ist fast der ›ganze‹ Klopstock, seine Intention auf die Sprache wie auch das Spektrum ihrer technischen Verfahrensweisen, schlagartig präsent (zitiert wird hier nach dem Erstdruck in der *Oden*-Ausgabe, Hamburg 1771):

Der Lehrling der Griechen

— ∪ — ∪ ∪ —, — ∪ ∪ — ∪ —,
— ∪ ∪
— ∪ — ∪ ∪ — ∪ —.
— ∪ ∪

Wen des Genius Blick, als er gebohren ward,
    Mit einweihendem Lächeln sah,
Wen, als Knaben, ihr einst Smintheus Anakreons
    Fabelhafte Gespielinnen,
Dichtrische Tauben umflogt, und sein mäonisch Ohr
    Vor dem Lärme der Scholien
Sanft zugirrtet und ihm, daß er das Alterthum
    Ihrer faltigen Stirn nicht säh,
Eure Fittige lieht, und ihn umschattetet,
    Den ruft, stolz auf den Lorberkranz,
Welcher vom Fluche des Volks welkt, der Eroberer
    In das eiserne Feld umsonst,
Wo kein mütterlich Ach bänger beym Scheidekuß,
    Und aus blutender Brust geseufzt,
Ihren sterbenden Sohn dir, unerbittlicher
    Hundertarmiger Tod, entreißt!
Wenn das Schicksal ihn ja Königen zugesellt,
    Umgewöhnt zu dem Waffenklang,
Sieht er, von richtendem Ernst schauernd, die Leichname
    Stumm und seelenlos ausgestreckt,
Segnet dem fliehenden Geist in die Gefilde nach,
    Wo kein tödtender Held mehr siegt.
Ihn läßt gütiges Lob, oder Unsterblichkeit
    Deß, der Ehre vergeudet, kalt!
Kalt der wartende Thor, welcher bewundernsvoll
    Ihn großäugigten Freunden zeigt,
Und der lächelnde Blick einer nur schönen Frau,
    Der zu dunkel die Singer ist.
Thränen nach besserem Ruhm werden Unsterblichen,
    Jenen alten Unsterblichen,

Deren daurender Werth, wachsenden Strömen gleich,
        Jedes lange Jahrhundert füllt,
Ihn gesellen, und ihn jenen Belohnungen,
        Die der Stolze nur träumte, weihn!
Ihm ist, wenn ihm das Glück, was es so selten that,
        Eine denkende Freundin giebt,
Jede Zähre von ihr, die ihr sein Werk entlockt,
        Künftiger Zähren Verkünderin!

Wer sich einen geraden Weg durch die syntaktischen Hindernisse dieser asklepiadeischen Ode hindurchbahnt, kann sie auf eine Formel bringen, die ebenso einfach und altvertraut ist wie der Weg zu ihr schwierig und neu: Offenkundig besingt Klopstock das Glück des von seinem Genius geleiteten Dichters, der den kriegerischen Händeln der Welt fernbleibt und friedlicheren wie dauerhafteren Ruhm erwirbt als der Held der Waffen. In dieser Formel wären alle Sprödigkeiten und Widerstände der Dichtung glücklich beseitigt, das Unvertraute aufs Vertraute reduziert – und damit zugleich alles das, wodurch das Gedicht eine Klopstocksche Ode ist. Denn nicht die semantischen Summen (bzw. ihr Schein), sondern die Widerstände gegen sie und die Ablenkung von ihnen sind das Feld von Klopstocks Kunst. Er, der lange vor Valéry eine Ästhetik des zu überwindenden Widerstands formuliert hat, setzt den Akzent nicht auf die finale Überwindung, sondern auf den Widerstand, der trotz aller Arbeit der Überwindung Widerstand bleibt und als solcher den Leser in eine irritierende Bewegung der sprachlichen Raum- und Zeitgliederung verwickelt.

Diese Bewegung bannt die Aufmerksamkeit auf das, was Klopstock die »Darstellung« nennt. Zwar suggeriert Klopstock unbestreitbar so etwas wie Tiefe und Originalität der Bedeutung (und glaubt sie vielleicht auch tatsächlich zu geben), aber bei nüchterner Betrachtung löst er diese Suggestion fast nirgends ein – und seine Kunst triumphiert gerade angesichts der Nicht-Einlösung ihrer eigenen Suggestion. Lessing hat dieses Grundphänomen aller Klopstock-Lektüre wunderbar trocken und gültig artikuliert. Klopstocks »prächtige Tiraden«[1] gefallen Lessing nicht wegen der in ihnen enthaltenen Empfindungen und Gedanken, sondern eher trotz ihrer, oder zumindest: wegen einer Schönheit der Darstellung, die beide transzendiert. Was die Empfindungen angeht, bemerkt Lessing lakonisch, Klopstocks Gedichte seien »so voller Empfindung, daß man oft gar nichts dabei empfindet«.[2] Und auch der gedankliche Gewinn der Klopstock-Lektüre scheint ihm eher in umgekehrter Proportionalität zur Prätention des scheinbar auf Tiefsinn abonnierten Dichters zu stehen. Was, so fragt sich Lessing, lerne ich eigentlich aus Klopstocks langer Hymne auf *Die Allgegenwart Gottes*? So gut wie nichts, findet er, und folgert daraus, daß die Hochschätzung Klopstocks andere Gründe haben muß:

Wenn ich Ihnen sagen sollte, was ich denn nun aus dem folgenden von der Allgegenwart Gottes mehr gelernt, als ich vorher nicht gewußt; welche von meinen dahin gehörigen Begriffen der Dichter mir mehr aufgeklärt; in welcher Überzeugung er mich mehr bestärket: so weiß ich freilich nichts darauf zu antworten. Eigentlich ist das auch des Dichters Werk nicht. Genug, daß mich eine schöne, prächtige *Tirade* über die andere angenehm unterhalten hat; genug, daß ich mir, während dem Lesen, seine Begeisterung mit ihm zu teilen, geschienen habe: muß uns denn alles etwas zu *denken* geben?[3]

Lessings Disjunktion der prächtigen Tiraden und ihres gedanklichen Substrats gibt sich, nicht ohne eine Portion liebenswürdig auftretender Bosheit, als eine Art Rettung Klopstocks gegen ihn selbst. Ihr theoretischer Kern braucht aber gar nicht hinter dem Rücken Klopstocks eingeschmuggelt zu werden, er ist vielmehr in Klopstocks ästhetischen

Schriften selbst weit reflektierter enthalten. Doch zunächst zu den Verfahren der Klopstockschen Periodenbildung, die sich als Weg, Umweg und Widerstand von dem verabsolutieren, auf das sie zu führen scheinen, anhand der zitierten Ode *Der Lehrling der Griechen*.

Der Einsatz mit »Wen des Genius Blick [...] sah« bringt gleich fünf der von Klopstock favorisierten Darstellungscoups ins Spiel. Zunächst realisiert er die Horaz nachgerühmte und von Klopstock für die Odenform ausdrücklich geforderte Kürze und Direktheit, mit der der Raum des Sprechens eröffnet wird: keine Vorbereitung, sondern schnelles und plötzliches Dasein des Hauptvorwurfs oder des Adressaten der Ode. Zweitens gehorcht der Wem-Einsatz dem, was Klopstock selbst den »Grundsatz« der »Erwartung« genannt hat (179), darin das rezeptionsästhetische Theorem der enttäuschten Erwartung vorwegnehmend. Klopstock hat dieses »etwas erwarten lassen« (178) ganz direkt auf Syntax und Wortfolge bezogen: so läßt das pronominale »wen« offenkundig die Explikation eines Nomens bzw. eines nominalen Ausdrucks erwarten, und je länger Klopstock diese Erwartung enttäuscht, je länger er ihre Einlösung unerfüllt läßt – während in seinem Horazischen Vorbild *Quem tu, Melpomene* das »illum« ohne jeden Aufschub gesetzt wird –, desto deutlicher wird, daß es weniger um eine verzögerte Teleologie und Auflösung der syntaktischen Spannung als gerade um ihre An-, ja Überspannung geht, um eine Steigerung der Aktivität des Lesers durch eine verfremdende Syntagmatik.

Diese schon mit dem ersten Wort (bzw. seinem syntagmatischen Fortleben) gesetzte grammatische Bogenspannung hat drittens mit einer in dem Gedicht mehrfach begegnenden Brechung der herkömmlichen Logik von Nomen und Pronomen sowie von Nomen und Attribut zu tun. Besonders bedeutungstragende Nomina führt Klopstock oft nicht als quasi vorhandene verbale Entitäten ein, deren *nachträgliches* Substitut dann ein Pronomen und deren *zusätzliche* Spezifikation ein attributiver Ausdruck wäre. Er geht den Weg vielmehr umgekehrt: Nachtrag und Zusatz sind früher als das eigentliche Nomen; dieses wird erst im Vollzug der grammatischen Bewegung geschaffen[4] – wenn man so will, ein syntaktisches Analogon zu der Erschütterung der Logik des Anheftens nachträglicher Prädikate an vorausgesetzte Urteilssubjekte in Hegels Theorie des spekulativen Satzes. Im Falle des Gedichtsubjekts und zugleich grammatischen Objekts des Langsatzes, eben des Dichters als Lehrlings der Griechen, gelingt es Klopstock sogar, ganz auf die Nennung eines Nomens zu verzichten, es ganz als Funktion einer von zwei Pronomina (wen – den) inszenierten Satzbewegung zu konstruieren. An anderen Stellen erscheint das erwartbare Nomen zumindest in der Position des Nachtrags: so in den Versen 3-5, wo das nominale Satzsubjekt »dichtrische Tauben« als Postscriptum der pronominalen Anrufung »ihr« und der attributiven Erläuterung »Smintheus Anakreons fabelhafte Gespielinnen« auftritt; so ebenfalls in den Versen 10 und 11, wo »der Eroberer« als nominales Satzsubjekt erst nach dem attributiven Ausdruck »stolz auf den Lorberkranz« und dem quasi *pro*lativen Relativsatz »Welcher vom Fluche des Volkes welkt« gesetzt wird; und so auch in der Sequenz »dir, unerbittlicher/Hundertarmiger Tod«, wo die persönliche Anrede erneut weniger als Grund denn als Folge der Klopstockschen Technik der Inversion von Nomen und Substitut bzw. Subjekt und Attribut anzusehen ist.

Der Wen-Einsatz bringt viertens – zumindest andeutungsweise – jene grammatische Mehrdeutigkeit ins Spiel, die Klopstock von Gottsched und den Gottschedianern als

Unverständlichkeit und Dunkelheit der Perioden vorgehalten wurde. Das Fortleben des Indefinitpronomens »Wen« in seinen anaphorischen Parallelsätzen erschüttert seine grammatische Funktion im Kern und wirkt unerhört irritierend auf den Anfang zurück. Der dritte und vierte Anlauf auf das »den« zu werden nämlich nicht wiederum mit »wen« markiert, sondern mit »ihm« bzw. »ihn«. Eine extrem ungewöhnliche Substitution des Indefinit- durch das Personalpronomen bei gleichzeitiger Ellipse des Satzsubjekts: der Satz »und ihm [...] Eure Fittige lieht« würde nach Maßgabe ›normaler‹ Grammatik ja lauten »und *wem ihr* Eure Fittige lieht«; ähnlich wäre das »ihn« in Vers 9 in »wen ihr« aufzulösen. Diese Korrosion des vierfachen grammatischen Parallelismus von seinen letzten beiden Gliedern her teilt sich rückwirkend auch den beiden ersten mit und gibt der ganzen Konstruktion einen ›Kick‹ ins Uneindeutige. Eine kleine Dosis wechselseitiger Verwirrung produziert Klopstock schließlich auch durch den anschließenden Einsatz mit »wenn«, das aufgrund der phonetischen Fast-Identität bei paralleler grammatischer Position eine Art Mischung mit dem »wen« eingeht.

Und damit ist zugleich ein fünfter ›Klopstockianismus‹ des Auftakts angesprochen. Denn der »Wen«-Satz zumindest dieses Gedichts teilt in der Tat das entscheidende Merkmal der häufigen und so charakteristischen »Wenn«-Perioden Klopstocks: die Versetzung in den Modus der Möglichkeit. So sehr man den Text auf Klopstock selbst beziehen kann – grammatisch gesehen, wird kein wirklicher, sondern ein möglicher Dichter besungen, der unter bestimmten Voraussetzungen Ruhm erlangen und glücklich werden *kann*. Die Hauptsätze des Gedichts stehen dem Sinn nach alle im Futur, wenn auch nur einmal im grammatischen (Vers 30) und ein anderes Mal unter Verwendung

des Adjektivs »künftig« – und die Nebensätze mit »wen«
und »wenn« geben die Konditionen für die Realisierung
dieses Futurs an.

Diese Poesie des Möglichen hängt direkt zusammen mit
der Poetik des Möglichen, die Klopstocks Zürcher Ge-
währsmann, Johann Jacob Breitinger, 1740 in seiner *Criti-
schen Dichtkunst* formuliert hatte. Breitinger gelingt darin
das Kunststück, die Herrschaft des Nachahmungsbegriffs
gründlich zu erschüttern, ohne ihn doch aufzugeben. Dafür
prägt er die Formel von der Nachahmung »einer andern
möglichen Welt«.[5] Schon Aristoteles hatte der Möglichkeit
und sogar der Unwahrscheinlichkeit einigen Raum inner-
halb der Nachahmungspoetik zugestanden, sie aber doch
letztlich auf die Erfindung des Handlungsverlaufs be-
schränkt, der nicht in jeder Hinsicht ein wirkliches Vorbild
haben müsse; die ›Dinge‹ selbst als die Elemente der Kom-
bination standen dagegen unter dem Diktat eines engeren
Nachahmungsbegriffs. Breitinger nun weitet den Möglich-
keitsbegriff deutlich aus. Er propagiert eine Legitimation
der schöpferischen Einbildungskraft und der »Phantasie«,
»neue Begriffe und Vorstellungen [zu] formieren, deren
Originale nicht in der gegenwärtigen Welt der würcklichen
Dinge [...] zu suchen sind«.[6] Derartige Lizenzen führten
auf der gegenständlichen Ebene von Klopstocks Dichtung
zu heftig umstrittenen Phänomenen: Klopstock gebraucht
reichlich die Lizenz zu Teufels- und Engelsepiphanien, und
auch im *Lehrling der Griechen* spielt er auf seine Vorliebe
für unmögliche Möglichkeiten an, indem er die englische
Dichterin Elisabeth Singer (1674-1738) erwähnt, die er für
ihre *Briefe Verstorbener an Lebende* verehrte. (Kraft ihrer
Radikalität wandelt die Klopstocksche Invention des Mög-
lichen permanent an der Grenze zur Versetzung in den Mo-
dus der Unmöglichkeit: die antike Figur des Adynaton, die

Klopstock auch direkt als rhetorische vertraut war, bringt diese Invention eher auf den Begriff als der positive Potentialis.)

Die grammatischen Konsequenzen der Poetik des Möglichen sind weit Klopstock-typischer als ihre gegenständlichen: der Konditionalsatz und das Futur als die direktesten Paradigmen sprachlicher Möglichkeitsanzeige werden zu Regenten der Poesie. Und das ist nun ein Modell für viele Klopstocksche Eigentümlichkeiten: theoretische Erwägungen werden frappierend direkt in praktische Techniken umgesetzt und umgekehrt – so nicht nur in der Grammatik, sondern auch in der Metrik. Die dichterischen Verfahren, die sich daraus ergeben, sind trotz ihres Radikalismus oft denkbar einfach, wenn nicht kurzschlüssig; ihre Schwierigkeit und Eigenwilligkeit bestehen ebenso sehr in ihrer oft übergroßen Unvermitteltheit (einer Art misplaced concreteness), wie sie auf der anderen Seite aus der extrem reflektierten Mittelbarkeit des Durchgangs durch die alten Dichter resultieren. Die vielleicht bekannteste Ode Klopstocks (*An Fanny*, 1748) ist zugleich das reinste Schulbeispiel seiner Reinterpretation poetologischer Kategorien als unmittelbar grammatischer:

> Wenn einst ich todt bin, wenn mein Gebein zu Staub
> Ist eingesunken, wenn du, mein Auge, nun
> Lang' über meines Lebens Schicksal,
> Brechend im Tode, nun ausgeweint hast,

Klopstocks Intention auf Vergegenwärtigung des Möglichen führt hier zu einem grammatisch sehr ungewöhnlichen Kurzschluß. Nicht nur, daß aus der Perspektive des eigenen Todes im Konditionalis sowie im Hauptsatz im Futur gesprochen wird – womit der Präferenz für das Mögliche Genüge getan wird. Zugleich wird auch der Anspruch dieses

Möglichen auf Dasein unmittelbar grammatisch realisiert: in dem gleich zweifachen »nun«, das in seiner widersprüchlichen Kombination mit dem »wenn« die Möglichkeit geradezu mit grammatischer Gewalt, mit grammatischem Handstreich in die Gegenwart, ins Präsens des Jetzt hinüberzwingt und insofern ganz buchstäblich ›vergegenwärtigt‹ – aber doch immer mit dem Virtualisierungsvorzeichen, daß Gegenwart hier gerade *nicht* Gegenwart ist. Klopstock ist also nicht nur der Dichter des Möglichen, der sich selbst und die Freunde in den Stand von Toten versetzt, mit Vorliebe *Die künftige Geliebte* statt die gegenwärtige oder die vergangene besingt und auch etwas so Unmittelbares wie Tränen – so am Schluß von *Der Lehrling der Griechen* – als futurisch simuliert; er bringt zugleich und vor allem Phantasie- und Möglichkeitsformen der Sprache selbst hervor.[7] Unmöglichkeitsformen, wie die Gottschedianer befanden, deren Kritik übrigens weniger auf die möglichen Gegenstände Klopstocks als auf seine verwirrende Sprache des Möglichen zielte und etwa auf die Formel gebracht werden kann, Klopstock sei der Dichter möglicher Gefühle und Gedanken in einer unmöglichen Sprache.

Nach diesem ausufernden Kommentar des Einsatzes von Klopstocks Ode nun rascher einige Bemerkungen zu den folgenden Versen. Dabei ist immer zu berücksichtigen, daß Klopstocks Gedichte deklamiert werden wollen, in gehobenem Ton und mit einigem Pathos deklamiert, unter Hervorhebung und nicht unter Mäßigung der metrischen Schemata, deren Zäsuren oft in planvollem Kontrast zu Syntax und Semantik stehen. Der Zuhörer einer solchen Deklamation hat nicht die Möglichkeit lesenden Vor- und Zurückschaltens, um sich zu vergewissern; er ist vielmehr einem unumkehrbaren Zeichenstrom ausgesetzt, der alle Irritationen der Grammatik, auch die kleinsten, anschwellen läßt statt sie aufzulösen, eine durch die andere steigert, statt den Kontext als Versöhnungsmittel wirken zu lassen. Etliche Details brechen den semantischen Transport in seinem Vollzug, lenken ihn in sich von sich ab – und damit von einer Intention auf die Sprache, deren Dominanz Klopstock allenfalls für ihren prosaischen Alltagsstand gelten lassen wollte (an den die poetische Sprache angepaßt zu haben er den aufklärerischen Dichtern vorwarf). Da ist zunächst die Polyvalenz des »er«, das sich grammatisch sowohl auf »Wen« wie auch auf »Genius« (theoretisch auch auf »Blick«) beziehen kann. Da ist die metrische Verfremdung von »eínweihendem« zu »einwéihendem«. Da ist weiter die Serie pronominaler und nominaler Ausdrücke, die in Verbindung mit der metrischen Gliederung längst in absolute Wortmusik transzendiert ist, bevor das endlich auftauchende Verb rückwirkend zumindest eine vage grammatische Ordnung produziert:

> Wen, als Knaben ihr einst/ Smintheus Anakreons
> fabelháfte Gespielinnen,
> dichtrische Tauben [...]

Das fehlende Komma hinter »einst« (das allerdings durch die metrische Zäsur ›wettgemacht‹ wird) und die erneute Tonbeugung in »fabelháfte« tragen das ihre dazu bei, daß bei bloßem Zuhören kaum auszumachen ist, welcher nominale Ausdruck hier Attribut von welchem anderen Teil der Konstruktion ist. Logische Signale – etwa ein attributives »als« – vermeidet Klopstock ganz bewußt. Er folgt darin erklärtermaßen der in (Pseudo-)Longins Περὶ ὕψους formulierten Ansicht, der hohe Ton vertrage sich mit Konjunktionen und logischen Partikeln schlecht, weil er das Pathos der Periode zu sehr an die Ansprüche der kalten Vernunft zurückbinde.[8] Klopstock transformiert diese alte rhetorische Regel in ein Element seiner durchaus neuen Sprachintention, die Beziehungen nicht als solche aussagen oder gar qua Partikel mit Etiketten versehen will (was vollständig natürlich nicht zu vermeiden ist), sondern immanent hervortreten, sich im emphatischen Sinn »darstellen« lassen will.[9] Dazu gehört eben auch, daß der dem Leser/ Hörer aufgegebenen ›Beziehungsarbeit‹ zunächst ein größeres Maß möglicher, latenter Beziehungen angeboten wird, deren Abundanz dann permanent mit den hermeneutischen Strategien sinngeleiteter Komplexitätsreduktion konkurriert. Weitere einfache Beispiele dafür: Den Ausdruck »und sein mäonisch Ohr« kann man sinngemäß und grammatisch zunächst auch als zweites und nachgestelltes Objekt zu »umflogt« lesen, bevor die Fortsetzung ihn dann dem folgenden Verb zuordnet. Ähnlich wechselt das »welkt« in Vers 11 aufgrund der deklamatorischen Gruppenbildung partiell in eine nahe und vom Sinn her auch nicht abwegige Korrelation zu »der Eroberer« über: die metrische Zäsur spaltet es von seinem ›eigentlichen‹ grammatischen Zusammenhang ab und simuliert zumindest artikulatorisch einen anderen Zusammenhang, der den ersten überlagert und ihn durch diese alternative Kohärenzbildung virtualisiert, irrealisiert, in eine Art Schwebezustand versetzt. Vergleichbares bringt auch die metrische Zäsur zwischen »Ernst« und »schaudernd« in Vers 19 hervor.

Das Phänomen der Zäsuren führt zugleich auf etwas für Klopstock sehr Charakteristisches. Die vor-Klopstocksche Dichtungssprache, sowohl die barocke als auch die aufklärerische, brachte syntaktische und metrische Zäsuren überwiegend zur Deckung oder war zumindest sehr unspektakulär in der Ausbeutung ihrer Differenz; nur jenseits der Gattung des Gedichts, in der dramatischen Sprache des Trauerspiels, wurde stellenweise radikaler mit dieser Differenz gewaltet. Klopstock dagegen überlagert die Verszäsuren auch seiner unlyrischen Lyrik häufig mit sehr divergierenden Satzzäsuren. Bei der asklepiadeischen Ode ist diese Divergenz allerdings beschränkter als bei anderen Oden. Denn die metrische Zäsur innerhalb des Asclepiadeus, den markanten Hebungsprall, respektiert Klopstock wenn schon nicht direkt syntaktisch, so doch zumindest satzmelodisch – wie überhaupt das asklepiadeische Maß einen besonders strengen architektonischen ›Zwang‹ auf die Sprache ausübt. Um so stärker hat sich Klopstocks Ästhetik der Differenz hier auf die ebenfalls sehr harten, Hebung gegen Hebung setzenden Zäsuren am Versende verlegt, denen er in *Der Lehrling der Griechen* mit reichlich Enjambements entgegenarbeitet – wodurch ihm das Kunststück gelingt, *gegen* ein Maß, das durch den permanenten Wechsel eines steigenden und eines fallenden Versstollens (der dann auch noch im zweiten Vers wiederholt wird) jede Spannung immer zugleich auf- und abbaut, sie also nicht wie etwa das alkäische Maß von sich aus ›schwingen‹ läßt, einen gewaltig anschwellenden Riesensatz zu schreiben.

Die Spannung von Satz, Grammatik und Metrum produziert nicht nur semantische Verfremdungseffekte, sie verselbständigt vor allem einzelne Worte und Wortgruppen gegen das sie überwölbende Satzganze. Klopstocks Satzrhythmus ist wesentlich eine Kunst der »gehinderten Bewegung« (136), der Unterbrechung, der Stauung, der deklamatorischen Einschnitte, der ›cuts‹. Dem Auftakt »Wen des Genius Blick« wird sofort der Widerstand einer metrisch-syntaktischen Doppelzäsur entgegengesetzt; seiner parallelen Fortsetzung in Vers 3 fällt Klopstock gleich nach der ersten Silbe ins Wort, und die Ergänzung der beiden syntaktischen durch die metrische Zäsur bringt einen extem hart gefügten Vers hervor: »Wen,/ als Knaben,/ ihr einst//

Smintheus Anakreons// ...«. Seit der antiken Rhetorik, seit Dionysius von Halicarnassos, kennt man die Unterscheidung einer ἁρμονία γλαφυρά und einer ἁρμονία αὐστηρά, von ›glatter‹ und ›rauher‹ Fügung, und durch eine Hölderlin-Studie Norbert von Hellingraths wurde sie erstmals auf deutsche Dichtungssprache bezogen.[10] Klopstock ist der erste deutsche Dichter, auf den Hellingraths so erfolgreich gewordene Prägung mit vollem Recht anwendbar ist, am deutlichsten der spätere freirhythmische Klopstock, der Tendenz nach aber auch schon der frühe Klopstock der antiken Versmaße. Die rhythmischen Zäsuren, ob metrisch oder syntaktisch bedingt, bilden Eingriffe des Wortlosen in die Wortsequenz, des Stimmlosen in das Stimmhafte, der Pausen und Lücken in den Fluß der ›erfüllten‹ Verspositionen. Und diese Technik von Schnitt und Unterbrechung hat bei Klopstock eine ganz eindeutige literarhistorische Signatur: sie setzt sich polemisch ab von dem, was in der zeitgenössischen Literaturfehde der »fließende Stil« hieß.[11] Fließend war für Klopstock nicht nur der prosaische Sprachfall der Aufklärungsdichtung, die den Satz ohne Widerstände im Flußbett einer glatten Syntax dahingleiten ließ. Fließend war für ihn auch der Duktus der stärker ›poetisierten‹ barocken Dichtungssprache, nicht nur wegen der Kongruenz der metrischen mit den dominierenden syntaktischen Zäsuren, sondern vor allem, weil der uniforme Jambentrab jeden Satz schon quasi a priori sicher und unangefochten ins Ziel geleitete. Gegen das von Gottsched verteidigte Ideal des fließenden Stils prägten zuerst Bodmer und Breitinger das Ideal des »körnigten« Stils; Bodmer selbst versuchte es in seiner Milton-Übersetzung zu verwirklichen, und Klopstock wurde rasch zur zeitgenössischen Leitfigur dieses Ideals.[12]

Die Isolierung einzelner Worte und Wortgruppen gegen

den Satzfluß war für Klopstock nur das eine, eher untergeordnete Ziel der »körnigten« Fügung. Wichtiger war für ihn, daß gerade die Technik des Unterbrechens eine gesteigerte Bogenspannung des Satzes selbst, eine gesteigerte rhythmische Kraft ins Spiel bringt – ein Mehr und keineswegs ein Weniger an satzrhythmischer wie metrischer »Aktion« und »Bewegung«. Das entspricht seiner bereits erwähnten Ästhetik des zu überwindenden Widerstands: je stärker die Stauung einer Bewegung, desto mehr lädt sie sich auf, gewinnt an Kraft; je ausgeprägter ihre Begrenzung, desto machtvoller zugleich ihr Anschwellen über diese Grenzen hinweg. Nietzscheanisch formuliert: Klopstock produziert mit den Mitteln apollinischer Begrenzung und Gliederung ein dionysisches Strömen und Rauschen des Textes, eine ekstatische rhythmische Bewegung, die durch Kraft und Pathos jeden fließenden Stil als schwächliche Spielerei deklassieren will.[13] Wenn Klopstock in dem analysierten Vers 3 die Apposition »als Knaben« setzt und sie durch Kommata abgrenzt – was syntaktisch nicht zwingend erforderlich ist, aber Klopstocks eigenwillige Interpunktion gehorcht ohnehin mehr der rhythmischen als der syntaktischen Gliederung –, dann hat das nicht eine harte Fügung, eine Stauung und eben darin Steigerung der Bewegung zur *Folge*, sondern umgekehrt: die Intention auf zugleich spröde wie enthusiastische Bewegung ist der *Grund*, warum Klopstock überhaupt die Apposition so setzt. Und gleiches gilt für die analysierte Technik der Verzögerung nominaler Referenzausdrücke nicht anders als schon für die gewählten Sujets: ob der zukünftige eigene Tod, die künftige Geliebte oder ewiger Nachruhm – alle diese Möglichkeits-Sujets bieten in ihrer Spannung zur Intention auf »fastwirkliche« (166) Vergegenwärtigung eben jene Fallhöhe und jene Widerstände an, ohne die sich der

Klopstocksche »Bewegungs«-Apparat nicht in Bewegung setzen kann und will.

Aus der gleichen Logik erschließt sich auch die letzte der grammatischen Eigentümlichkeiten des kommentierten Gedichts, auf die hier näher eingegangen werden soll: Klopstocks extensiver ›Gebrauch‹ von Partizipien. Nachdem die Klasse der Partizipien in dem Wort »einweíhendem« durch die erste und stärkste Tonbeugung der ganzen Ode schon mit einem markanten Akzent exponiert worden ist, setzt Klopstock ab Vers 16 fast in jedem Vers eine Partizipialkonstruktion. Dominant sind dabei die Präsenspartizipien wie sterbend, schauernd, fliehend, wartend, lächelnd, daurend, wachsend, denn sie führen mit grammatischem Handstreich in die Darstellung des Möglichen den Schein – oder mit Klopstocks Worten: die »Täuschung« (167) – unmittelbarer Gegenwart, direkt präsentischer »Aktion« (181) ein, besonders dramatisch in den ungewöhnlichen Prägungen »tödtend« und »denkend«. Genauso wichtig aber sind für Klopstock andere grammatische Ausdruckscharaktere des Partizips, die seiner Perfektform (zugesellt, umgewöhnt, ausgestreckt) nicht weniger zukommen als der präsentischen. Auch darin avanciert er zur prominentesten Gestalt des heftigen zeitgenössischen Literaturstreits. Zur Propagierung des ›körnigten‹ Stils mit seinen Idealen der Nachdrücklichkeit und wuchtigen Kürze gehörte schon bei Bodmer und Breitinger eine Vorliebe für abkürzende Sprach- und Stilformen jeder Art, und der Streit darum konzentrierte sich vor allem auf das Partizip.[14] Gottsched verwarf die »Sucht Mittelwörter zu brauchen«[15] als falsche und modische Anpassung an den englischen und französischen Satzbau, die keinen neuen Schwung verleihe, sondern nur die Verständlichkeit und Deutlichkeit des Satzes mindere. Man schimpfte sich wechselseitig »Participianer« und »Antiparticipianer«, und der »Patriarch der Antiparticipianer«[16], Gottsched, zielte mit seinem Verdikt über »die gedrungenen Dichter unserer Zeiten, die alle ihre Zeilen voll Mittelwörter stopfen«[17], nicht zuletzt auf Klopstock. Dessen zunächst unerklärte, aber deutliche und auch von der griechischen und lateinischen Sprache her motivierte Parteinahme im Partizipien-Krieg hat indes Gründe, die in der zeitgenössischen Diskussion überhaupt nicht vorkommen. Sie transzendiert deren Paradigmenbildungen. Denn das Ideal der Kürze und der Ausdrucksverknappung als Mittel der Ausdruckssteigerung macht bei Klopstock keineswegs den gesamten poetischen Gebrauchswert des Partizips aus. Hinzu kommen vielmehr zwei weitere Motive. Zum einen die beträchtliche grammatische Funktionsvielfalt des Partizips, die ihm bei Klopstock den Namen »Wechselwort« einträgt. Mal ist es Adverb, mal Adjektiv, mal Substantiv, mal – im Sinne absoluter Partizipialkonstruktionen – Substitut eines Relativsatzes oder Äquivalent eines konjunktionalen Satzes. In den *Grammatischen Gesprächen* läßt Klopstock das »Wechselwort« daher von sich sagen: »Ich bin bald dieß Wort, bald ein anderes, indem ich mich immer der Zeit zugleich anschmiege, und Handlung oder Wirkung ausdrücke. Ich bin Nebenwort: Eilend kam; bin Beywort: der Liebende Freund, die Verlorne Freundin, der Auszusöhnende Feind; ich bin auch Benennung: der Liebende, die Verlorne, der Auszusöhnende [usw.]«.[18] Manche Klopstockschen Partizipialprägungen sind offen für mehrere grammatische Klassifikationen, halten die Schwebe zwischen einfachen adjektivischen und absoluten partizipialen Satzkonstruktionen.[19] Dank derartiger Möglichkeiten entspricht das Partizip geradezu ideal einem Grundzug der Klopstockschen Dichtungssprache: nämlich bei geringem Nuancenreichtum der Worte einen extrem hohen Nuancenreichtum ihrer grammatischen Kombination bzw. ihrer Kombinationsmöglichkeiten zu erzielen. Und über Kürze und Multifunktionalität hinaus kommt wiederum – keineswegs zuletzt – das übergreifende Motiv des Satzrhythmus ins Spiel: denn überall da, wo das Partizip als Apposition, als verkürzter Relativsatz oder als verkürzter Konjunktionalsatz gesetzt wird, geht es nicht ohne mehrere syntaktische Zäsuren auf engstem Raum ab, hemmt die Partizipialkonstruktion den Satzfluß und steigert dadurch seine Bogenspannung, ist sie eine grammatische Funktion der Intention auf ebenso ›körnigte‹ wie enthusiastische Bewegung der Verse.[20]

Schließlich noch – den grammatischen Kommentar beendend – ein kurzer Blick auf eine oft bemerkte lexikalische Eigentümlichkeit Klopstocks: seine Neigung zur Bildung ungewöhnlicher Verbkomposita mit richtungsanzeigenden Präpositionen. In Vers 21 heißt es: »Segnet dem fliehenden Geist in die Gefilde nach«. Dieses »nachsegnen« in Klopstocks erster überlieferter Ode hat viele analoge Nachfolger gefunden, wie hinaufdenken, hinabsterben, herzubeben, herweinen usw. In Schönaichs *Neologischem Wörterbuch* erfahren derlei Prägungen den heftigen Spott der Gottschedianer. Das Komplement dieser Neologismen ist die von Schönaich als »Wörterhenkerei« und »Silbenschluckerei«[21] verurteilte Tilgung erwartbarer Präpositionen oder Präfixe bei anderen Verben: »(sie) stümmeln mich«, »Der todten Schatten finstert den Abendstern«, »was ist es denn, das mich heitert?«, »Deine Verlangen will ich [...] dem Söhnenden kund thun«.[22] Beide Verfremdungen können als komplementäre Techniken gedeutet werden, schon der Lexik ein Mehr an »Bewegung«, eine gesteigerte »Aktion« zu entlocken: denn der semantische Kernbestand der Verben wird durch die ungewöhnliche Hinzufügung oder Tilgung von Präpositionen und Präfixen nicht verstellt, sondern umgekehrt um so stärker, um so akzentuierter ins Spiel gebracht. Ist Klopstocks Poesie wesentlich eine Poesie der satzrhythmischen und der metrischen »Bewegung«, eine Poesie der Grammatik und der Metrik, dann sind diese und andere Besonderheiten der Lexik Funktion davon, begleitende Mittel auf der Ebene der einzelnen Worte.

Schon der Titel des Gedichts gilt weniger für das Sujet als für die Weise seiner Darstellung, weniger für die altbekannte Rhetorik ewigen und höheren Dichterruhms als für die »Bewegung« ihrer Versifikation: Ein Lehrling der Griechen ist Klopstock bekanntlich als Reinkarnator altgriechischer Versmaße in deutscher Sprache. Der Wiederbelebung der lyrischen äolischen Maße ging dabei noch in der Schulzeit das Programm eines hexametrischen Epos voraus. Klopstock hat beide später als »gleiche« und »ähnliche« Verse unterschieden. Diese interne Differenzierung bleibt allerdings zweitrangig gegenüber dem beiden Versarten Gemeinsamen: nämlich ihrer radikalen Distanzierungsqualität gegenüber der von 1600 bis 1750 fast ausschließlich dominierenden Dichtungssprache, wie sie Opitz mit unerhört dauerhaftem Erfolg kanonisiert hatte: »Nachmals ist auch ein jeder verß entweder ein iambicus oder ein trochaicus«.[23] Dieser Jamben-Vorschrift, die zudem mit einem genau so selbstverständlich auftretenden Reimgebot kombiniert war, hielt Klopstock ein dreifaches vor: Erstens schließe sie zu viele Worte und Wortfolgen aus der Dichtung aus, die nicht in den jambischen »Silbenzwang« passen (64 f.); zweitens sei das unaufhörliche metrische Auf und Ab an sich selbst zu monoton (112 ff.); und drittens übertöne es aufgrund seines aufdringlichen und hervorstechenden Charakters auch die Möglichkeit immanenter Diversifizierung durch Satzrhythmus und Zäsurengebung (118 f.). (Insbesondere dieser dritte Einwand – und damit auch die Gültigkeit der beiden ersten – ist durch die nach-Klopstocksche Jamben-Dichtung, und teilweise nicht erst durch sie, ›widerlegt‹ worden.)

Dagegen setzt Klopstock nun zwei Weisen griechischer Mannigfaltigkeit und unendlich feiner Abstufung. Zum einen die stichischen Maße des »ähnlichen Verses« (35), deren Modell der Hexameter ist. Im ähnlichen Vers werden mehrere Versfüße weitgehend frei kombiniert, im griechischen Hexameter bekanntlich der Daktylus und der Spondeus; potenziert durch eine große Mannigfaltigkeit des Setzens von Haupt- und Nebenzäsuren führt dies zu dem Effekt, daß letztlich keiner dieser vers mixts oder mengtrittigen Verse metrisch-rhythmisch mit dem anderen identisch ist – daher der Terminus »ähnlicher Vers«. Klopstock hat die Mannigfaltigkeit des Hexameters sogar noch gesteigert durch die Lizenz, den in deutscher Prosodie schwierigen Spondeus durch einen Trochäus zu ersetzen. Jenseits des *Messias*, also in den Gedichten, begegnet der ähnliche Vers in zwei Spielarten: als wechselnde Kombination des Hexameters mit wechselnden, meist gleichfalls daktylischen Abversen (elegisches Distichon, alkmanisches, erstes archilochisches Versmaß) sowie als Erfindung völlig neuer stichischer Versarten, nämlich der anapästischen, der ionischen und der päonischen Versart, die jeweils nach der Dominante der metrischen Mischung benannt sind. Das Leseschema, das Klopstock seinen Oden in den von ihm selbst veranstalteten Ausgaben wie eine Partitur voranzustellen pflegte, hat etwa bei der päonischen Versart folgende Form:

$$\cup \cup - \cup, \cup \cup - \cup, \cup \cup - \cup, - \cup \cup, - \cup -.$$
$$\cup \cup -, \cup \cup -, \cup \cup -, - \cup -, - \cup -.$$
$$\cup - -, \cup - -, \cup - -. \text{ (58)}$$

Realisiert wird jeweils nur einer der drei bzw. zwei übereinanderstehenden ›pedes‹ – ohne daß es eine Regel für diese vertikale Selektion sowie für die horizontale Verknüpfung der vertikalen Selektionsschnitte gäbe. Daher die große Zahl arithmetischer Möglichkeiten: jeder Vers erfordert eine andere Zickzackroute durch das Schema hindurch. Deshalb auch sind die von Klopstock neu erfundenen Maße des ähnlichen Verses, als lyrische Analoga des Hexameters, unter allen seinen metrisch-rhythmischen Gestalten wohl am schwierigsten zu lesen: denn der Komplexität ihrer Partitur – an jeder Position des Verses besteht stets aufs neue die Wahl zwischen zwei bis vier verschiedenen ›Füßen‹ – kommt keine langjährige schulische Übung in der spontanen Deklamation, wie beim Hexameter, entgegen.

Die *strophischen* »Silbenmaße des *gleichen Verses*« (35) – und das sind die eigentlichen Odenmaße – realisieren das Mannigfaltigkeits-Postulat dagegen auf andere Weise. Auch hier stellt jeder einzelne Vers in sich eine Mischung mehrerer Versfüße dar. Auch hier unterscheiden sich darüber hinaus die einzelnen Verse einer Strophe untereinander – wobei in einer vierzeiligen Strophe meistens drei, manchmal auch vier verschiedene Verse kombiniert werden. Die Komplexität dieser Mischung des Ungleichen wird durch das in der Antike wie bei Klopstock obligatorische Fehlen des Reims und damit einer phonetischen Instanz der Komplexitätsreduktion noch unterstrichen. Aber das strophische Gebilde als ganzes – und deshalb redet Klopstock vom gleichen Vers – kehrt doch jeweils als gleiches wieder. Beide Versmaße, gleiche und ähnliche, treffen sich in dem Klopstockschen Ziel, der Vielheit ein größeres Gewicht gegenüber der Gleichförmigkeit zu verschaffen, ja die Abstufungen und Differenzen geradezu gegen das metrische Identitätsgesetz auszuspielen.[24] Von beiden Varianten des

Unterwanderns metrischer Identität durch immanente Differenzierung – eine Differenzierung, die zu immer komplexeren Regeln und Partituren führte – war es nur noch ein kleiner Schritt, ein letzter Umschlag bis zur völligen Subversion vorgegebener Schemata in der freirhythmischen Dichtung Klopstocks, in der die rhythmische Mannigfaltigkeit dann (fast) absolut wurde. Statt des geradzahligen Auf und Ab triumphieren in allen diesen Dichtarten die krummen Zahlen und die metrischen Stellen hinterm Komma: »Wie wenig Kunst gehört dazu«, sagt Klopstock, »eine gewisse Symmetrie gerader Linien zu machen. Durch die Zusammensetzung krummer Linien Schönheit hervorzubringen, erfodert eine andre Meisterhand« (182).

Die Maße des gleichen Verses, die etwa neun Zehntel des lyrischen Œuvres Klopstocks ausmachen, sind weniger durch ihre altgriechischen Originale als durch ihre lateinischen Bearbeitungen überliefert. Und damit ist erneut der Bogen zurück zum *Lehrling der Griechen* gespannt: denn auch dieses Gedicht gibt das Griechische im Medium einer Horaz-Variation. Modell gestanden hat hier unverkennbar Horaz' Ode 4, 3, das berühmte Dichtergedicht *Quem tu, Melpomene*[25]; Anklänge gibt es darüber hinaus auch an zwei stofflich verwandte und nicht weniger berühmte, metrisch allerdings abweichende Dichtergedichte Horaz': *Maecenas atavis* (1, 1) und *Pindarum quisquis* (4, 2). Warum dann die falsche Fährte zu den Griechen statt zu Horaz? Eben weil hier wie anderswo nicht Zitat oder Variation Horazischer Sätze und Motive das Entscheidende sind, sondern weil Klopstock sich mit Horaz auf einer Ebene trifft, wo dieser selbst bereits ein erklärter *Lehrling der Griechen* war: auf der Ebene der Metrik. Es geht also um die Struktur eines potenzierten und dadurch reflexiv gewordenen Zitats, um ein Zitat im Zitat, und die Fortlassung des Mittelgliedes im

Titel führt unter dieser Perspektive statt auf die falsche gerade auf die richtige Fährte, indem sie das metrische Telos dieser verdoppelten Zitation gegen die vorschnelle Beruhigung der Lesebewegung beim bloßen Horaz-Zitat markiert.

Horaz' Rückgriff auf lesbisch-äolische Weisen (1, 1: »Lesboum [...] tendere barbiton«; 3, 30: »princeps Aeolium carmen ad Italos deduxisse modos.«) war zu seiner Zeit genauso neu und sprachrevolutionierend wie Klopstocks Rückgriff. Von zwei Sappho-Nachdichtungen bei Catull abgesehen – ein noch geringeres Maß an Vorläuferschaft, als Klopstock es bei Pyra und Lange vorfand –, gab es nichts Vergleichbares in lateinischer Sprache. Anders als lange Jahrhunderte Sentenzen-orientierter Horaz-Rezeption setzte Horaz selbst die Haupttat seiner Oden in die Anverwandlung der altgriechischen Metrik. Diese gibt denn auch das dominante Ordnungsprinzip ab. Buch I der Oden exponiert am Anfang der Reihe nach die neun wichtigsten Vers- und Strophenformen, eine Art Exposition des metrischen Materials, das dann durchgeführt wird. In Buch II wechseln sich zu Anfang die beiden Hauptmaße, die der Sappho und des Alkaios, regelmäßig ab. Wenn heute von sapphischer, alkäischer oder asklepiadeischer Ode gesprochen wird, ist damit fast durchweg gemeint, was Horaz daraus gemacht hat. Denn er hat die metrisch noch freieren griechischen Liedverse erst zu fester geregelten Sprechversen umgestaltet (festere Verteilung der Zäsuren, weniger Lizenzen im Tausch von Längen und Kürzen), die freie Wortstellung der griechischen Poesie dabei allerdings noch gesteigert. Nicht nur die Bewußtheit des Rückgriffs und der Anspruch, dadurch gerade die eigene Sprache zu erneuern, gleichen sich bei Horaz und Klopstock, auch die Frontstellungen gegen die jeweilige zeitgenössische Dichtung sind parallelisierbar.

Wie später Klopstock bricht auch der Horaz der *Carmina* mit den jambischen Versarten, denen er in seinen früheren Werken (*Epoden*) noch selbst anhing. Was bei Klopstock die Distanzierung vom Alexandriner als einem aus Frankreich importierten ›Welschvers‹, ist bei Horaz die Distanzierung von der weitgehend auf alexandrinisch-hellenistische Ideale eingeschworenen Dichtung der ›Neoteriker‹ um Catull. Nicht anders als Klopstock hat auch Horaz eine Art ›Nationalismus‹ der Sprache im Sinn; sein Weg zurück zu den alten Griechen ist zugleich ein Weg zurück zum ›gesünderen‹ altrömischen Wesen und weg von den ›dekadenten‹ Neoterikern.[26]

Von einer quasi naturwüchsigen Einbindung des dichtenden Sängers in das soziale Leben – so bei Sappho, so bei Alkaios – war Horaz denkbar weit entfernt. Auf Verständnis im Volk rechneten schon seine neoterischen Vorgänger nicht mehr: Gedichte schreiben und lesen konnte nur, wer eine Bibliothek zur Verfügung hatte. Horaz begründet nicht, sondern sanktioniert nur mit den prägnantesten Formeln die Verwandlung des Dichters in einen poeta doctus[27], der eine abgehobene Sonderexistenz führt und seine soziale Marginalität positiv in ein elitäres Bewußtsein transformiert. Auch Klopstock, und nicht erst derjenige der *Gelehrtenrepublik*, kennt und forciert alle Register des Horazischen »odi profanum volgus«: er spart nicht mit Spott für den ungebildeten »Pöbel« und erkennt als ernstzunehmende Menschen nur einen kleinen Kreis von Gebildeten an, vor allem die Dichter selbst. Anders als Horaz, der als Günstling des Augustus sogar politische Handlungsmöglichkeiten hatte, beschränkt sich Klopstock aber doch nicht auf ein friedliches Dasein im Musenhain, auf die abgeklärte Anerkennung und Kultivierung des Chorismos von Dichtung und Leben. Er zielt vielmehr mit aller Anstrengung darauf, diesen Chorismos rückgängig zu machen: die Dichtung soll gerade aus ihrer Randposition heraus wieder im großen Stil ›wirken‹, aufs Leben übergreifen. Deshalb seine Versuche – alle vergeblich –, die Dichtung in den Metropolen und bei den Regierenden zu einem Machtfaktor aufzuwerten. Deshalb die Distanz des pathetisch überambitionierten Dichters der deutschen, dann der dänischen Provinz zu der sprichwörtlichen Urbanität des Römers, dem gerade als Bürger der Metropole auch das Lob des Landlebens gut ansteht.

Seine Aspirationen aufs Hohe, Ernste und pathetisch Bewegende – Antidota sowohl der anakreontischen Tändeleien als auch der prosaischen Diktion der Aufklärungsdichtung – lassen Klopstock permanent hoch und höher schalten; der hohe, erhabene Ton wird zum erstenmal in der deutschen Dichtung zur ausschließlichen Dauertonlage. Die Odendichtung des Horaz dagegen hat als Dominante die mittlere Stilhöhe, oder mit Herders schöner Prägung: »die scherz- und ernsthaften Mitteltinten«.[28] Das Verhältnis zu Pindar kann als Paradigma dieser Tonlagen-Differenz gelten: Horaz spricht zwar seine Bewunderung, ja Verehrung für Pindar aus, resigniert aber für sich selbst auf jede Nachahmung dieser Höhenlage und siedelt das eigene »carmina fingo« gerade in der Ode *Pindarum quisquis studet aemulari* in weniger hohen, dafür aber lieblicheren, angenehmeren Gefilden an. Klopstock dagegen, der in metrischer Hinsicht gleichfalls keine einzige pindarische Ode geschrieben hat, erklärt sich mit Blick auf Tonlage und dithyrambischen Gedankenflug wiederholt und emphatisch als pindarischen Sänger.[29]

Mit dieser Tonlagen-Differenz ist auch der semantische Hauptunterschied von *Quem tu, Melpomene* und *Der Lehrling der Griechen* gegeben. Horaz' Gedicht konstituiert sich als Dichter-Gedicht, indem es die weibliche Muse und die (weibliche) Metropole besingt. Beide werden über ein drittes Element, den ländlichen Musenhain als Ort des Schreibens (beatus ille ...), vermittelt. Die Anerkennung in der Stadt ist geradezu das Signum der Musen-Inspiration: das Kapitol, die römische Jugend und das städtische Publikum überhaupt, das Publikum der Vorüberschreitenden (praetereuntium) – fast schon eine Vorwegnahme des flanierenden Großstadt-Publikums bei Baudelaire – machen den Dichter zum »Spielmann der römischen Lyra« (romanae fidicen lyrae). Ein Dichter-Gedicht mithin als Stadt-Gedicht: diese Selbstreflexion Horazischer Urbanität wäre bei Klopstock ebenso undenkbar wie das Kriterium des Liebenswürdigen (amabilis) und des Andern-Gefallens (placeo) als Selbstwert-Kriterium des Dichters. Und nicht nur die Stadt, auch das Horazische Tibur als ländlichen Musenort sucht man bei Klopstock vergebens: dieses Scharnier des Horazischen Gedichts wird ersetzt durch die ganz unidyllische Vision des Schlachtfeldes, auf das auch der Dichter bei widrigem Schicksal geraten könne. Das wiederum gibt Klopstock die Gelegenheit, in das Horazische Ruhmesmotiv eine Differenzierung von falschem und wahrem Ruhm einzuführen, mit der Horaz' »monstror digito praetereuntium« überboten werden soll.

Mit dieser Neubesetzung sowohl des finalen Pols als auch des intermediären Teils von Horaz' Gedicht gewinnt die beibehaltene semantische Dreiteiligkeit auch eine neue formale Qualität. Bei Horaz ist der Mittelteil (Tibur als Ort des Schreibens) zugleich eine Vermittlung von Anfangs- (Anrufung der Muse und des Dichters) und Schlußteil (Anerkennung in der Stadt). Bei Klopstock dagegen verfällt der Mittelteil einer reinen Negativität ohne positive Vermittlungsfunktion. Nur die Resistenz des Anfangs gegen ihn läßt noch ein verändertes Analogon zu Horaz' Schlußteil zu, und dieser Schlußteil ist auch kaum noch Krönung einer expandierenden, verschiedene Stationen durchlaufenden und darin sich erfüllenden Bewegung, sondern eher Epiphänomen eines standhaften Festhaltens am Ausgangspunkt und seiner Verteidigung gegen jede Vermittlung mit dem mittleren Teil des Gedichts. Die gelöste Geste dichterischer Umschließung und glückhafter Einverleibung (Muse, Land, Stadt) bei Horaz weicht einer gespannten Strategie der Ausschließung und der Selbstbehauptung auf einem schmaler gewordenen Terrain (der Dichter selbst, die denkende Freundin). Dieser Verschiebung nicht nur der materialen Besetzung des Mittel- und Schlußteils, sondern auch der Struktur ihrer Beziehungen präludiert eine erste Differenz zu Horaz, die bereits den fast nur Horaz übersetzenden Anfangsvers sehr Klopstockisch einfärbt. Für die Ernsthaftigkeit und angestrengte Unerbittlichkeit der hohen Aspirationen Klopstocks ist auch die Anrufung der weiblichen Muse Melpomene offenbar zu gefällig. An ihre Stelle tritt der „Genius", ein unsinnlicheres männliches Wesen, dessen Blick man sich nicht freundlich-gefällig wie bei Horaz (placido lumine), sondern hieratisch-würdevoll (einweihend) vorzustellen hat. Spannt sich der Bogen bei Horaz vom placidum lumen der Muse am Anfang zum placere des Dichters selbst am Ende, so bei Klopstock vom hieratisch »einweihenden Lächeln« zum nicht weniger priesterlich konnotierten ›Verkünden‹ künftiger Zähren einer nicht nur schönen, sondern vor allem denkenden Freundin.

Das metrische Schema der Klopstock-Ode führt in dasjenige von *Quem tu, Melpomene* vier Änderungen ein. Die wohl einschneidendste: Klopstock erkennt das 2. asklepiadeische Metrum nicht als 4-zeiliges Strophenmaß an, sondern setzt es als distichisches Metrum. Tatsächlich besteht

ja auch die 2. asklepiadeische Strophe, anders als die 3. und
4. (und natürlich als das monostichische 1. Maß), aus zwei
Distichen, deren Folge Horaz aber doch jeweils als eine
Strophe abgrenzt. Klopstock beutet hier die fehlende Diffe-
renz zwischen den Strophenhälften gegen das Strophen-
ganze aus, er dekomponiert die Makrostruktur von den
Gegebenheiten der Mikrostruktur her. Und dabei ist das
kardinale Mannigfaltigkeits-Kriterium Klopstocks, sein
Setzen auf die Abweichungen der »krummen Linie« im
Spiel: Strophen aus zwei gleichen Strophenhälften sucht
man bei ihm vergebens. Denn »in Ansehung der Wiederho-
lung«, befand Klopstock, gehe »die Verskunst [...] eben
den Weg, den die Musik geht. Wäre es doch überflüssig an-
zumerken, daß hier diejenige *Wiederholerei* nicht könne
mitverstanden werden, die uns unaufhörlich eins und eben
dasselbe hören läßt« (113). Klopstocks Ja zur Wiederholung
als ›Verdopplung‹ der »Kraft« metrischer »Bewegung«
(112) bleibt also gebunden an ein Nein zur identischen Ver-
dopplung. Schon bei Horaz waren Strophen aus zwei iden-
tischen Halbstrophen selten. Daß immerhin 3 seiner 12
Strophenmaße aus gepaarten Distichen gebildet sind,
täuscht über ihre Frequenz; denn zwei dieser Maße, das
2. archilochische und das hipponacteische, verwendet er
überhaupt nur einmal. Klopstock vermeidet diese beiden
letzten ganz und setzt das distichische asklepiadeische Maß
jeweils nur unter Negation der strophischen Gliederung.

Eine zweite Änderung speist sich offenbar aus demselben
Motiv, aus Klopstocks übersensibilisiertem Monotonie-
Verdacht und seiner Intention auf Differenzierung. Und
nur aufgrund dieser zweiten Änderung entgeht seine disti-
chische Aneignung des 2. asklepiadeischen Strophenmaßes
ihrerseits dem Verdikt schlechter, weil variationsloser Ver-
dopplung, wird aus der »Wiederholerei« eine differenzie-

rende »Wiederholung«: nicht nur ist der jeweils am Versan-
fang stehende Spondeus des Horazischen Schemas durch ei-
nen Trochäus ersetzt, was Klopstocks Modifikation des
Hexameters entspricht und wie diese in seiner Sicht der
deutschen Prosodie gründen dürfte, es wird auch an der
gleichen Position beider Verse, des Asklepiadeus und des
sogenannten Glyconeus, die Hinzufügung einer weiteren
kurzen Silbe erlaubt – wodurch der trochäische Auftakt al-
ternativ daktylisch wird und der asklepiadeische Vers sich
in Richtung auf den Pentameter verfremdet. In Klopstocks
späteren eigenen Maßen wird das Verfahren der Differen-
zierung zweier Verse durch das minimale Mittel der Addi-
tion einer Kürze geradezu eine Art Prinzip.[30] Die antiken
Strophenmaße dagegen erlaubten allenfalls, und dann fast
nur am Schluß des Verses, die fakultative Dehnung einer
kurzen bzw. die Kürzung einer langen oder die quasi identi-
sche Substitution einer langen durch zwei kurze Silben,
nicht aber die Hinzufügung weiterer Verspositionen. Klop-
stocks Erweiterung des Variationsspielraums läßt seine 2.
asklepiadeische Versart zumindest ansatzweise aus einem
Maß des gleichen Verses in eines des ähnlichen Verses um-
schlagen. Darin hängt diese zweite Änderung gegenüber
Horaz mit der ersten direkt zusammen: denn alle distichi-
schen Maße Klopstocks gehören zumindest in ihrer vorde-
ren, sonst durchweg hexametrischen Hälfte der Versart des
ähnlichen Verses an. Und umgekehrt gilt: wo Klopstock
eine überlieferte Strophenform als solche übernimmt, ver-
zichtet er auf analoge Versetzungen und beläßt es ganz bei
der Versart des gleichen Verses. So auch beim 3. und 4.
asklepiadeischen Strophenmaß, in dem die gleichen Verse
wie beim 2. kombiniert werden, nur eben anders, unsym-
metrischer, in nicht mehr dividierbarer Gruppenbildung –
die höhere Komplexität der Vers*kombination* läßt Klop-

stock hier auf das Mittel interner Komplexitätssteigerung in den Versen selbst, und damit auf die Verfremdung der gleichen in eine ähnliche Versart, verzichten.

Die dritte Änderung gegenüber Horaz, die Vertauschung der Reihenfolge innerhalb der beiden paarigen Verse, hat Klopstock in seiner Abhandlung *Von der Nachahmung des griechischen Silbenmasses im Deutschen* selbst benannt: »Vielleicht wäre«, heißt es dort mit Blick auf Horaz als den Traditor der griechischen Maße, »auch in der Ode an Melpomene, und in den andern von eben dem Silbenmaße, der längere Vers glücklicher der erste, als daß er der zweite ist« (19). Die konjunktivische »Vielleicht«-Formel zeigt an, daß hier eher vage Harmonie- bzw. Proportionsvorstellungen im Spiel sind. Tatsächlich gilt für die meisten antiken Strophenformen und für etwa 90 % der Horazischen Oden, daß der erste Vers zugleich der längste und der letzte der kürzeste ist; auch Klopstocks eigene Strophenformen halten sich weitestgehend daran. »Vielleicht« spielt also seine Umkehrung der Versfolge in der 2. asklepiadeischen Ode nur dieses dominante Baugesetz der Odenstrophen überhaupt gegen die Abweichung davon aus.

Die vierte Änderung existiert dagegen mehr im Schema als in der Gedicht-Wirklichkeit. Den variablen Schluß der Horazischen Verse legt Klopstocks Partitur, darin eine Reduktion statt Steigerung von Komplexität vornehmend, auf eine Länge fest. Was die Verse dann aber nicht durchweg einhalten: die Endsilben Gespielin*nen*, Erobe*rer*, Leichna*me*, Unsterbli*chen*, Belohnun*gen* und Verkünde*rin* sind selbst bei großer Toleranz kaum als ›Längen‹ anzusehen. Allenfalls gilt also, daß Klopstock die fakultative Position Horaz' öfter als dieser selbst als ›Länge‹ gesetzt hat. Dadurch tritt die gliedernde Architektonik der asklepiadeischen Zeile noch schärfer hervor: denn zum markanten Hebungsprall im Innern der Verse kommt dann noch ein weiterer zwischen den einzelnen Versen.

Der Positivismus des Vergleichs metrischer Schemata erreicht aber nur die Peripherie von Klopstocks metrischer Reflexion. Deren Zentrum, wie Klopstock es vor allem in der Schrift *Vom deutschen Hexameter* artikuliert, ist quasi-transzendentaler Art, vergewissert sich der Bedingungen der Möglichkeit der Nachbildung antiker Versmaße in deutscher Sprache. Der theoretische Aufwand und der linguistische Scharfsinn dieser quasi-transzendentalen Reflexion auf ein spezielles metrisches Problem setzen in ihrer Durchführung zugleich Klopstocks ›Metaphysik‹ der Metrik überhaupt frei, seine Bestimmungen des Wesens metrischer Bewegung und ihrer privilegierten Rolle in der von ihm inaugurierten Gedichtkunst. Und diese Metaphysik der Metrik (und des Rhythmus) prägt dann zugleich, mehr oder weniger unterirdisch, die innovatorischen Absetzbewegungen in Klopstocks ›eigentlicher‹ Poetik, die in Begriffen und Problembestand an traditionelle rhetorische und auch philosophische, von metrischen Fragen kaum affizierte Bahnen anschließt. Zunächst zu Klopstocks ebenso technischer wie transzendentaler Reflexion auf die Möglichkeitsbedingungen, in metricis ein *Lehrling der Griechen* sein zu können.

Vergleichende Prosodie und Verslehre

Wie manche seiner Oden, beginnt Klopstocks Reflexion auf die Nachahmung antiker Metren mit einem denkbar harten Einsatz: ihre Möglichkeit wird sogleich grundiert durch ihre basale Unmöglichkeit. Ein „griechischer Hexameter im

Deutschen« sei »ein Unding« (62). »Unser Hexameter ist also nicht sowohl eine griechisch-deutsche Versart, sondern vielmehr eine deutsche« (60) – und dies nicht nur wegen der ungriechischen Trochäen-Lizenz. Ein typisch Klopstocksches Paradox: *Von der Nachahmung des griechischen Silbenmaßes im Deutschen* spricht auch ein anderer Aufsatz nur eben deshalb, weil sie sensu stricto »ein Unding« ist. Wäre sie *als* Nachahmung möglich, würde sie Klopstock erstens nicht interessieren – denn dann würde sie den auftrumpfenden Originalitätsanspruch seiner Dichtung desavouieren –, und zweitens würde Klopstock dann gerade nicht das Wort »Nachahmung«, sondern pejorative Synonyme verwenden. Positiv spricht Klopstock nur da von »Nachahmung«, wo sie nicht nur – wie bei Breitinger – auf Mögliches sich bezieht statt auf die Verdopplung eines Vorgegebenen, sondern wo sie geradezu unmöglich ist. Nachahmung als Verdopplung im Bewußtsein ihrer Unmöglichkeit, als Referenz auf ein Früher, das sich dieser Referenzbewegung doch entzieht und eben in dieser Brechung der Verdopplung durch einen Unmöglichkeits-Koeffizienten das Später freisetzt – das ist die vielleicht letzte und kaum noch überbietbare Spirale in der immanenten Dekonstruktion des Nachahmungsbegriffs, bevor Klopstock selbst ihn als Leitbegriff der Poetik verabschiedet. Im Deutschen unmöglich sind die gleichwohl nachzuahmenden griechischen Versmaße aus prosodischen und aus verstechnischen Gründen. Deren Artikulation zeigt Klopstock auf einer bis dahin unerreichten – und bis heute überwiegend verkannten – Höhe der Reflexion auf noch immer knifflige Fragen. Zugleich führen ihn gerade diese technischen Probleme auf wichtige Elemente seiner Poetik.

Auf die Frage nach den deutschen Korrelaten der Strich-Haken-Schemata für antike Verse hatte es vor Klopstock drei Antworten gegeben (in dieser Schematisierung, nicht aber in der Verortung Klopstocks folgte ich Andreas Heuslers Studie *Deutscher und antiker Vers*).[1] Die erste Antwort, bei Clajus und Gessner, bestand in der Identifikation der lateinischen Zeitwerte mit den deutschen und einer entsprechend mechanischen Anwendung der lateinischen Längenmessung. Vor allem die antike Regel der Positionslänge – ein kurzer Vokal ›wird‹ lang, wenn ihm zwei oder mehr Konsonanten folgen – führte zu radikal sprachwidrigen Versen im Deutschen, zu einer völligen Mißachtung der dynamischen Akzentverhältnisse. Daran war man aber gewöhnt: nicht nur von der Meistersängerlyrik her, sondern auch, weil die antiken Verse selbst ja damals wie heute geradezu *gegen* die Sprache ›skandiert‹ werden. (Früher wußte man von melodischer Akzentuierung der griechischen und lateinischen Verse noch nichts, heute hat man zwar genauere Vorstellungen darüber, aber kann sie in der Regel genausowenig deklamatorisch realisieren – was selbst ein Wilamowitz leidvoll bekannte.[2]) Resultat waren dann Hexameter wie die folgenden:

Eín Vogel hóch schwebét, der nícht als ándere lébet;
Wírd doch gédrungén, das óft mit Schálle geklúngen. (Clajus)

Derlei Verse haben bis hin zu Klopstock jeden Versuch einer deutschen Nachbildung griechischer Maße desavouiert und das ihre dazu beigetragen, daß lyrische Strophenmaße wie vor allem die sapphische Ode allenfalls im Opitz-Vers, also jambisch und gereimt, nachgebildet wurden – wobei vom ›Original‹ dann nur die Silben- bzw. Hebungszahl und der Zäsurenfall übrigblieben. Die unmittelbare Anwendung antiker Zeitmessung aufs Deutsche führte, wo sie konsequent war, sich im übrigen selbst ad absurdum: denn nach den alten Regeln der Zeitbestimmung hat die deutsche Sprache aufgrund ihrer höheren Konsonantenzahl fast nur (Positions-)

Längen. Wer diese unausweichliche Konsequenz zog und daraus doch nicht auf die Unhaltbarkeit ihrer Prämissen schloß, der mußte – wie es denn auch tatsächlich geschah – »den betrüblichen Nachweis führen, daß es wahre Verse im Deutschen eigentlich nicht gebe«.[3] Klopstock hat nicht nur diese abstruse Konsequenz, sondern schon ihre Prämissen verworfen. »Wenn wir unsre Sprache nach ihrer [der Griechen] Regel reden wollten, so hätten wir fast lauter lange Silben. Dieses ist der Natur des Gehörs zuwider« (13). Und also, folgert Klopstock, können die Regeln nicht stimmen. Eine »mechanische« Zeitmessung im Deutschen wird daher von ihm verworfen. Was an ihre Stelle tritt, läßt sich positiv besser fassen, wenn auch die beiden anderen vor-Klopstockschen Eindeutschungen der Strich-Haken-Formeln herangezogen werden.

Die zweite Variante setzt wie die erste deutsche Länge für griechische Länge, deutsche Kürze für griechische Kürze, definiert deutsche Länge und Kürze aber nicht mehr nach den alten Regeln, sondern weitestgehend nach den deutschen Akzentverhältnissen. Hier gilt: was den Akzent hat, ist auch von der mechanischen Zeitdauer her lang. Mit dieser Theorie wurde Klopstocks Position immer wieder verwechselt. Tatsächlich geht die Übereinstimmung auch sehr weit. Da ist zunächst die Erkenntnis einer veränderten prosodischen Bedeutung der Betonung. In der »deutschen Länge«, so Klopstock, ist der »Ton das Herrschende«; die »griechische Länge« dagegen sei »gewöhnlich (vielleicht immer) tonlos« (93). Oder anders:

Die griechische und die deutsche Länge sind also darin nicht wenig unterschieden, daß bei jener *gewöhnlich* nur das Anhalten oder die Zeit der Aussprache, bei dieser aber die Anstrengung oder Erhebung der Stimme, und zwar eine stärkere, *beständig* und mehr als die Zeit, in Betrachtung kömmt (83).

Da ist zweitens, unbeschadet dieser Verschiebung, das Festhalten an der Interpretation der Strich-Haken-Formeln als Längen und Kürzen. Und drittens die Gleichsetzung der Längen mit akzenttragenden Silben: »Unsere Längen haben den Sprachton allezeit« (86). Aber bei Klopstock gilt die Umkehrung dieses Satzes nicht, sieht er doch im deutschen Vers das Phänomen, daß »wir oft auf den Kürzen halten, und mit den Längen forteilen«.[4] Und vor allem: Klopstock setzt den Akzent überhaupt nicht mit einer mechanischen Länge gleich, sondern nur noch mit einem subjektiven Eindruck von Länge:

Wenn wir sagen, daß die Länge den Ton habe, so meinen wir die Erhebung der Stimme. Das Anhalten erfordert eine gewisse Zeit, aber daß die Stimme während dieser Zeit angestrengt oder erhoben wird, ist das Wesentlichste bei der Sache. Ist die Dauer des Wortes *See* wohl viel größer, als der Silbe *se* in *diese*, oder des Wortes *drung*, als der Silbe *drung* in *Wandrung*? Und bei Vergleichung des *Wortes See* und der Silbe *drung* kann vollends das Ohr nicht einmal recht entscheiden, ob jenes eine etwas größere Dauer habe. Gleichwohl ist selbst hier der Unterschied zwischen Länge und Kürze sehr hörbar. Man kann also, denk' ich, nicht daran zweifeln, daß bei uns die Länge, zwar auch durch die Zeit, in der man sie ausspricht, aber noch mehr dadurch entstehe, daß man diese Zeit über die Stimme erhebt. (Bei den Griechen kam die Zeit mehr in Betrachtung, als ihr weniger erhobener Ton, den auch die Kürzen, aber gleichwohl viele Längen nicht hatten. Hiervon hernach.) Unserm Ohre ist bei Hörung der Länge nicht so wohl daran gelegen, wie viel Zeit der Redende, sondern wie er seine Zeit zubringe. Wir hören den Ton gern, mit dem er die Länge ausspricht. Auch Folgendes ist ein Beweis von dem, was ich behaupte: Wenn man in der Leidenschaft so schnell spricht, daß die Buchstaben nur eben gehört werden, und darüber die Länge beinah weniger Zeit als sonst die Kürze hat, so ist es der Ton, was als unterscheidend hervorschallt (81 f.).

Also: der Unterschied der mechanischen Dauer ist bei Klopstocks Längen und Kürzen kaum entscheidbar; Längen ›dauern‹ oft sogar weniger lang als Kürzen. Am schärfsten hat Klopstock die Differenz der phänomenologischen Zeit zur mechanischen in einem Vergleich ausgesprochen: »Ein ähnlicher Fall ist es, [...] wenn uns jetzt eine Stunde langsam und eine andre schnell vorübergeht. Es kommt dann gar nicht darauf an, was eine Stunde nach der Uhr, sondern was sie nach unsrer Vorstellung ist« (133).[5] Klopstock adaptiert die Identifikation von Länge und Akzent also nur, indem er ihr kategoriales Gerüst unterwandert und außerdem ihre Extension einschränkt. Seine moderne Entdeckung der Zeit der Vorstellung entspricht der späteren Erkenntnis der Unmöglichkeit einer mechanisch-phonetischen Zeitmessung des Deutschen, ohne doch den Zeitbegriff überhaupt preiszugeben.

Als Korrelat dieses Zeitbegriffs tritt an die Stelle der vorgegebenen durativen Bestimmtheit von Silben ihre offene Bestimmbarkeit. Dabei ist es nicht nur der Akzent, der etwa »an den kurzen Silben etwas verändert« (68) und die Wirkung der Länge erzielt. Klopstock hat überhaupt das Phänomen der Kontextsensitivität auch phonetischer Werte erkannt. »Das Ohr vergleicht neben einander stehende Silben« (67) und kann deshalb je nach Kontext die gleichen Silben als verschiedene relative Zeitwerte erfahren. Die »Stellung der Wörter und Silben« macht »bald zur Länge, und bald zur Kürze« (70); die relative Zeitbestimmung wandert von der atomistischen Ebene der einzelnen Silben in die Ebene der Struktur von Kontexten. Das griechische Sonderproblem kontextvariabler Silbenzeiten wird in der Prosodie des Deutschen von der Ausnahme zur Regel. Die Silben bringen ihre Zeitwerte nicht mehr wie in den alten Sprachen als quasi fertiges Gepäck in den Vers mit, sondern es findet eine doppelte Produktion dieser Zeitwerte statt: im Vers durch den Kontext, im Leser durch die »Vorstellung« (133). Das schaffende, das Produktionsmoment von Dichtung und Einbildungskraft wird bis auf die zeitliche Dauer der Silben und Buchstaben ausgedehnt.

Die dritte Vor-Klopstocksche Variante der Eindeutschung der Strich-Haken-Formeln wurde in Deutschland zuerst von Opitz formuliert, und zwar in direktem Zusammenhang mit dem Jambotrochäen-Gebot:

Nachmals ist auch ein jeder verß entweder ein iambicus oder trochaicus; nicht zwar daß wir auff art der griechen und lateiner eine gewisse grösse der sylben können in acht nehmen; sondern das wir aus den accenten vnnd dem thone erkennen/ welche sylbe hoch vnnd welche niedrig gesetzt soll werden.[6]

Nur der Vordersatz dieser Periode hatte den bekannten durchschlagenden Erfolg; Opitz' völlige Abkehr von den »quantitatibus« dagegen blieb bis ins 19. Jahrhundert in harte Konkurrenz mit Zeit-orientierten Prosodien des Deutschen verwickelt. Heute hat sich dieses Verhältnis genau umgekehrt: Opitz' Verslehre ist nur noch ein Kapitel Literaturgeschichte; seine prosodische Unterscheidung der quantitierenden alten und der akzentuierenden deutschen Sprache hat dagegen den Rang einer gültigen Lehrmeinung oder zumindest eines oft verwendeten Gemeinplatzes erlangt. Klopstock hat sich diese Formel nicht nur deshalb nicht zu eigen gemacht, weil sie als Nachsatz des bekämpften Gebots alternierender Füße auftrat. Die Schwäche der Formel ist vielmehr, daß sie den auch von Klopstock diagnostizierten Dominantenwechsel zum prosodischen Ganzen aufbläht und damit die Komplexität der Akzent-Zeit-Relation entschieden reduziert. Denn auch in den alten Sprachen gibt es ja Akzente und im Deutschen Zeitwerte der Silben – kein Sprachrhythmus ist ohne *beide* Momente zu denken. Die frühere Opitzsche und heutige Vulgata-Formel gleitet an der differenzierten Erfassung ihres je verschiedenen Zusammenspiels ab.

Vielleicht war es sogar Klopstocks Opposition gegen diese völlige Elimination des Zeitbegriffs aus der deutschen Prosodie, die ihn überhaupt an den Termini Länge und Kürze für die Striche und Haken der metrischen Schemata hat festhalten lassen – obwohl er ja selbst die Dominanz des Akzents in der deutschen ›Länge‹ formuliert hat und obwohl ihm die mechanische Dauer gerade nicht mehr entscheidend für die Differenzierung von Länge und Kürze war. An manchen Stellen wird Klopstocks reflektiertes Festhalten an einem veränderten Zeit-Begriff allerdings derart polemisch, daß es in Widerspruch mit eigenen Erkenntnissen zu geraten scheint. Heißt es einerseits, der Akzent »mache« zweizeitige Silben »lang«, ja die Länge bestimme sich im Deutschen überhaupt weniger durch die »Dauer« als durch den »Ton«, so wird andererseits noch jeweils an der gleichen Stelle das Gegenteil formuliert: der »Akzent [...] macht weder lang noch kurz« (70), und es sei »unrichtig« anzunehmen, »unsere Längen wären es deswegen, weil sie den Ton hätten. Aber der Ton macht ja die Länge nicht, sondern sie, die es aus andern Ursachen ist, hat den Ton« (82).

Diesen evidenten Widerspruch kann man indes nicht nur als Überreaktion auf die Opitzsche Formel deuten. Man kann sie zweitens auch ›theoriepolitisch‹ als eine der nicht wenigen offenliegenden Gesteinsverschiebungen, der noch nicht fertig geordneten Mischungen von alt und neu bei Klopstock lesen, die sein Werk als eines des Umbruchs kennzeichnen. Drittens kann man aber auch versuchen, den Widerspruch zu schlichten, indem man auf ein drittes, die scheinbaren opposita umfassendes und wiederum genuin Klopstocksches Element der Prosodie und Metrik des Deutschen rekurriert: die Verankerung von Ton *und* Zeit im Sinnbestand der Silben. Anders als im Griechischen und Lateinischen, so Klopstocks Lehre, sind im Deutschen nur die die »Hauptbegriffe« tragenden »Stammsilben« lang und betont (90). Insofern kann dann ohne unauflösbaren Widerspruch zur Aufwertung des Akzents gesagt werden, eine Silbe sei nicht lang, »weil sie den Ton hätte«, sondern »aus andern Ursachen«: nämlich weil sie den »Hauptbegriff« des Wortes transportiert. Dieses Kriterium, das Klopstock den sonst absolut gesetzten Größen Zeit und Akzent vorordnet bzw. zugrunde legt, führt auf eine weitere Differenzierung des Verhältnisses von Vers und Sprache.

Die mechanische Dauer der Silben ist im Deutschen durch Vers, Kontext und »Vorstellung« des Lesers weitgehend frei bestimmbar; insofern hat der deutsche Vers größere Rechte über die Sprache als der griechische, der mit eindeutig festgelegten Zeitwerten der Silben zu rechnen hat. Umgekehrt, nämlich in dynamischer Hinsicht, sieht Klopstock im Deutschen die Rechte des Verses über die Sprache gerade eingeschränkt. Die griechische Sprache bestimmt die Länge unabhängig vom Akzent und den Akzent unabhängig vom Sinn, lediglich nach den ›mechanischen‹ Regeln der paenultima und der antepaenultima (bei kurzer letzter Silbe steht der Akzent auf der vorletzten, bei langer letzter auf der vorvorletzten Silbe). Dasselbe Substantiv kann dann etwa im Nominativ und im Genitiv verschieden akzentuiert werden: ὁ ἄνθρωπος, aber τοῦ ἀνθρώπου. Die Indifferenz dieser prosodischen Grundgegebenheiten gegen semantische Rücksichten läßt, verbunden mit der unerhörten Freiheit der griechischen Wortstellung, die Sprache zu einem willfährigen Substrat der Versifikation werden, zu einer Art Material ohne eigenen Willen. Vor allem die von Klopstock zweizeitig genannten Silben sind, was sie sind, dann ausschließlich durch die Forderungen der pedes. Dagegen sind im Deutschen Akzent, Länge, Wortstellung und insofern auch Versifikation wesentlich von einem Nicht-Mechanischen abhängig: von der Bedeutung.

Bei den Alten ist das Mechanische Ursach der Silbenzeit; bei uns ist es, bis auf dasjenige, welches die Zweizeitigkeit mit bestimmt, nur *Beschaffenheit*. Die Ursach liegt bei uns tiefer./ Die Wörter und die Silben sind bei uns lang, wenn sie Hauptbegriffe, und kurz, wenn sie Nebenbegriffe ausdrücken. Das Wort *Ruf* ist lang. In *Rufes* ist die Silbe *Ru* lang, und die Silbe *fes* kurz (90).

Damit ist in Prosodie und Metrik eine ganz neue Dimension eingeführt: die Semantik. Neben der Subjektivierung des Zeitbegriffs und der Erkenntnis der Kontextsensitivität durativer Werte eine dritte Innovation der Klopstockschen Prosodie des Deutschen: ihre Rückbindung an die Semantik und damit eine Grenzüberschreitung der abstrakt für sich bestehenden Reflexion auf Akzent und Zeit.[7] Im Griechischen vermißt Klopstock eine analoge sinngeleitete Fundierung der Prosodie; sein klassisches Beispiel dafür ist das Wort φιλῆϑῆσοίμην[8], wo die kurze Stammsilbe gleich durch vier lange Flexionssilben übertönt wird. Klopstock spricht daher von einer »oft verstimmten Silbenzeit, nach welcher die Kürze da ist, wo, den Begriffen gemäß, die Länge, und diese da, wo jene, aus gleicher Ursache, sein sollte«.[9] Entsprechend ist der griechische Vers durch keine Rücksicht auf sinntragende Längen-Akzente eingeschränkt und insofern prosodisch freier, wiewohl in der Zeitmessung festgelegter: »Der griechische Vers wäre also, was er ist, sehr oft durch seinen Gang allein; und der deutsche wäre es zugleich durch die mitgehende Sprache.«[10] Als Beispiele für die Indifferenz, ja Gegenläufigkeit von Sprache und Vers in den alten Sprachen zitiert Klopstock etwa folgende Vergil-Verse:

Nec Saturnius haec oculis pătĕr adspicit aequis,
At Vĕnŭs aetherios inter dĕă candida nimbos. (92)

Ein analoges Beispiel aus der *Odyssee*:

τῶν ἁμόθεν γε, θέα, θύγατερ Διός, εἰπὲ καὶ ἡμῖν.

Die – mit Klopstock zu reden – »Hauptbegriffe« pater, Venus, dea und Διός sind hier jeweils kurz und metrisch unbetont, im Gegensatz zu bloßen Endungssilben (oculīs, intēr, θύγατερ) oder Präfixen (ādspicit), die sowohl lang als auch Iktus-tragend sind. Klopstock zieht aus diesem Befund einen dreifachen Schluß für die deutsche Dichtkunst.

Erstens: der euphonische Nachteil des Deutschen, den Klopstock ohnehin nur als geringfügig anerkennt, wird durch die besser ›gestimmte‹ Silbenzeit, eben die obligatorische Rücksicht des Verses auf Wortakzent und Sinnvalenzen, mehr als kompensiert. Nimmt man dann noch hinzu, daß Klopstock der vielgerühmten Quantität der alten Sprachen viel weniger mechanische Genauigkeit zugesteht als vor ihm üblich[10], dann ergibt sich daraus seine ›nationale‹ Präferenz für eine Umkehrung der Rangfolge zwischen den überschätzten alten und der unterschätzten deutschen Sprache.

Zweitens: da der deutsche Dichter nicht gleichermaßen frei mit Akzentverhältnissen und Wortstellung schalten kann, habe er viel größere Schwierigkeiten, einen guten Hexameter oder eine gute Ode zu komponieren. Eben deshalb ist aber auch seine Leistung höher zu veranschlagen – eine Art Anwendung der Ästhetik des zu überwindenden Widerstands auf das Verhältnis der Dichter zur Sprache sowie auf ihre Rangfolge untereinander. (Diese beiden Konsequenzen entsprechen natürlich der Klopstockschen Tendenz, eine Nachahmung nur da zuzulassen, wo sie erstens unmöglich ist, zweitens selbst eine Erfindung und drittens eine Überbietung des Vorbilds erfordert.)

Eine *dritte*, mehr technische Nutzanwendung für den Vers: Wegen ihrer notorisch »verstimmten Silbenzeit«, der virtuellen Indifferenz von Vers und Sprache gegeneinander, gebe es zwischen beiden in der Deklamation griechischer Verse fast immer »einen Sprung« (86). Klopstock wertet dies nicht als höchstes, sondern gerade als geringes Maß an innerer Spannung: so abstrakt ist das Verhältnis von Vers und Sprache, so sehr ist der »Leser der Alten« daran »verwöhnt«, daß beide ihren Weg für sich gehen, daß der »Sprung« zwischen beiden eher auf eine Art Nullspannung, nämlich auf Gleichgültigkeit gegeneinander hinausläuft und »gar nicht mehr [ge]merk[t]« wird.[11] Anders im Deutschen: gerade weil der Vers mehr Rücksichten auf Akzentverhältnisse und Bedeutungsstrukturen der Sprache nehmen muß, gibt es hier sozusagen auf kleinstem Raum mehr Spannung zwischen Metrum, Rhythmus und Syntax. Die feinen ›Übergänge‹ zwischen ihnen – Klopstock nennt sie »das Angenehme der kleinen Modulation« (statt des großen Sprungs) (86) – lassen überhaupt erst etwa die metrischen Verfremdungen der Semantik *als* solche spürbar werden. »Merklich« (69), würde Klopstock selbst sagen – denn seine Einführung einer phänomenologischen Perspektive in die Sprachwissenschaft gilt nicht nur für das Problem der Zeitbestimmung.

Da die alten Sprachen »keine festgesetzte prosaische Stellung« haben, gibt es in ihnen »also auch keine abweichende, und deswegen bemerkte poetische« (176). Was »die Leser der Alten« trotz oder gerade wegen des »Sprunges« aus Gewohnheit »nicht mehr merken«, das wird angesichts »der kleinen Modulation« im Deutschen »merklich«. Ein scheinbar paradoxes Resultat: gerade weil im Deutschen die Sprache wesentlich mit dem Vers »mitgeht«, werden hier auch die Differenzen und Interferenzen zwischen beiden stärker merk- und poetisch ausbeutbar; gerade weil Prosodie und Metrik enger an semantische Gegebenheiten gebunden sind, wird die relative Desemantisierung der Sätze durch ihren metrischen »Mitausdruck« allererst ein poetischer Ausdruckswert. (Daß Klopstocks Wertung dieses Vergleichsbefundes sein Kriterium ganz aus den Gegebenheiten der deutschen Sprache und damit aus nationaler Präferenz bezieht, den positiven Grundlagen des griechischen Verses – Zahl, Zeit, Melodie – dagegen nicht gerecht wird, wenn sie in ihrer größeren Freiheit vom Sinn negativ als bloß »mechanisch« bezeichnet werden, hat schon A.W. Schlegel in aller Deutlichkeit kritisiert.[12])

Empirische Parameter der Wortbewegung

Der »Lehrling der Griechen« will also in der konkreten Technik metrischer Bewegung sein eigener Meister sein. Und dennoch beschreitet er den Weg der unmöglichen Nachahmung der Horazischen Muster: weil er nämlich die Dimension der Metrik überhaupt im griechisch-Horazischen Sinn ausdifferenziert und ihre Bedeutung für die deutsche Dichtungssprache entschieden aufwertet. Hinzu kommt ein weiteres: die *allgemeine* Definition von Metrum und Rhythmus wird so gefaßt, daß sie gleichermaßen für die prosodisch verschiedenen alten und neuen Sprachen gilt. Möglich wird dies aufgrund der inneren Unterscheidung des Zeitbegriffs nach einem mehr ›mechanischen‹ und einem mehr subjektiv-phänomenologischen Pol. Für die Physiognomie der Klopstockschen Poetik ist dabei eine Abfolge der Ebenen aufschlußreich, der die hier gegebene Darstellung verpflichtet bleibt: die Schrift *Vom deutschen Hexameter* formuliert nicht erst eine Art Metaphysik der Metrik, um dann quasi anwendend zu speziellen technischen Fragen fortzuschreiten, sondern umgekehrt: Klopstock erörtert ausgiebig technische Probleme der Versifizierung, verwikkelt den Leser tief in komplizierte Fragen des metrischen ›Materials‹, und erst danach, nach dem Durchgang durch eine technisch-materialästhetische Reflexionsbahn, kommt er zu Aussagen allgemeinerer Art. Eine polemische Umkehrung des Duktus früherer Poetiken, die fast immer vom Allgemeinen zum Besonderen ›fortschritten‹, Manifestation zugleich des unversöhnlichen Klopstockschen Hasses gegen jede philosophische Ästhetik, die mehr von Begriffen und Spekulationen als von »Erfahrung« (160, 164) und detaillierter Kenntnis der Faktur der Kunstwerke lebt.

Als Oberbegriff für die Phänomene von Metrum und Rhythmus hat Klopstock den nun schon oft verwendeten Begriff der Bewegung eingeführt. Formal definiert wird, »was ich Wortbewegung nenne« (128), durch zwei Momente. »Die Bewegung der Worte ist entweder langsam, oder schnell. Sie hat, von dieser Seite angesehn, *Zeitausdruck*« (126). Überwiegen in einem Vers ›kurze‹ Silben, so ist er schnell. Diese Geschwindigkeit nun kann innerhalb einer Strophe von Vers zu Vers zunehmen, abnehmen, gleichbleiben usw. Klopstock spricht dann von steigenden, schwebenden und übergehenden (z. B. von langsam zu schnell) Strophen – eine Klassifikation, die ihn zur Erfindung einer Fülle neuer Strophenschemata geführt hat. Das zweite Moment der Wortbewegung transzendiert das rein quantitative Verhältnis von ›Längen‹ und ›Kürzen‹. Eine Kombination von je zwei Längen und Kürzen kann ja rhythmisch ganz verschieden ausfallen: als Choriambus (– ◡ ◡ –), Antispast (◡ – – ◡), Ditrochäus (– ◡ – ◡), Dijambus (– ◡ – ◡), Ionicus a maiore (– – ◡ ◡) und Ionicus a minore (◡ ◡ – –). Mit Blick auf »solche übereinstimmende, oder abstechende Verhältnisse« (126) formuliert Klopstock:

Die Bewegung von dieser Seite angesehn hat *Tonverhalt* [...] Was den Tonverhalt angeht, so vergleicht das Ohr in den Füßen: Silben mit Silben; in den Abschnitten oder Versen: Füße mit Füßen; und in den Perioden: entweder Abschnitte mit Abschnitten, oder Verse mit Versen (127 f.).

Der Tonverhalt ist »eine Schönheit des Rhythmus, die keine Beziehung auf Langsamkeit oder Schnelligkeit (hat), und die in gewissen verhältnismäßigen [...] Silbenstellungen (besteht)« (35). Zwar entdeckt Klopstock bei genauerer Analyse, daß der Tonverhalt durchaus die Grade von Langsamkeit und Schnelligkeit beeinflußt (132), aber diese »Nebenwirkung« ändert nichts an seiner kategorialen Verschiedenheit von nur numerischen Längen-Kürzen-Relationen. Die begriffliche Neuprägung ›Tonverhalt‹ zielt also in erster Linie auf ein positionales *Verhältnis* der Silben in ihrer Abfolge.[1] Zugleich schwingen aber auch zwei Nebenbedeutungen mit. Um das Gruppierungsverhältnis der ›Längen‹ und ›Kürzen‹ wahrnehmen zu können, muß das Ohr die bereits verklungenen Silben gleichsam festhalten, *verhalten* lassen. Und außerdem klingt auch Klopstocks Definition des Tons als *Anhalten* der Stimme durch. (Wäre sein Begriff des Zeitausdrucks nicht bereits in sich selbst durch die Einsicht in die nicht-mechanische Länge des deutschen Akzents unterwandert, könnte man sagen, das erste Moment der Wortbewegung definiere Klopstock von der Dominante der griechischen, das zweite dagegen von der Dominante der deutschen Prosodie und Metrik her.)

In der Wirklichkeit des metrischen und rhythmischen Phänomens sind beide, »Zeitausdruck und Tonverhalt [...,] immer zusammen und *wirken* daher *zugleich*« (auch wenn das eine Moment zuweilen das andere bis zur Aufhebung seiner subjektiven ›Merklichkeit‹ übertönen kann) (128). Als das Neue dieser Beschreibung hat Klopstock selbst die Dimension des Tonverhalts betrachtet. In den antiken Definitionen des Rhythmus sieht er nur »wenig« ausdrückliche Anhaltspunkte für eine Erfassung dieses Moments (128 f.); aber grundsätzlich handele schon »alles, was bei (den Griechen) von den Füßen handelt, und den Zeitausdruck nicht betrifft, [...] von dem Tonverhalt«.[3] Sofern der Tonverhalt innerhalb eines Verses auf dem Vergleich von »Füßen mit Füßen« beruht, hängt er mit einer zweiten Innovation und terminologischen Neuprägung der Klopstockschen Metrik eng zusammen. Denn was, so fragt Klopstock, heißt es überhaupt, »Füße mit Füßen« zu vergleichen? Der Hexameter »Schrecklich erscholl der geflügelte Donnergesang in der Heerschaar« wird nach der metrischen Schulformel in folgende Füße gegliedert: $(-\smile\smile)$ Schrecklich er, $(-\smile\smile)$ scholl der ge, $(-\smile\smile)$ Donnerge, $(-\smile\smile)$ sang in der, $(--)$ Heerschaar. Das aber, so Klopstocks Kritik (130 ff.), ist nur eine »künstliche« Fußphilologie fürs Auge statt fürs Ohr. Denn dieses orientiere sich, statt sie gleichgültig zu zerstückeln, viel stärker an der syntaktischen und semantischen Gruppenbildung der Sprache selbst. Wie schon auf der Ebene der prosodischen Betonung bringt Klopstock auch hier das Eigengewicht der Sprache und ihres »Inhalts« gegen Vers und Metrum ins Spiel und kommt dadurch zur Entdeckung der *Wortfüße*:

Diese bestehen nicht immer aus einzelnen Wörtern, sondern oft aus so vielen, als, nach dem Inhalte, zusammengehören, und daher beinah wie ein Wort müssen ausgesprochen werden; doch dies unter der Einschränkung, daß, wenn ein Wort viele Silben hat, es nicht mit zu dem, welchem es dem Sinne nach zugehört, genommen wird. Denn es füllt in diesem Falle das Ohr zu sehr, um nicht für sich einen Fuß auszumachen« (130).

Der zitierte Hexameter hat vier solcher Wortfüße: Schrecklich erscholl (– ◡ ◡ –), der geflügelte (◡ ◡ – ◡ ◡), Donnergesang (◡ – ◡ ◡ –), in der Heerschaar (◡ ◡ – –). Diese ›natürliche‹ Wortfuß-Gliederung überlagert als rhythmische Realität sui generis die »künstliche« und steigert entschieden, da etwa auf der Basis des Hexameters sich ja die verschiedensten Wortfüße ergeben können, die Mannigfaltigkeit und Komplexität der »Wortbewegung«. Deren Individualität beruht sogar wesentlich auf den von Vers zu Vers je verschiedenen Energien der Annäherung und Abstoßung zwischen Wortfüßen und ›künstlichen‹ Füßen. (Die negative Konnotation von »künstlich« verfällt allerdings, zumindest mit Blick auf die griechische Sprache, derselben Kritik, die A. W. Schlegel am Begriff »mechanischer« Zeitmessung geübt hat.) Zeitweise hat Klopstock überhaupt nur noch die Wortfüße als sprachliche Realität anerkannt und entsprechend neue Strophenschemata erfunden, die ganz als Gruppierung von Worten statt nur von beliebig zurechenbaren Silben angelegt, also stets gleichzeitig metrische und sprachliche Gliederung sind.

Metaphysik der Metrik:
Wortlose Wortbewegung als Erbin der rhetorischen
Lehre von Pathos und movere

Mit den bisherigen Bestimmungen ist aber erst das deskriptive Grundgerüst von Klopstocks Theorie der Wortbewegung gegeben. Dieses allein läßt noch nicht verstehen, warum Klopstock das, »was ich Wortbewegung nenne«, schlechthin zur »Hauptsache, worauf es in der Verskunst ankommt« (128), erklärt und diese Dominantensetzung auch praktisch realisiert. Eine erste Antwort darauf hat Klopstock jeweils gleich den empirischen Definitionen von Zeitausdruck und Tonverhalt beigegeben. Vom Zeitausdruck heißt es: »Dieser bezeichnet vornehmlich Sinnliches, und dann auch gewisse Beschaffenheiten der Empfindung und der Leidenschaften« (126). Vom Tonverhalt dagegen umgekehrt: »Die Gegenstände des Tonverhalts sind gewisse Beschaffenheiten der Empfindung und der Leidenschaft, und was etwa durch ihn vom Sinnlichen kann ausgedrückt werden« (127). Diese Komplementarität gehorcht folgender Logik: Der Zeitausdruck beruht auf einer sinnlichen Qualität der Silben, zwar nicht auf ihrer phonetischen ›Substanz‹, aber doch auf ihrem durativen und dynamischen Wert; er ist also primär etwas Sinnliches und »drückt nur so fern etwas von der Empfindung oder Leidenschaft aus, als Langsamkeit oder Schnelligkeit auch Beschaffenheiten derselben sind« (135 f.) Der Tonverhalt dagegen beruht weder auf der phonetischen noch auf der durativen oder dynamischen Qualität der Silben – können doch die gleichen Silben je nach Anordnung einen ganz verschiedenen Tonverhalt ergeben. Er ist also etwas Unsinnlicheres, rein Relationales, wenn man so will ›Geistigeres‹ und steht insofern der Dimension des Affekts (»das Sanfte, das Starke, Muntre, Heftige, Ernstvolle, Feierliche und Unruhige«) von sich aus näher als rein sinnlichen Gegenständen (135). Schiebt man beide Seiten dieses Chiasmus übereinander – denn seine Korrelate sind ja nach Klopstock »immer zusammen« und nur analytisch zu trennen –, so ergibt sich ein einziger Satz über die Wortbewegung als ganze: sie ›bezeichnet‹ sowohl Sinnliches als auch ›gewisse Beschaffenheiten‹ der Empfindung und der Leidenschaft, beides in Wechselwirkung aufeinander.

Die Unschärfe-Signale in diesen Definitionen – »gewisse Beschaffenheiten«, »was etwa kann ausgedrückt werden« – sind bewußt und werden auch nicht an anderer Stelle aufgelöst. Worauf es Klopstock allein ankommt, ist die vage Umschreibung eines physiognomischen Ausdruckscharakters der metrisch-rhythmischen Gegebenheiten an sich selbst: die Motorik der Zeitwerte und der Positionsverteilungen eines Versmaßes unterhalten unmittelbare Korrespondenzen mit der Motorik der Sinnlichkeit und der Leidenschaften. Es gibt »Ähnlichkeiten zwischen diesen Arten der Bewegungen [der Worte] und zwischen den Wendungen der Leidenschaften«, ja »alle Bewegungen unserer Sinnen, auch die feinsten, haben Einflüsse auf unsere Seele«[1] – wie es besonders evident in der Musik und im Tanz gegeben ist. »Die Eindrücke des Silbenmaßes«, sagt Klopstock, »sind stärker, als man vermuten sollte, daß sie sein könnten, wenn man den Ausdruck, der darin liegt, an sich selbst betrachtet [...] Auch in der Rede, sagt *Dionys*, ist etwas Musikalisches, welches, nur dem Grade, aber nicht der Beschaffenheit nach, von dem unterschieden ist, das der Gesang und die Instrumente haben« (141 f.).

In der Bestimmung der Dichtung als einer »Rede«, welche die »Leidenschaften« (πάθη) zu »bewegen« hat (movere, incitare), steht Klopstock in einer mächtigen, bis Mitte des 18. Jahrhunderts fast ungebrochenen Tradition Rhetorik-geleiteter Poetik. Er kannte nicht nur die klassischen Autoren rhetorischer Poetik, sondern ebenso ihre Rezeption im Renaissancehumanismus und teilweise auch im Barock. Neu ist an Klopstocks Poetik indes nicht nur, welche der überlieferten Wirkungsschemata und Figuren der Rhetorik er aktualisiert und reformuliert[2], sondern mehr noch eine immanente Begrenzung und Grenzüberschreitung der Rhetorik: zur wesentlichen Dimension, zur »Hauptsache« des Die-Leidenschaften-Bewegens avanciert bei ihm die metrische Bewegung der Worte; rhetorische Figuren und Strategien der persuasio im engeren Sinn sind nur noch zweitrangig – wenn auch unerläßlich – für die Erfüllung der von der Rhetorik übernommenen Wirkungsabsicht. Ist in traditioneller Rhetorik-geleiteter Poetik die Metrik des Verses ein begleitender, unterstützender Faktor der elocutio und pronuntiatio, dreht Klopstock also die Hierarchie von »Hauptsache« und sekundärem Hilfsmittel um.

Die Vagheit der Klopstockschen Definition der Autoexpressivität der Wortbewegung hat neben der großen Schwierigkeit, hier genaue und eindeutige Korrelationen zu formulieren, auch einen anderen, eher positiven Grund. Klopstock läßt die »Gegenstände« der Wortbewegung nämlich auch deshalb im Unbestimmten, weil es ihm auf ihre Bestimmtheit gar nicht so sehr ankommt; »Hauptsache«, sie kommen und versetzen – welcher Art auch immer sie sind – in »Bewegung«. Ein Epigramm hat diese Verschränkung von Bewegungsemphase und relativer Gleichgültigkeit gegenüber dem Substrat der Bewegung geradezu zur Definition des Geistes erhoben:

> Dass ihn etwas bewege, dies ist das heißeste Dürsten
> Unseres Geistes; er liebt alles, was so ihn erquickt.[3]

Die Beliebigkeit des »etwas« und »alles« läßt die Gegenstände und Anlässe der Bewegung hinter ihr selbst zurücktreten. Dieser ›Durst‹ nach Bewegung überhaupt hat eine Fülle historischer und poetischer Implikationen. Zuerst formuliert wurde er in der französischen und englischen Ästhetik seit Ende des 17. Jahrhunderts, am prominentesten in Jean Baptiste DuBos' *Réflexions critiques sur la Poé-*

sie et sur la Peinture (1719). Dabei hing die Forderung nach möglichst heftigen Bewegungen des Gemüts (grande impression, grande émotion, mouvement) explizit und eng mit dem Syndrom des Ennui zusammen, an dem die Oberschichten Frankreichs und Englands litten: das In-Bewegung-Setzen der erstarrten Seele hatte unter diesem Vorzeichen eine Melancholie-therapeutische Funktion.[4] Auch Klopstocks Durst nach Bewegung, nach »Aktion«, richtet sich partiell gegen die politischen und sozialen Verknöcherungen eines abgelebten Feudalsystems; daher ja auch seine spontane Begeisterung für die Französische Revolution. Hinzu kommen jedoch zwei weitere polemische Adressaten. Zum einen der beschränkte Prosaismus der bürgerlichen Verstandeskultur und Ökonomie, und zweitens die Monotonie und erstarrte Permanenz der seit Opitz fast ausschließlich vom immergleichen Auf und Ab des Jambotrochäus beherrschten Dichtungssprache. Alle diese Elemente ließen »das heißeste Dürsten unseres Geistes«, »daß ihn etwas bewege«, nicht nur unbefriedigt, ja sie weckten es vielleicht allererst als solches. Das Besondere an Klopstocks Angebot für diesen sinnlich-übersinnlichen Durst ist nun, daß es nicht oder nicht nur mit starken inhaltlichen Reizen aufwartet, potentielle Bewegungsauslöser also *durch Worte* transportiert, sondern daß es sich *auf die Worte selbst*, auf ihre metrisch-rhythmische Anordnung bezieht: dem Bewegungshunger des Geistes wird buchstäblich mit einer Theorie und Praxis der »Wortbewegung« geantwortet. Ein Zurückbeugen der Dichtung auf sich selbst: ihre ›Aufgabe‹ nimmt sie unmittelbar und direkt in ihre sprachliche Form hinein – wieder ein Klopstockscher Radikalismus der kurzgeschlossenen Anwendung außertechnischer Desiderate auf die Ebene der künstlerischen Technik. Diese Poetik der motio wird dann bei Klopstock wie bei anderen Autoren von einer Extroversion der Emotion (im engeren Sinn von Gefühlen der Liebe und der Freundschaft) begleitet, ja überlagert. Sie ist aber nicht aus dieser ableitbar oder auf eine Apotheose des Gefühls reduzierbar.[5] Eher umgekehrt: die Emotion ist nur ein Effekt der Intention auf motio überhaupt.

Der Redezweck des movere ist als dritte poetische Wirkungsabsicht neben dem Horazischen »aut prodesse aut delectare volunt poetae« bis hin zu Klopstock überwiegend der Rhetorik bzw. von ihr dominierter Dichtung zugeordnet. Die Dreiteilung der Poesie nach diesen Wirkungsqualitäten war Gemeingut der zeitgenössischen ästhetischen Reflexion. »Ein Redner oder Dichter«, heißt es entsprechend in Gottscheds *Critischer Dichtkunst*, »will seine Zuhörer entweder schlechterdings unterrichten oder *lehren*, oder er will sie *belustigen*, oder er will sie endlich *bewegen*. Mehr Absichten kann er bei der Schreibart nicht haben«.[6] Klopstocks Delegation der rhetorischen Wirkungsabsicht des movere an Metrum und Rhythmus findet ihre antike Legitimation paradoxerweise vorrangig in philosophischer und oratorischer Prosa bzw. in der Literarästhetik, die Demosthenes, Plato und Aristoteles zum Vorbild des Numerus erklärte. Cicero, Dionysius und Demetrius entdeckten die entscheidenden Wirkungen des Rhythmus ja gerade an den genannten Prosaautoren. Ciceros superlativischem Credo in den Numerus brauchte Klopstock nicht mehr viel hinzuzufügen:

Nihil est tam cognatum mentibus nostris quam numeri atque voces; quibus et excitamur et incendimur et lenimur et languescimus et ad hilaritatem et ad tristitiam saepe deducimur (*De oratore* III, 197).

In Klopstocks Übersetzung: »Es ist unsrer Seele, sagt *Cicero*, nichts so verwandt, als Numerus und Klang. Sie ermuntern und entflammen und besänftigen uns; durch sie schmachten wir hin; sie bringen uns zur Freude oder zur Traurigkeit« (144). Ähnliches kann Klopstock auch von Dionysius zur ›Stützung‹ seiner eigenen Theorie und Verskunst zitieren. Was fehlte, war nur noch ein kleiner, aber entscheidender Schritt, der übrigens bei Longin schon vorgebildet war: das movere qua Rhythmus mußte abgelöst werden vom rhetorischen Ziel der persuasio, an das es bei Prosaautoren und ihren Theoretikern weitgehend, wenn auch nicht bruchlos gebunden blieb. Es mußte aus einem begleitenden Mittel der Überredung (πίστις, persuasio) zu einem Zweck an sich selbst werden. Diese Steigerung des Rhythmus aus einem wichtigen Hilfsmittel zu einer Art autonomer Evokation der πάθη war für Klopstock nur in der Poesie denkbar. Die höchste Kraft des Rhythmus (summa vis), so schreibt ja auch Cicero im Anschluß an die oben zitierte Stelle, »carminibus est aptior et cantibus«, wird besser in Liedern und Gesängen als in Prosa entfaltet. Aber dieses ›besser‹ ist zugleich ein ›anders‹, die Steigerung ein qualitativer Sprung: gesprengt wird, wie gesagt, die Einspannung des movere qua Rhythmus in das rhetorische persuadere. Einen analogen Schritt vollzog die Poetik des movere ganz allgemein im 18. Jahrhundert, bei DuBos wie bei Burke und etlichen anderen Autoren. Aber nur Klopstock hat diese Autonomisierung des movere – die übrigens überall mit einer neuen, meistens anthropologischen Funktionalisierung einherging – fast gänzlich als eine genuin sprachliche vollzogen, als Theorie und Praxis metrisch-rhythmischer Wortbewegung.

Klopstocks Reinterpretation der rhetorischen Wirkungsabsicht des movere als metrisch-rhythmischer Realität liefert in ihrer Durchführung einen weiteren Grund für die Privilegierung der Wortbewegung als »Hauptsache« der Verskunst. Während wir die Inhalte einer Dichtung oder einer rhetorischen Figur, so Klopstock, oft erst mühselig erschließen müssen, indem wir die »Zeichen« auf das »Bezeichnete« hin auslegen, werden wir von der Wortbewegung selbst instantan und unmittelbar erfaßt:

Wir bekommen die Vorstellungen, welche die Worte, ihrem Sinne nach, in uns hervorbringen, nicht völlig so schnell als die, welche durch die Worte, ihrer Bewegung nach, entstehn. Dort verwandeln wir das Zeichen erst in das Bezeichnete; hier dünkt uns die Bewegung geradezu das durch sie Ausgedrückte zu sein. Diese Täuschung muß dem Dichter eben so wichtig sein, als sie ihm vorteilhaft ist (148).

Diese Passage ist der metrische Schlüssel für Klopstocks Poetik der Schnelligkeit und für seine Theorie des Irreduziblen, des irremplaçable der sprachlichen Zeichen. Der Derealisierung der Zeichen zu bloßen Bedeutungsträgern kommt die Bewegungsenergie der Wortbewegung buchstäblich zuvor: sie ist schneller, wirkt schneller und »geradezu«. Nichts, so Klopstocks überzeugende Logik, bewegt unmittelbarer und schneller als das scheinbar so unendlich Künstliche und Vermittelte des Verses, eben seine metrisch-rhythmische Bewegung. Und er geht noch weiter: nicht nur ist ihm die Wortbewegung eine »schnelle« Ausdrucksrealität *neben* oder *vor* der Orientierung am Wortsinn, sie erlaubt es auch, solche »Gegenstände« zur »Darstellung« zu bringen, für die es überhaupt keine Worte gibt, und greift insofern auf die Dimension der »Inhalte« über:

Der Dichter kann diejenigen Empfindungen, für welche die Sprache keine Worte hat [...] durch die Stellung und die Stärke der völlig ausgedrückten ähnlichen, mit ausdrücken (171).

Das »Silbenmaß« mithin als eine mehrfach irreduzible Dimension des Verses: zum einen wegen seiner Unmittelbarkeit und Schnelligkeit, die es jedem Signifikat zuvorkommen lassen und kraft deren die rhythmische Signifikantenfolge eine physiognomische Bedeutungsrealität ist statt nur Zeichen für eine intelligible Bedeutung; zum anderen, weil die relationale »Stellung« der Silben auch Affektwerte mitschwingen lassen kann, die der bloßen Beschreibung gar nicht zugänglich sind, weil die Sprache für sie »keine Worte hat«.

Klopstocks Theorie der Wortbewegung sichert sich ihre Privilegierung gegenüber den Dimensionen Klang und Bedeutung also dadurch, daß sie eine Theorie des Wortlosen in sich einschließt. Das Gespräch *Von der Darstellung* hat dafür die wunderbare Formel gefunden: »Überhaupt wandelt das Wortlose in einem guten Gedicht umher, wie in Homers Schlachten die nur von wenigen gesehnen Götter« (172). Wortlos ist nicht nur das, wofür »die Sprache keine Worte hat« und was dennoch in ihrer Bewegung ›ausgedrückt‹ wird. Wortlos wandeln auch nicht nur die rhythmischen Zäsuren durch das Gedicht, als buchstäbliche Nullstellen, die gleichwohl bedeutungssetzend sind. Ihre Nicht-Artikulation als wortloser Pause hätte »eine ganz andere Strophe« zur Folge, obwohl alle erfüllten Terme der Signifikantenkette die gleichen blieben: »Die Bildung derjenigen [Strophe], welche der Erfinder im Sinn hatte, wird zerstört« (38). Wortlos sind darüber hinaus sogar die Grundelemente der Wortbewegung: denn Zeitausdruck und Tonverhalt von Silbenfolgen definieren sich ja wesentlich unter Abstraktion von dem je besonderen Klang (eine dynamisch und/oder durativ identische Versposition kann ja phonetisch sehr verschieden ›realisiert‹ werden) und auch von der Semantik der Worte[7], mithin von beidem, was in herkömmlicher Betrachtung gerade ein Wort ausmacht.

Eine paradoxe Struktur: die schnelle Unmittelbarkeit der Wortbewegung gründet auf etwas, was in den einzelnen Worten gerade wortlos ist und sich erst in ihrer – eben dadurch irreduziblen – metrisch-rhythmischen Kombination *herstellt*. Sie ist eine körperliche Realität, weil und sofern sie gerade ein genuin struktureller und vom phonetischen wie semantischen So-Sein der einzelnen Wortkörper abstrahierter Effekt des Verses ist. Oder anders: der Akzent von Klopstocks Begriff liegt weniger auf *Wort* als auf *Bewegung*; diese führt in die Worte etwas ein, das in ihnen als solchen nicht enthalten ist, sondern erst im Vers entsteht und in ihm umherwandelt »wie in Homers Schlachten die nur von wenigen gesehnen Götter«. Produktion eines Wortlosen im Medium der Worte, physiognomische Qualitäten reiner struktureller Verhältnisse, sinnlich-materielle, wiewohl wesentlich nicht-klangliche und zugleich übersinnliche Realität der Sprache – das ist die »Hauptsache« einer »Verskunst«, die den ›Durst‹ des Geistes nach Bewegung und damit die rhetorische Wirkungsabsicht des *movere* an Metrum und Rhythmus delegiert.

Diese Theorie der Wortbewegung untergräbt in ihren avanciertesten Elementen das eher konservative Sprachmodell, in dessen Rahmen sie eingeführt wird.

Alles, was die Sprache sagen kann, sagt sie, durch den *Wortsinn*, insofern nämlich die Wörter, als zu Zeichen gewählte Töne, einen gewissen Inhalt haben, ohne noch dabei auf den Klang, und die Bewegung dieser Töne zu sehen; durch den *Zeitausdruck*, in so fern die *Bewegung*, und durch den *Tonausdruck*, insofern der Wohlklang ausdrücken hilft (37 f.).[8]

Dieses Schichtenmodell formuliert eine wenig originelle sprachtheoretische Hierarchie. Da ist erstens der bezeichnete »Inhalt« als das Wesentliche, zweitens und drittens

– als sekundäre Epiphänomene, die ihn ›ausdrücken helfen‹ – Bewegung und Wohlklang. Gegenüber dem für sich bestehenden Inhalt als dem Primären und Eigentlichen, das die »Zeichen« ausdrücken, erscheinen Bewegung und Wohlklang nur als – so Klopstocks fast durchgängiger Sprachgebrauch – »Mitausdruck«[9], als schöne Zutat und helfendes Beiwerk von zwar hoher, aber doch nur dienender und abgeleiteter Bedeutung. Dieses Modell, das weithin für das ganze Klopstocksche Sprach- und Versmodell genommen wird, gerät in Klopstocks fortgeschrittener metrischer Reflexion in Widerspruch zu sich selbst. Denn die Theorie der Wortbewegung wertet ja zuletzt das Zweite zum Ersten, den dienenden »Mitausdruck« zur »Hauptsache«, der alles andere dient, auf. Ihr zufolge unterstützen Metrum und Rhythmus ja nicht nur einen vorgegebenen »Wortsinn«, sondern sie setzen eine schnelle Realität sui generis (die ihrerseits ›Inhalte‹ hervorbringt). Statt nur Mitausdruck eines für sich gegebenen Inhalts zu sein, vermögen sie »auszudrücken, was nicht Wortessinn, nicht Klang/ vermag«.[10]

Auch wenn Klopstock die derart entfesselte Dimension der Wortbewegung immer wieder auf eine dienende Funktion zurückzubiegen versucht, sprengt sein eigenes Denken der Darstellungspotenzen, »die allein in der Stellung der Füße, aber nicht in dem Sinne, auch nicht in den Worten liegt« (143), ebenso regelmäßig diese konventionelle Erblast. In der Schrift *Vom deutschen Hexameter* stehen beide Pole der Metaphysik der Metrik manchmal auf einer Seite in handgreiflichem Widerspruch nebeneinander. Dennoch repräsentiert gerade dieses metrische Hauptwerk Klopstocks am klarsten die innovative Sprengkraft seiner Sprach- und Verstheorie: in den Schriften zur Poetik, die weniger technisch orientiert sind, dominiert eher der traditionelle Pol.

Es gibt ein Radikalitäts- oder Innovationsgefälle von den technisch-metrischen Schriften über die zu Gegenstand und Darstellung bis ›hinunter‹ zu den rein gegenstandsästhetischen Schriften. Seiner Verskunst am nächsten ist der metrische Artist Klopstock in seinen technisch motivierten Schriften, die immanent in eine Philosophie des Metrischen übergehen: sie begründen und erzeugen Analoga der rhetorischen πάθη und der ihnen zugeordneten Wirkungsabsicht des movere auch da, wo die Gehalte der Rhetorik des Pathos kaum zugänglich sind oder wo – dies der häufigere Fall – das angestrengte Pathos hoher Rhetorisierung hoher Gegenstände als hohl, die eigene Prätention nicht tragend empfunden wird. Die ›Schätze‹ der anderen Schriften sind dagegen teilweise nur zu heben, wenn man sie bereits sub specie der Theorie der Wortbewegung liest – und das heißt oft: mit Klopstock gegen ihn liest.

Ein markantes Beispiel für die Brüche und Verschiebungen, die sich von Klopstocks Metrik seiner Poetik überhaupt mitteilen, ist die Dekonstruktion der moralischen Legitimation von Poesie. Zur Zeit Klopstocks war die moralische Letztbegründung der ästhetischen Reflexion bereits nachhaltig erschüttert. Insbesondere das schon von Aristoteles erwähnte Phänomen des Vergnügens an dramatischen Darstellungen von Greueltaten und ähnlichen unmoralischen Reizen hatte einen Keil zwischen die ästhetische und die moralische Reflexion getrieben: die Poetik emanzipierte sich zunehmend von der Verpflichtung auf direkt moralische Inhalte oder Wirkungen. Klopstocks Poetik stemmt sich gegen diese Tendenz: sie versucht die angeschlagene moralische Dimension durch Re-Substantialisierung und Überbietung zu retten. Daher der umstrittene und letztlich gescheiterte Versuch einer religiösen Dichtung, daher die moralische Emphase der Freundschafts-, Liebes- und Todesgedichte, daher die Inthronisation der »moralischen Schönheit« als »letzten Endzwecks der höhern Poesie« (191). Obwohl auch der Begriff der moralischen Schönheit bei Klopstock wesentlich eine Reinterpretation rhetorischer Kategorien darstellt, nämlich eine Kombination von iucunditas und gravitas, von delectare und movere, bleibt er der Theorie der Wortbewegung als der erklärten »Hauptsache« der Verskunst offenbar so fremd, daß er in Klopstocks metrischen Schriften vollständig ausfällt. Und nicht nur das: die Bewegungsemphase gerät in direkten Konflikt mit der moralischen Emphase. Denn ihre allgemeinste epigrammatische Reflexion sprengt kraft ihrer Unbestimmtheit jede moralische Zensur:

> Dass ihn etwas bewege, dies ist das heißeste Dürsten
> Unseres Geistes; er liebt alles, was so ihn erquickt.

Die Beliebigkeit dieses »etwas« und »alles«, der Verzicht auf jede Begrenzung der Bewegungssubstrate und die Verabsolutierung der Form der Bewegung selbst sind eine Konsequenz, die sich in Klopstocks metrischen Schriften im Modus des Schweigens ausspricht: durch das völlige Ausbleiben der die Poetik noch regierenden substantiell-moralischen Dimension. Vielleicht war es dieses ›wortlose‹ Unterwandern moralischer Vorgaben in der zur »Hauptsache« aufgewerteten metrischen Reflexion, das den späteren Klopstock auch zunehmend Gedichte ohne moralischen ›Überbau‹ hat schreiben lassen, wie die Gedichte über metrische Bewegung einerseits, über sportliche Bewegung wie Schlittschuhlaufen und Reiten andererseits.

In Klopstocks berühmten Eislaufgedichten (*Der Eislauf,
Der Kamin, Braga, Die Kunst Tialfs*) reflektieren sich
Theorie und Praxis der Wortbewegung in fast kurzschlüs-
siger Direktheit im Inhalt des Gedichts, in einer Emphase
körperlicher Bewegung. Die Dimension des wesentlich
Wortlosen setzt hier auch noch die Semantik der Worte
und wird dadurch vollends zur Dominante von Klopstocks
Verskunst. Weit entfernt, eine skurrile und vielbelächelte
Privatleidenschaft Klopstocks zu sein, verwirklichen diese
Gedichte geradezu in reiner Form die Leitbegriffe seiner
Metrik und Poetik: »Bewegung« und »Aktion«. Sie sind
ein Extremphänomen im Sinne Benjamins. Besonders
sinnfällig wird in ihnen auch ein Begriff, den Klopstock
aus einer anderen Dimension rhythmischer Bewegung mit
großer Konsequenz auf die Poesie bezieht: der *Tanz*.
Auch die Bewegungsfolge des Tanzes besteht aus Zeit- und
Akzentverhältnissen, Zäsuren und Untergliederungen in
Schrittgruppen (›Versfüße‹, ›Wortfüße‹); wie beim Vers
könnte man sogar, je nach Mischung von Vorschrift und
Variation, von gleichen und ähnlichen Tanzarten spre-
chen. In *Die Kunst Tialfs* heißt es von ›Schrittschuhläu-
fern‹:

> Sie tanzten Strophen und Antistrophen,
> Ruhten selten Epoden aus.
> Sie tanzten den ganzen Pindar durch.[1]

»Ich erfinde noch dem schlüpfenden Stahl/ seinen Tanz!«
formuliert Klopstock geradezu programmatisch in *Der
Eislauf*[2], und umgekehrt bemerkt er zu *Braga*: »Ihr Silben-
maß bildete ich auf dem Eise nach meinen Bewegungen«.[3]
Tanz wie Eistanz sind die ideale Selbstreflexion einer Poe-

sie und einer Poetik, die ihre Dominante in die metrisch-rhythmische Bewegung setzt. Ein »Gedicht«, das in diesem Sinne »ein Gedicht ist«, zu deklamieren und »einen Tanz [zu] halten«[3a], gilt in Klopstocks *Gelehrtenrepublik* als eins und dasselbe. Ein »Gedicht ohne Darstellung«, d.h. ohne eine genuine Ausdruckspotenz der Wortbewegung selbst, ist dagegen »ein Tänzer, der geht« (162).

Dichtung als Tanz – dieser Klopstockianismus enthält zugleich eine originale Position im Streit um Verhältnis und Rangfolge der einzelnen Künste untereinander. Die vor-Klopstocksche Poetik hatte die Dichtung vor allem mit der Malerei verglichen – *Réflexions critiques sur la Poésie et sur la Peinture* heißt DuBos' bekanntes Werk, Breitinger redet durchgängig, allen Abgrenzungen zum Trotz, von »poetischer Mahlerey« –; die nach-Klopstocksche Poetik privilegiert dagegen den Vergleich mit der Musik. Den Tanz zu den schönen Künsten (beaux arts) zu zählen und in einem Künstevergleich ausdrücklich zu berücksichtigen, dies allein ist noch keine Besonderheit Klopstocks. Zwar spielt, soweit ich sehe, der Tanz in den Künste-vergleichenden Schriften seit der Renaissance, in deren Tradition auch Klopstocks Text steht, bis zum Beginn des 18. Jahrhunderts kaum eine Rolle; aber zehn Jahre vor Klopstocks Aufwertung des Tanzes begegnet er in Batteux' *Les beaux arts* (1747) bereits mit einiger Selbstverständlichkeit in einem System der Künste. Selbst die lateinischen Fürstenschulen nahmen seit dem 17. Jahrhundert – zusätzlich zum humanistischen Kanon und um für die Söhne der Adligen attraktiver zu sein – neben Französisch und Fechten auch den Tanz in ihr Unterrichtsangebot auf.[4] Durchaus neu und eine Klopstocksche Sonderlizenz dagegen ist es, den Tanz unter den schönen Künsten für den Vergleich mit den ›schönen Wissenschaften‹ (belles lettres) und vor allem mit der Poesie zu privilegieren; darin ist Klopstock allenfalls Herder und J. H. Voss zur Seite zu stellen.

In den meisten Vergleichsbestimmungen vor wie nach Klopstock hat die Poesie unter den schönen Künsten zwei andere privilegierte Konkurrenten bzw. Wahlverwandte: eben die Malerei und die Musik. Klopstock mischt die Karten in diesem Vergleich grundlegend neu, indem er eine weitere Mitspielerin auftreten läßt, die nicht angekündigt war. Daher das irritierende offene Ende seiner Schrift *Von dem Range der schönen Künste und der schönen Wissenschaften*, in der zunächst nur »ein Gedicht und ein Gemälde« um den »Vorzug« wetteifern (202). Der »Geschmack« als Richter des Streits lädt zwei Prozeßvertreter ein: die Bildhauerkunst soll die Ansprüche von Malerei, Baukunst, Kupferstechkunst sowie auch Musik vertreten; die Philosophie dagegen – nicht die spekulative, sondern die praktische, mit Erfahrung, Moral und Beredsamkeit liierte in der Tradition des Xenophontischen Sokrates[5] – führt das Wort für alle schönen Wissenschaften wie Poesie, Beredsamkeit und Geschichte. Die Subsumtion der Musik unter die bildenden Künste und die Zweiteilung überhaupt ergeben sich aus dem Kriterium Sinnen- versus Nicht-Sinnenkünste; jene wenden sich primär an Auge und Ohr, diese dagegen, eben die belles lettres, sollen »unmittelbar« und direkt (ohne »Hülfe der Sinnen«) auf Einbildungskraft und Herz wirken (206f.).

Nach einem kurzen Plädoyer der bildenden Künste und der Musik läßt Klopstock die Philosophie ein ungleich wortreicheres Gegen-Plädoyer halten. Drei Argumente sind dabei am wichtigsten. Erstens: die Poesie bleibe kraft ihres allgemeineren und ›geistigeren‹ Mediums, der Sprache, nicht so sehr »an den sinnlichen Vorstellungen hangen« (207); sie sei einer sowohl tieferen als auch vielfältigeren

Wirkung fähig. Zweitens: die bildenden Künste als Raum-
künste können nur ein Nebeneinander und damit nur einen
Augenblick darstellen; die Poesie dagegen als ein Nebenein-
ander von Zeichen kann die ganze Dimension der Zeit in
sich hineinnehmen. Beide Argumente, die Philosophie be-
merkt es selbst, stechen allerdings kaum oder gar nicht ge-
genüber der Musik. Von ihr heißt es daher auch, womit
zugleich die Grundkonstruktion des Streitverfahrens ein er-
stes Mal in Frage gestellt wird: »Die Musik allein nähert sich
uns hier« (207). Erst das dritte Argument scheint die schö-
nen Wissenschaften vollends in Führung zu bringen: auch
wenn bildende Kunst und Musik ursprünglich direkt an den
religiösen Kult gebunden waren, seien Poesie und Philoso-
phie dank ihrer Sprachlichkeit einer viel direkteren morali-
schen wie religiösen Reflexion fähig und deshalb »nützli-
cher«. »Unsere Verdienste um die Ausbreitung der Tu-
gend«, so die Philosophie gegen ihre Konkurrentinnen,
»sind viel größer, als ihr auch dann, wenn ihr es mehr woll-
tet, hier jemals haben werdet« (208).

Nach dieser einseitigen Vorstellung war der Geschmack
als Richter »nicht [...] ungewiß, welcher Partei er den Vor-
zug [...] geben sollte« (214). Doch während er noch »über
die Art, auf welche er sein Urteil sprechen wollte«, nach-
sinnt, läßt Klopstock etwas passieren, was das ganze Ver-
fahren sprengt:

(Der Geschmack) wollte eben anfangen zu reden, als er durch einen
Zufall unterbrochen wurde.
  Die *Tanzkunst*, die bisher nicht zugegen gewesen war, erschien auf
einmal mit ihrer gewöhnlichen Lebhaftigkeit. Sie erfuhr bald, was
vorgegangen war, und worauf man wartete. Die *schönen Wissenschaf-
ten* konnten eine gewisse Freude über die Ankunft der *Tanzkunst*
nicht verbergen. Ihre Gegnerinnen waren auch ein wenig mißver-
gnügt darüber. Denn ob sie gleich nicht recht einsahen: Was ein

moralischer Vorzug eben zu bedeuten haben sollte; so hatte sie doch die Zärtlichkeit, mit der sie der *Geschmack* angesehen hatte, so furchtsam gemacht, daß sie nicht ganz ohne Ahndung waren, daß jener Vorzug doch vielleicht von einigem Gewichte sein könnte. Der *Tanzkunst* kam es sonderbar vor, daß man einer Schönheit, die sie kaum dafür erkennen wollte, nur hätte erwähnen können! Und überhaupt war sie so mißvergnügt darüber, daß sie nicht wäre gerufen worden; bezog sich so lebhaft darauf, wie sie für sich und ihre Freundinnen geredet haben würde; und drang so sehr auf eine neue Versammlung, in welcher sie die gemeinschaftliche Sache führen wollte, daß sich der Richter entschloß, die Parteien ohne sein Endurteil von sich zu lassen (214 f.).

Mit diesem offenen Ende schließt Klopstocks Schrift. Das zufällige Erscheinen der Tanzkunst unterbricht das fast abgeschlossene Verfahren so nachhaltig, daß der Richter sein bereits gefälltes »Endurteil« suspendiert. Dessen Hauptkriterium, die moralische Schönheit, wird von der Tanzkunst schon durch ihr bloßes Erscheinen in Frage gestellt: ihr »kam es sonderbar vor, daß man einer Schönheit, die sie kaum dafür erkennen wollte, nur hätte erwähnen können!« Ohne das Kriterium der größeren moralischen Nützlichkeit entfiele aber das einzige Argument, durch das Poesie und Philosophie ihren Vorrang gegenüber der Musik geltend machen konnten. Erstaunlich genug, daß dennoch die schönen Wissenschaften jene Kunst, die sie um den Sieg bringt, freudig begrüßen, eher als Mitglied der eigenen Partei denn als Konkurrentin: »Die *schönen Wissenschaften* konnten eine gewisse Freude über die Ankunft der *Tanzkunst* nicht verbergen.«

Ein katastrophales Finale der Gerichtsverhandlung: das Entscheidungskriterium gerät ins Wanken, und die dadurch geschädigten Fast-Sieger begrüßen das sogar noch. Ein eher konventioneller Anfang der Schrift also – Gedicht und Gemälde, Poesie und Malerei kämpfen allein um den Vorzug;

eine Durchführung des Streits, in der die Musik bereits als vernachlässigte Kunst erwähnt wird; und schließlich eine Sprengung von Ausgangsfrage und Prozeß durch das Erscheinen der Tanzkunst.[6] Hier ist offenbar nicht nur ein Weiterverhandeln, sondern eine komplette Revision des Verfahrens angezeigt. Durchgeführt wurde sie von Klopstock selbst nicht auf der Ebene allgemeiner Poetik – die Konzeption der Dichtung als Tanz und das gleichzeitige Aufrechterhalten direkter religiös-moralischer Kriterien waren offenbar schlechthin nicht zusammenzuzwingen –, sondern in seinen Schriften zur Metrik, in denen die Liaison der Poesie mit der aus dem Rahmen fallenden Tanzkunst vollzogen wird. Diese spezifisch metrische Motivation unterscheidet Klopstocks Zusammendenken von Tanz und Dichtung auch deutlich von ihrem prominentesten und vielleicht einzigen zeitgenössischen Wahlverwandten: der Herderschen Theorie vom Ursprung der Poesie in Gesang und Tanz. In seinen *Briefen über das Lesen des Horaz* hat allerdings auch Herder einmal speziell vom »Tanz« und »mäandrischen Gang« der Ode gesprochen.[7]

Klopstocks Poetik des metrischen Tanzes ist keineswegs nur ein Übergangsphänomen im Wechsel der beliebtesten Vergleichskunst von der Malerei zur Musik. Zwar beinhaltet der Tanz-Vergleich ipso facto eine Annäherung der Poesie an die Musik, und Klopstock hat ja auch einmal »die Eindrücke des Silbenmaßes [...] an sich selbst betrachtet« als »etwas Musikalisches« bezeichnet (141f.). Aber er hat ebenso deutlich die Grenze des Vergleichs gezogen: der Klang, vom Begriff der Musik untrennbar, wird nämlich von ihm als etwas nur Drittrangiges nach Wortbewegung und Wortsinn eingestuft; er rangiert damit noch tiefer als in vor-Klopstockschen Klassifikationen, wo ihm nur der Wortsinn vorausging. »Halten Sie [...] den Wohlklang, oder die Bewegung der Worte für mitbedeutender? – Die Bewegung, und zwar in hohem Grade.«[8] Als »Reihntanz« des Verses vermag die Wortbewegung etwas »auszudrükken, was nicht Wortessinn, nicht Klang/ vermag«.[9] Die nach-Klopstocksche Aufwertung des Musikalischen poetischer Sprache ist dagegen stets zugleich (ohne sich allerdings darauf zu beschränken) eine Aufwertung des Phonetischen; geradezu programmatisch etwa in Novalis' wunderbaren Sätzen über »Gedichte«, die »blos *wohlklingend* und voll schöner Worte – aber auch ohne allen Sinn und Zusammenhang« seien[10], über jene »Zauberworte«, die »nicht allgemeine Zeichen«, sondern magische »Töne« seien, »unerschöpflich an Melodien«.[11] Klopstock dagegen lokalisiert das »Musikalische« der »Rede« allein in Takt-, Zeit- und Betonungsverhältnissen, nicht aber in deren klanglicher ›Substanz‹ – wie ja auch seine Theorie der Wortbewegung, obwohl sie auf eine Darstellungspotenz der Signifikanten selbst zielt, deren konkrete phonetische Substrate zu bloßen Vehikeln struktureller Zeit- und Akzentverhältnisse virtualisiert. Der Tanz nun ist eine solche musikalisch-rhythmische Bewegung ohne Klang. Zwar wird er meistens von Klang begleitet, unabdingbar ist eine solche Begleitung aber nicht. Zumal auf zugefrorenen Bächen oder Seen fällt sie in der Regel fort: auch deshalb ist der stumme Tanz auf dem Eis ein ideales Paradigma der Klopstockschen Poesie. Sie ist Musik ohne Klang, so wie die Wortbewegung wesentlich Bewegung eines Wortlosen ist; sie ist – mit einer schönen Prägung Herders – »eine lyrische Muse ohne Lyra«.[12] Herders Besprechung der Oden-Ausgabe letzter Hand (1798) verfehlt dagegen den anti-phänomenalen, nicht-tönenden Zug von Klopstocks ›Gesängen‹:

Wenn aber, wie Horaz meynt, die Muse stummen Fischen sogar Sprache verleihen kann [vgl. die Verse 19-20 der auf S. 353 f. abgedruckten Ode 4, 3 *Quem tu Melpomene*, W. M.], sollte ein melodisches Vorlesen dieser Gedichte jedem nicht ganz tauben oder verbildeten Ohr, ohne Commentar, durch bloße Biegung der Stimme, nicht auch *Verstand* dieser Gedichte mitteilen? Kaum hat unsre Sprache ein Buch, in dem so viel lebendiger Laut und Wohllaut in melodischer Bewegung so leicht und harmonienreich tönet, wie in diesem.[13]

An Wohllaut und Melodie ist die nach-Klopstocksche Lyrik den ebenso spröden wie enthusiastischen Oden weit überlegen; als metrischer Tanz bewahren diese dagegen einen exzeptionellen Rang, unreduzierbar auf eine bloße Vermittlerrolle, extrem und einzigartig in der deutschen Verskunst. Wie mit dem »Tanz« auf dem Eis, der »musiklos gefällt«[14], ist diese Dichtung mit den »stummen Fischen« unter dem Eis vielleicht eher zusammenzudenken als mit der bloßen »Biegung der Stimme«, gehören Kälte, Starrheit und Tod – als negativer Assoziationshorizont der eisigen Fläche – eher zu ihrer Physiognomie als die »lebendige Stimme«. So paradox ist ihr ›Feuer‹, daß es die Unterscheidungen von Hitze und Kälte, Leben und Tod, Sinnlichkeit und Unsinnlichkeit, Stimme und Schrift transzendiert: der körperlichsten unter den Künsten, dem Tanz, bildet sie sich gerade kraft ihrer Unkörperlichkeit, der relativen Indifferenz ihrer metrischen Struktur gegen deren materielles klangliches Substrat an; lebendig ist ihre Stimme nicht aus sich selbst, sondern als Effekt jener Schrift der Schlittschuhe auf dem Eis, die nicht rhetorischen Figuren, sondern metrischen Partituren gleicht. Gerade diese Differenz in sich selbst macht auch das Besondere, weil positiv Paradoxe der »Deklamation« aus, die Klopstock immer wieder für seine den Klang doch depotenzierenden Wort-Tänze eingefordert hat.

Gemeinsam ist dem Tanz- wie dem Musik-Vergleich das Hervorheben der Zeitlichkeit der Poesie. Breitinger hatte die Poesie noch wesentlich mit der Raumkunst verglichen, auch wenn er das Besondere der poetischen »Mahlerey« gerade in ihre Sukzessivität gesetzt hatte. Mit Klopstock dagegen wird die Zeit zur Dominante schon der basalen Begrifflichkeit: in der Folge der Silben, im Syntagmatischen spielt sich das Wesentliche der Poesie ab, und die temporale Größe der Schnelligkeit wird zu einem Hauptbegriff der Poetik. Raumbegriffe, auch wenn sie wie bei Breitinger verzeitlicht sind, werden der Poesie nicht mehr gerecht. Von ihnen stößt sie sich vielmehr ebenso ab wie von jeder Behinderung poetischer Schnelligkeit. Seine Kehrseite findet das Lob des Tanzes daher in einer Kritik des Bildes. In einem seiner metapoetischen Gedichte hat Klopstock beides direkt verschränkt. »Bewegung«, so heißt es in *Der Bach*, gefalle »mehr« als »Wohllaut«[1]; ihre Elemente Zeitausdruck (»So säumt und so eilt sie«) und Tonverhalt (»All ihr Gelenk schwebt in Verhalt«) motivieren wiederum die Gleichsetzung mit dem Tanz, die in emphatischer Verdopplung auftritt (»Ihr den Tanz [...], ihr den Tanz«). Diese Überbietung des Wohllauts kraft Anverwandlung an den Tanz entfernt die Wortbewegung zugleich von jeder Orientierung an Bildern: »Bildern folgt,/ [...] ferne sie nur«.

Die Distanzierung vom Bild prägt in der Tat entscheidend die Physiognomie von Klopstocks Dichtung: der eigentümliche Eindruck unsinnlicher Sinnlichkeit beruht nicht nur positiv auf der stummen Musik des Tanzes, auf der Inszenierung einer Wortbewegung des Wortlosen, sondern auch negativ auf der strengen Bilderlosigkeit. Diese hat zunächst eine literarhistorische Signatur: wie von der Metrik der barocken Dichtungssprache distanziert Klopstock sich auch von deren allegorischem und metaphorischem Bilderreichtum, der anders als der Opitzsche Jambentrab bereits allgemein unter dem Titel Schwulst in Verruf geraten war. Aber damit ist noch nicht die ganze Radikalität der Klopstockschen Bilderlosigkeit erfaßt. Denn sie verwirft mit dem barocken ›Schwulst‹ auch alle anderen Formen poetischer Bildlichkeit, macht sich weder das nüchterne Gedankenbild der Aufklärungsdichtung zu eigen, noch nimmt sie spätere Formen symbolischer ›Bildlichkeit‹ vorweg.[2] Klopstocks Angriff und Distanzierungsarbeit gilt vielmehr schlechthin der Selbstdefinition der Poesie durch jede Art vertikaler Verweisungsstruktur. Seine Sprache ist weder eine der Allegorie noch des Symbols, weder eine der Metapher noch der Metonymie, weder eine ›uneigentliche‹ noch eine ›eigentliche‹ – alle diese Lieblingsbegriffe der Literaturwissenschaft greifen bei ihm ins Leere, weil sie wesentlich, mit Saussure und Jakobson zu reden, an der paradigmatischen Achse von Zeichenketten orientiert sind.[3] Die Klopstocksche Wortbewegung dagegen verlagert die Poetizität der Poesie ganz auf die syntagmatische Achse, aus der räumlichen Vertikalen in die zeitliche Horizontale – eben in die Dominante von Metrum, Rhythmus und Grammatik. Diese Poesie des Syntagmas, der Horizontalen prägt ihre Dominante um so reiner aus, je weiter sie sich von Bildern jeder Art »ferne« hält. Und auch darin entspricht der Eistanz aufs genaueste der Klopstockschen Poesie: als zeitliche Bewegung auf einer horizontalen Fläche schaltet er jeden bildlichen (Barock) oder gedanklichen (Aufklärung) Vertikalismus aus und privilegiert ganz die rhythmisch-grammatische Motorik.

Aus der Distanzierung vom Bild erschließt sich zugleich Klopstocks Einstellung zur Mythologie. Auf den ersten Blick scheint es hier einen evidenten Widerspruch mit sich selbst zu geben: Klopstock teilt die vor der romantischen Mythenforschung kurrente Auffassung der Mythologie als »Allegorie«- und »Bilder«-Denken; und doch greift seine dezidiert bilderlose Dichtung in erheblichem Umfang auf den tradierten mythologischen Bilderschatz zurück. Die Lösung dieses Widerspruchs ist in seiner *Beurteilung der Winckelmannischen Gedanken über die Nachahmung der griechischen Werke in den schönen Künsten* (1760) zu finden. »Der Künstler hat ein Werk nötig«, so wird Winckelmann zitiert, »welches aus der ganzen Mythologie, aus den besten Dichtern alter und neuer Zeiten [...] diejenigen sinnlichen Figuren und Bilder enthält, wodurch allgemeine Begriffe dichterisch gebildet werden« (220f.). Dieser Satz mußte Klopstocks entschiedenen Widerspruch hervorrufen. Denn die Anwesenheit mythologischer Gestalten in seinen eigenen Gedichten durfte auf keinen Fall als selbstwidersprüchlicher Rückgriff auf Bilder oder Allegorien verstanden werden. Da Klopstock aber nun nicht etwa Winckelmanns allegorischen Mythologie-Begriff verwirft, bleibt ihm nur ein Ausweg: die mythologischen Personen sind überhaupt nicht mythologisch und deshalb auch nicht bildlich oder allegorisch.

Die Mythologie gehört nicht hierher. Wenn wir den Homer lesen, so sehen wir seine Götter als Personen an, die von den Helden für wirklich sind gehalten worden. Sie sind also, insofern wir uns an die Stelle der Griechen setzen, welches wir bei der Lesung des Homer tun müssen, historische Personen für uns. Sie werden freilich nicht völlig *historische Personen* für uns, weil wir sie nicht glauben; unterdes sind sie doch von ganzen *Nationen* geglaubt worden, und dies ist zu einem *gewissen Grade von Anteil*, den wir an ihren Taten nehmen, zureichend (221).

Klopstock spielt hier also die kollektive Gültigkeit der Mythologie gegen die Mythologie aus und erklärt die mythologischen zu »historischen Personen für uns«. Der eigentliche Grund für diesen wenig überzeugenden Ausschluß der Mythologie aus sich selbst wird umgehend nachgeliefert:

Nicht allein der Umstand, daß sie von ganzen Nationen als wirklich geglaubt worden sind, hindert, daß wir sie nicht als allegorische Personen denken mögen; sondern sie würden auch meistenteils sehr gezwungne und unvollständige Bilder von allgemeinen Begriffen sein (221).

Das ist deutlich genug: von »allegorischen Personen« als »Bildern« allgemeiner Begriffe hält Klopstock nichts. Da Allegorie und Bild aber auch zu seinem Mythologie-Begriff gehören, *müssen* die mythologischen Gestalten, sofern sie in der Poesie, auch in der eigenen, vorkommen, eben gerade *nicht*-mythologisch sein. Nur mit diesem begrifflichen Spagat gelingt es Klopstock, die Präsenz der Mythologie in seinen eigenen Gedichten und deren dezidierte Bilderlosigkeit zusammenzudenken. Aber auch für die künstlerische Leistung eines Rubens im Medium mythologischer Gestalten reklamiert Klopstock mit einigem Recht und Scharfsinn die Distanzierungsformel »Die Mythologie gehört nicht hierher«. Denn:

Es ist wahr, »daß Rubens der vorzüglichste unter den großen Malern ist, der sich auf den unbetretnen Weg der allegorischen Malerei gewagt hat«, allein was wir an Rubens am meisten bewundern, ist gewiß die Vermischung allegorischer Personen mit historischen nicht (220).

Die erklärte Indifferenz der eigenen Mythologica gegen die Funktion, Bild oder Allegorie eines »allgemeinen Begriffs« zu sein, hat Klopstock in seinen Dichtungen nicht zuletzt durch die Beliebigkeit des Umgangs mit ihnen kundgetan. Ein Schulbeispiel dafür ist seine Transposition des Gedichts *Auf meine Freunde* aus einem antiken mythologischen Gewand in ein germanisch-kultisches. Die Pointe dieser extrovertiert äußerlichen Transposition liegt weniger in der Bekehrung zum Bardentum als in der Relativierung der Mythologica überhaupt: in beiden Fällen kommt es auf sie *als* bestimmte Mythologica gleich wenig an. Beide sind vielmehr nur abgeleitetes Medium, ja beliebige ›Füllung‹ der ganz und gar unbildlichen Dominante von Klopstocks Dichtung – eben der Wortbewegung in Metrum und Grammatik. Solcher anti-mythologischen Signale ungeachtet, hat der spätere Klopstock zunehmend auf das mißverständliche Zitat von Mythologicis verzichtet. Denn selbst wo sie nicht als Allegorien mit vertikaler semantischer Bilderfracht gelesen wurden, blieb ihnen doch ein Klopstock-fremdes Element: wer sie nicht instantan präsent hatte, hielt an der betreffenden Stelle des Gedichts zwangsläufig inne, dachte nach, suchte im Bedeutungsparadigma. Damit aber würden nicht nur die syntagmatischen Effekte von Grammatik und Metrum als die »Hauptsache« des Gedichts suspendiert, es würde zugleich die Schnelligkeit der Wortbewegung radikal abgebremst. Und eben dies ist Klopstocks zweiter Vorwurf an die mythologischen Allegorien: sie verzetteln den Leser oder Betrachter in ein gelehrtes und oft erfolgloses Stöbern nach ihrem vertikalen Bedeutungshof.

Die beiden Hauptfehler der meisten allegorischen Gemälde sind, daß sie oft gar nicht oder doch sehr mühsam verstanden werden, und daß sie, ihrer Natur nach, uninteressant sind (218).

Das polemische Desinteresse an mythologischer Gelehrsamkeit im Sinne einer Dechiffrierung von Bildbedeutungen folgt direkt aus der erst Jahre später formulierten Theorie der Wortbewegung. Denn diese will die lesende Aktivität von der paradigmatischen Achse der Wortbedeutungen auf die syntagmatische Achse der Verhältnisse der Silben untereinander ablenken und zielt damit auf eine Realität sui generis, die sich ›schneller‹ einstellt als die erst hermeneutisch zu erschließende Dimension des Wortsinns.

Darstellung, Aktion, Leben

In Klopstocks Schriften zur allgemeinen Poetik hat die metrische Theorie der Wortbewegung ihre (vorweggenommene) Konsequenz, ja ihr Äquivalent in einem völlig neuen Begriff schneller *Darstellung* gefunden. Er tritt positiv an die Stelle des in sich selbst bereits ins Gegenteil des einfachen Wortsinns ›verkehrten‹ Nachahmungsbegriffs und bezieht seine Substanz auch nicht zuletzt aus dem Einspruch gegen die re-präsentationistische Logik der *nach*träglichen Verkörperung eines *Vor*gegebenen. Und das heißt auch: aus dem Einspruch gegen die zuvor dominierende ›eigene‹ Wortbedeutung, die das Grimmsche Wörterbuch ja eben mit »ponere ante oculos, repraesentare« notiert, darin darstellen mit vorstellen (»*vor* Augen stellen«) gleichsetzend. Der Differenz der Signifikanten folgend, reißt Klopstock gerade eine Kluft zwischen vorstellen und darstellen auf.

Als Leitbegriff der Poetik in diesem von der repraesentatio grundverschiedenen Sinn setzt sich »Darstellung« erst Ende des Jahrhunderts, in den Reflexionen der Frühromantiker, durch. Vor Klopstock wird Darstellung weder vergleichbar aufgeladen, noch spielt der Begriff eine ähnlich zentrale Rolle im Systemaufbau der Poetiken.[1] Wo er bereits begegnet, wie in Lessings *Laokoon* von 1760, da nur in weit engerer Bedeutung: Lessing bezieht den Darstellungsbegriff in erster Linie auf die bildende Kunst und faßt ihn dort wiederum nur als äußere Ausführung eines gegebenen Inhalts, der er die Erfindung im Felde der Dichtkunst entgegenstellt.[2] Klopstocks Darstellungsbegriff dagegen transzendiert nicht nur die Begrenzung auf die unmittelbare bildnerische Vorstellung eines Objekts, er sprengt den Objekt-Begriff überhaupt und entdeckt das erfindende, das produzierende Moment der Darstellung selbst. Darin geht er auch über seine wenig später erfolgte philosophische Aufwertung durch Kant hinaus. Weil für Kant Begriffe ohne Anschauungen ›leer‹ sind, können nur »schematische« oder »symbolische [...] Hypertyposen, d. i. Darstellungen (exhibitiones)« der Erkenntnis »objektive Realität« geben, indem sie Begriffe mit Anschauungen verbinden.[3] Die Einsicht in die *Notwendigkeit* von Darstellung und die Theorie von Schematismus und Symbol sind daher bei Kant zwei Seiten derselben Sache. Aber bei dieser Aufwertung des Darstellungsbegriffs handelt es sich zunächst nur um eine ›kritisch‹ sich bescheidende Anerkennung der *negativen Unverzichtbarkeit* von Darstellung als *Mittel* und *Repräsentation*; die exhibitio selbst bleibt dabei eine Zur-Schau-Stellung eines vorher Gegebenen, nur eben nicht Sichtbaren. Eine *positive Unhintergehbarkeit* von Darstellung als *Medium* und *Produktion* wird philosophisch dagegen erst von Schlegel und Novalis gedacht (in anderen Begriffen auch schon von Hamann). Klopstocks Poetik nimmt beide Stufen der philosophischen Aufwertung des Darstellungsbegriffs, die Kantische und ihre frühromantische Überbietung, vorweg. Sie markiert damit eine Zäsur im Denken von Darstellung, ohne welche ›moderne‹ Poetologie kaum denkbar wäre. Die im engeren Sinn stilistischen Postulate dieses Darstellungsbegriffs sind bereits bei der Analyse des *Lehrling der Griechen* berührt worden. Seinen theoretischen Grundelementen gelten die folgenden Ausführungen.

Klopstocks *Gedanken über die Natur der Poesie* formulieren gleich zweimal eine Definition der Poesie, die zumal bei Weglassung einiger Nebensätze sofort als vorweggenommene Selbstzitate der Theorie der Wortbewegung erkennbar sind:

Das Wesen der Poesie besteht darin, daß sie [...] in Bewegung setzt (180).

Die tiefsten Geheimnisse der Poesie liegen in der *Aktion* [...] Überhaupt ist Aktion zu unserm Vergnügen *wesentlich* (181).

Auch in *Von der Darstellung* figuriert das In-Bewegung-Setzen mehrfach als das kardinale Charakteristikum von Wirklichkeit und Wirkung der Poesie. Und ihm zur Seite stehen die deutsche Variante des lateinischen Fremdworts Aktion, nämlich Handlung, sowie der Begriff des Lebens und der Lebendigkeit. Daß beide sich zum Bewegungsbegriff wie zu ihrem übergreifenden Allgemeinen verhalten, geht aus dem Text klar genug hervor. Handlung ist nur eine besonders manifeste Existenzform von Bewegung, und Klopstock dividiert beider Geltungsbereiche ausdrücklich auseinander: ein Gedicht kann kraft seiner Darstellung auch solches »in Bewegung« setzen, »was keiner Handlung« im engeren Sinn »fähig ist«. Eben dadurch – und das relativiert die begriffliche Disjunktion – wird dann doch so etwas wie ein Effekt von Handlung erzielt, »scheint« der nicht handlungsfähige Gegenstand »sich der Handlung zu nähern« (168). Und überall da, wo die Darstellung »in Bewegung setzt« und zumindest den Schein von Handlung erzeugt, »zeigt« sie, wie Klopstock sagt, »den Gegenstand in seinem Leben« (169).

Diese scheinbar abstrakten Begriffe der Bewegung und des Lebens richten sich zunächst gegen eine Theorie und Praxis der Poesie, die der transzendentalen Reflexion auf sich selbst als produzierender Handlung unfähig ist und lediglich Gegenstände vor-stellt. Gedichte, die Beschreibungen von etwas Gegebenem oder »Abhandlung[en] von einer Lehre«[4] sind, sieht Klopstock geradezu »als etwas seiner Art nicht Angehöriges« an, als Nicht-Gedichte, als »Gedichte ohne Darstellung«, als »Tänzer, (die gehen)« (162). Ihr »Fehler«, so Klopstock, würde sofort erkennbar, »wenn man sie in Prosa übersetzte«[5], ja diese Übersetzbarkeit in Prosa ist bereits ihr Fehler, denn sie bedeutet, daß der »poetische Ausdruck« nur die abziehbare Verkleidung eines an sich selbst Unpoetischen war. Tanzende Darstellung im emphatischen Sinn dagegen wertet sich selbst zu einem »Leben« und zu einer irreduziblen Realität sui generis auf: wie Klopstocks metrische Reflexion die Bewegung der Worte »an sich selbst betrachtet« zur »Hauptsache« der Gedichtkunst erklärt, so zielt der Darstellungsbegriff auf das immanente theoretische Moment der künstlerischen Form. »Darstellung *hat Theorie*«, lautet ein Kernsatz dieser Poetik; er distanziert sich von jeder Form der Abhandlung, die »nur Theorie ist« (157). Diese immanente Aufladung der Darstellungsform legt auf das »Erdichten« als »Erfinden« möglicher Stoffe weit weniger Wert, als die Schweizer es getan haben. »Die Erdichtung«, heißt es in der *Gelehrtenrepublik* sogar einmal in radikaler Konsequenz, »ist keine wesentliche Eigenschaft eines Gedichts« (162). Denn zum nicht-nachahmenden »Erfinder« im Sinne Klopstocks wird der Dichter weniger durch die stoffliche »Erdichtung« als »durch neue Arten der Darstellung« (158).[6] Kraft ihres immanenten Theorie-Habens sind diese Darstellungsformen und ihre Poetik von einem Formalismus genauso weit entfernt wie die transzendentalen, alle Gegenstände erst ermöglichenden Formen Kants von den logischen.

Seele und Herz, Empfindung und Leidenschaft

Dieser Kantianismus des Kant-Hassers Klopstock gewinnt des weiteren an theoretischer wie historischer Tiefenschärfe, wenn man in den Definitionen der Poesie als Bewegung die Adressaten ihrer Wirkung mitliest: »Die tiefsten Geheimnisse der Poesie liegen in der Aktion, in welche sie unsre Seele setzt« (181). »Vor allem müssen [Lieder der höhern Poesie] das Herz bewegen«[1]. Seele, Herz, Empfindung, Leidenschaft – das sind die ›Instanzen‹ und Handlungsformen, an die Klopstock das »Leben« der »Darstellung« bindet. Gewiß spielt auch hier eine Kritik am begrenzten Rationalismus der Aufklärungsdichtung eine Rolle, aber die positive Etikettierung Klopstocks als des Sängers der Seele und des Gefühls erspart sich zumeist eine Reflexion auf Grund und Status dieser Begriffe bei ihm und übersieht daher die wesentliche Brechung, ja nicht-dialektische Aufhebung dieser Etiketten in sich selbst. Nicht nur geben, wie schon Lessing so treffend bemerkte, Klopstocks Gedichte meistens viel weniger zu fühlen, als sie prätendieren, vor allem sind sie überhaupt nicht in einer substantiellen Psychologie von Seele und Herz begründet.

Die Theorie der Wortbewegung gibt darüber die deutlichsten Aufschlüsse, und zwar angesichts der Frage: Worauf wirkt überhaupt jene »Anmut« der wortlosen Wortbewegung, »die allein in der Stellung der Füße, aber nicht in dem Sinne, auch nicht in den Worten liegt« (143)? Offenbar nicht in erster Linie auf den Verstand, dessen privilegierte Dimension eben die von »Inhalt« und »Wortsinn« wäre. Aber auch nicht ausschließlich auf den Gehörsinn – das wäre eher die Funktion des Wohlklangs der Worte, und dafür enthält die Wortbewegung zu viele Momente struktureller Abstraktion. Bleibt also nur etwas Drittes, das die beiden ersten nicht ausschließt, wohl aber sich als der Dominante unterordnet. Und eben das nennt Klopstock auch in *Vom deutschen Hexameter* »Empfindung und Leidenschaft« (136). Beide werden nur in dieser Bedeutung, Korrelate der transrationalen Wortbewegung zu sein, eingeführt; unabhängig von dieser Bindung an die von Klopstock privilegierte Dimension der Sprache werden sie als an sich seiende Größen nicht näher bestimmt, ja nicht einmal erwähnt. Und genauso ist es in Klopstocks allgemeiner Darstellungslehre: die Adressaten der Bewegung, Seele und Herz, und die ihnen zugeordneten Handlungsformen, Empfindung und Leidenschaft, begegnen ausschließlich als Korrelate einer transzendentalen Reflexion der poetischen »Aktion« auf sich selbst, auf die quasi-apriorischen Effekte ihrer spezifischen Medialität und Verfahren, nicht aber als autonome Vorgaben einer materialen Theorie oder Kultur der Gefühle. Darin steht, nur eben ins Metrische versetzt, Klopstock ganz in der Tradition Rhetorik-theoretischer Psychologie und Psychagogie. Modisch gesprochen: von Seele und Empfindung spricht der Theoretiker Klopstock ausschließlich mit Blick auf das Spiel der Silben, soweit es weder in Inhaltsvermittlung noch in reiner Klanglichkeit aufgeht. Er zieht ganz einfach den Schluß, daß Bewegung Bewegung korrespondiert, diejenige der Worte in ihrer Zeit- und Akzentstruktur derjenigen der menschlichen Gemütskräfte, die weder auf Verstand noch reine Sinnlichkeit reduzierbar und von der Einbildungskraft am stärksten affizierbar sind: dadurch erhält sein motionalistischer Ansatz in der Ästhetik die oft zu sehr als Ursprung und Hauptsache interpretierte Farbe des Emotionalismus.

Die Klopstockschen Akzente auf den menschlichen Gemütskräften werden mithin, unbeschadet ihrer anti-Kantischen Unterprivilegierung von Vernunft und Verstand, selbst in transzendentaler Reflexion einer Form motiviert, nämlich der Form einer auf Wortbewegung gründenden Darstellung. Sie sind – pointiert formuliert – nicht Ursprung, sondern abgeleitetes Moment dieser Darstellungslehre, und nur weil Klopstock dieses Moment so extrovertiert und zugleich erfolglos auch die Inhaltsebene seiner Gedichte hat regieren lassen, konnte es immer wieder zu jener Vertauschung der Dependenzverhältnisse kommen, der seine eigene Theorie und Praxis der Wortbewegung ebenso unablässig entgegenarbeitete.

Die Ambivalenz der Lessingschen Klopstock-Lektüre entspricht diesen versetzten und teilweise gegeneinander arbeitenden ›Schichten‹ in Klopstock selbst. Der »Wortsinn« läßt Lessing kalt: einerseits, weil er seinen Verstand in keinem Punkt weiter »aufgeklärt« sieht; andererseits, weil er vor lauter beschworener Empfindung »oft gar nichts dabei empfindet«. Die Wortbewegung dagegen teilt ihm eine »Begeisterung« eigener Art mit: »Genug, daß mich eine schöne, prächtige *Tirade* über die andere angenehm unterhalten hat; genug, daß ich mir, während dem Lesen, seine Begeisterung mit ihm zu teilen, geschienen habe.« Selbst daß Lessing hier die enthusiasmierte Bewegung der Einbildungskraft, als Korrelat der dionysischen Wortbewegung (»prächtige Tirade«), zu einer angenehmen Unterhaltung erklärt – womit er einen kritischen Pfeil gegen Klopstocks Verabsolutierung des hohen Tons, des genus sublime zu schießen scheint, denn die Funktion der angenehmen Unterhaltung ist weit mehr dem genus medium zugeordnet –, selbst dieser so wenig mit Klopstock assoziierte Hedonismus der Lektüre hat in dessen Theorien von Wortbewegung und Darstellung ein fundamentum in re. Denn für Klopstock selbst war das movere nicht ein schlechthin anderes des prodesse und des delectare, sondern an sich selbst eine Realisationsform von ästhetischem »Vergnügen«. Der Nachsatz zu dem Vordersatz »Die tiefsten Geheimnisse der Poesie liegen in der *Aktion*« lautet ja: »Überhaupt ist uns Aktion zu unserm Vergnügen *wesentlich*« (181). Damit hat das altehrwürdige delectare einen kardinalen Rang in der Poetik des so sehr aufs angestrengte Mißvergnügen reduzierten Klopstock inne; ja es ist geradezu das Telos des movere selbst. Der Zugang zu diesem Vergnügen fällt heute nicht leichter als für Lessing. Aber es ist Klopstock selbst, der es in seine so wenig vergnüglich sich gebenden ›Gesänge‹ eingeschmuggelt hat – in Theorie und Praxis der metrisch-rhythmischen Wortbewegung.

Täuschung, Schein

In *Vom deutschen Hexameter* führt die Unterscheidung von Wortsinn als einer Sphäre des Bezeichnens und Wortbewegung als einer Sphäre unbezeichneten, instantanen Seins auf einen neuen, völlig positiven Begriff der »Täuschung«:

Dort verwandeln wir das Zeichen erst in das Bezeichnete; hier dünkt uns die Bewegung geradezu das durch sie Ausgedrückte zu sein. Diese Täuschung muß dem Dichter eben so wichtig sein, als sie ihm vorteilhaft ist (148).

Nicht anders heißt es in *Von der Darstellung* über die Poesie als Kunst der Bewegung: »Der Zweck der Darstellung ist Täuschung« (167). Die Besonderheit dieser Bestimmungen läßt sich schärfer fassen, wenn man sie vor dem Hintergrund eines fast gleichlautenden Lessing-Satzes liest. Malerei und Dichtkunst, so Lessing, »stellen uns abwesende Dinge als gegenwärtig, den Schein als Wirklichkeit vor; beide täuschen, und beider Täuschung gefällt«.[1] Auch Lessing hat also den Platonischen Topos der Dichter-Kritik in eine positive Kategorie der Poetik verwandelt, aber die Täuschung beruht bei ihm, obwohl oder gerade weil sie die phantasmatische Verwechslung der beiden Seiten des Zeichens herbeiführt, noch ganz auf dessen herkömmlicher Logik als einer Re-präsentation, die etwas Abwesendes als »gegenwärtig vorstellt«. Klopstocks Begriff der Täuschung ist mit diesem Schema der illusionistischen Verwechslung von eigentlicher Präsenz und Repräsentation nicht mehr zu fassen. Ja er zielt gerade auf eine Ebene, wo diese Unterscheidung auf eine andere als illusionistische Weise aufgehoben oder besser: verlassen ist. Denn die Wortbewegung gehorcht nach seiner Unterscheidung ja nicht mehr jener Logik der Substitution und der Sukzession, wo wir ein Bezeichnetes in ein Zeichen verwandeln und umgekehrt. Sondern sie korrespondiert von vornherein und unmittelbar mit dem, was sie scheinbar nur substituiert, ja *ist* selbst, was sie ›ausdrückt‹. Diese Realität der Nicht-Repräsentation versieht Klopstock nun mit einem Virtualisierungs-Vorzeichen: auch ihre Dinglichkeit an und für sich selbst ist eine Täuschung – denn ihre Wirklichkeit wäre nicht, was sie ist, ohne die Bewegung von Empfindung und Einbildungskraft und ohne die Mitarbeit des Lesers, der sich von der textuellen »Handlung« wiederum »in Bewegung setzen« läßt. Aber diese Täuschung ist doch andererseits eine wesentliche und notwendige – denn was sie ›ausdrückt‹, hat jenseits dieses Ausdrucks überhaupt keinen Bestand für sich, sondern findet erst in den quasi-transzendentalen Effekten der Darstellung zu einer sinnlich-übersinnlichen Realität seiner selbst. Darstellung im Sinne Klopstocks täuscht also nicht, weil sie für etwas anderes, sondern weil sie gerade *nicht* für etwas anderes steht – oder zumindest den Schein davon produziert. Mit diesem Begriff einer irreduziblen Täuschung und seinem vorerst nur selten auftauchenden Wahlverwandten, einem ebenso ins Emphatisch-Positive gewendeten Begriff des Scheins, nimmt Klopstock direkt den in der philosophischen Ästhetik der Jahrhundertwende zu einem Leitstern aufsteigenden Begriff des *wesentlichen Scheins* vorweg, wie er am weitreichendsten nicht in Hegels Theorem vom sinnlichen Scheinen der Idee, sondern in Novalis' Fichte-Studien formuliert worden ist: »Alles Denken ist also eine Kunst des Scheins. Schein ist Grund aller Form und alles Stoffs allein./ Schein und Wahrheit zusammen machen nur eine eigentliche Realität aus./ Schein ist die Urform der Wahrheit, des Urstoffs. Es ist die Wahrheit auf sich selbst bezogen.[2]«

Schnelligkeit

Als einen Grund für die Privilegierung des metrisch-rhythmischen Tanzes als »Hauptsache« der Verskunst nennt die Schrift *Vom deutschen Hexameter*, wie bereits erwähnt, die Schnelligkeit: »Wir bekommen die Vorstellungen, welche die Worte, ihrem Sinn nach, in uns hervorbringen, nicht völlig so schnell als die, welche durch die Worte, ihrer Bewegung nach, entstehn« (148). Diese Schnelligkeit im Sinne einer durch kein Bedeutungsentziffern verlangsamten, ›transhermeneutischen‹ Perzipierbarkeit figuriert in Klopstocks allgemeineren Schriften zur Darstellung nicht weniger als Ideal:

Das *Schneller* ist überhaupt von nicht kleinem, und bei der Darstellung ist es von sehr großem Gewicht (174).

Klopstock spricht geradezu von der »schnellen Gewalt« der Dichtung (192). Auch darin äußert sich die metrische Inspiration seiner gesamten Poetik. Die (pseudo-)klassische Dreieinigkeit von schön, gut und wahr heißt bei ihm »schnell, groß und wahr« (195). In *Von der Darstellung* attestiert Klopstock der genuin darstellenden »Aktion« sogar die sich potenzierende Schnelligkeit des freien Falles: »Wenn, Schlag auf Schlag, Lebendiges Lebendigem folgt; so nimmt dadurch seine Kraft beinah so sehr zu, als die Schnelligkeit der fallenden Last durch den größeren Raum zunimmt« (169). Ein schwindelerregendes Bild der Temporalisierung und Tempo-Radikalisierung der Verskunst als eines metrischen Tanzes. Der Superlativ dieses Bildes steht nicht einmal allein da. Der Superlativiker Klopstock hat es sich nicht nehmen lassen, auch die anderen möglichen Dimensionen von Bewegung jeweils in maximaler Steigerung zu formulieren. Deren prädestinierte grammatische Form ist bei Klopstock nicht der Superlativ selbst, sondern der absolute Komparativ; in ihm bleibt stets noch eine Bewegungsenergie auf fortgesetzte Steigerung zu spüren, während sie im Superlativ bereits am Ziel und insofern virtuell beruhigt ist. In dieser absoluten Steigerungsform treten dem Prädikat des »schneller« die Bewegungsprädikate »weiter«, »größer« und »höher« zur Seite:

Die ganze Seele wird weiter, alle Bilder der Einbildungskraft erwachen, alle Gedanken werden größer [...] Wir fühlens, wir wollten uns noch höher erheben (195).

Schneller, weiter, größer, höher – Klopstocks Poetik der Bewegung nähert sich damit nicht zufällig der Sprache des sportlichen Rekords und der Reklame. Daß seine Gedichte mit denselben Mitteln sich im Bereich religiöser wie sportlicher Begeisterung ›bewegen‹, diese Konjunktur von Sport und Metaphysik ist seit je als skurrile Schnurre Klopstocks belächelt worden. Sie ist aber mehr als das. Nämlich der markanteste und keineswegs einzige Effekt einer durchgängigen radikalen Ambivalenz bzw. eines extremen Kurzschlusses von Modernismen und Anti-Modernismen in Klopstock. Obwohl zum Inbegriff des starrsinnig Zopfigen, Altväterlichen und Verstaubten geworden, hat Klopstock doch nicht nur die ›moderne‹ deutsche Dichtung mitbegründet, sondern er hat ebenso eine Poetik formuliert, deren positive Leitworte geradezu Schlagworte auch gesellschaftlicher Modernisierung sind: »Hauptsache«, die Verhältnisse kommen und bleiben in »Bewegung«, in »Aktion«, um nicht zu sagen *action*; Temporalisierung und Beschleunigung prägen gerade in ihrer Abstraktheit die – wie Marx sagt – Verflüssigung aller überkommenen Werte und Sozialstrukturen; je schneller, desto besser; je höher, desto besser; je größer, desto besser; je weiter, desto besser. In der Poetik Klopstocks schreibt sich damit geradezu ein Reklametext der Industrialisierung, und es wäre reizvoll, den *Messias*, den Klopstock ja als großangelegte Durchführung dieser Poetik begreift, einmal als eine Art monströser Werbung für die Moderne zu lesen. Die Euphorie von Bewegung auf einer tiefenlosen (Eis-)Fläche und von action überhaupt bei kaum verhüllter Gleichgültigkeit gegenüber ihren jeweiligen Substraten lassen Klopstock sogar als einen frühen ›Postmodernen‹ erscheinen.

Mit der quantitativen Steigerung des Bewegungsbegriffs in den Superlativ des absoluten Komparativs ist zugleich der Begriff des *Erhabenen* gegeben. Denn als erhaben bestimmt Klopstock eben dasjenige, was *am meisten* bewegt. Und zwar in einem doppelten Sinn: Erstens übt das Erhabene besonders »starke Wirkungen« (182) aus, die uns – ein Prädikat des Erhabenen schon bei Longin, das Kant dann besonders akzentuiert hat – mehr überwältigen als überreden und dennoch gefallen.[1] Zweitens ist es das Charakteristikum dieser »letzten und höchsten Wirkungen der Werke des Genie«, »daß sie die ganze Seele bewegen« (190) und in dieser alles ergreifenden Bewegung »uns über unsre kurzsichtige Art zu denken erheben« (191). Auch Longin, der ja eine Standardreferenz der zeitgenössischen Poetik war, band das Erhabene an die höchsten Grade von »Handlung und Leidenschaft«[2], an den »Eindruck einer lebhaften Bewegung«[3]; für seine sprachliche Realisation empfahl er bereits die Klopstockschen Kategorien »Schnelligkeit und gedrängte Kraft«.[4] Im Bewegungsbegriff treffen sich selbst so unterschiedliche Theorien des Erhabenen wie die Edmund Burkes und Immanuel Kants. Burke definierte lakonisch: »(Das Erhabene) ist dasjenige, was die stärkste Bewegung hervorbringt, die zu fühlen das Gemüt fähig ist«[5] – wobei Burke allerdings nur an die negativen Größen Schmerz und Furcht, nicht aber an eine positive ›Erhebung‹ im Sinne Klopstocks dachte. Kant hat den Begriff der Bewegung sogar nur für das Erhabene reserviert und ihm im Felde des Schönen die Ruhe der Kontemplation gegenübergestellt:

Das Gemüth fühlt sich in der Vorstellung des Erhabenen in der Natur *bewegt*: da es in dem ästhetischen Urtheile über das Schöne derselben in *ruhiger* Contemplation ist.[6]

Die Kantische Disjunktion des Schönen und des Erhabenen findet sich bei Klopstock bekanntlich nicht. Der Bewegungsbegriff ist bei ihm das übergreifende Allgemeine, und das Erhabene unterscheidet er nur dem Grad, nicht aber der Art nach vom Schönen: als das höchste Schöne, weil die stärkste Bewegung. Aber gleichviel: auch Kant denkt das Erhabene mit dem Bewegungsbegriff zusammen, und er definiert das »Wohlgefallen« am Erhabenen – darin dem Klopstockschen schneller, höher, größer, weiter entsprechend – als »mit der Vorstellung [...] der Quantität verbunden«.[7] Erst innerhalb dieser Gemeinsamkeit wird die eigentliche Trennungslinie zwischen Kants und Klopstocks Begriffen des Erhabenen erkennbar. Der Klopstocksche »Schauplatz des Erhabnen« sind »die Stufen der starken und der stärkern Empfindung« als Korrelate dionysischer Wortbewegung, ob deren Inhalte nun Eistanz oder Religion, Vaterlands- oder Freundesliebe, Frieden oder Krieg, Revolution oder die Dichtung selbst sind. Kant dagegen läßt die erhaben-erhebende Bewegung nur dann als solche gelten, wenn sie eine Richtung auf »reine intellectuelle Zweckmäßigkeit bei sich führt«. Die folgende Invektive gegen bloß »stürmische Gemüthsbewegungen« kann daher zugleich als implizite Klopstock-Kritik gelesen werden:

Aber auch stürmische Gemüthsbewegungen, sie mögen nun unter dem Namen der Erbauung mit Ideen der Religion, oder als bloß zur Cultur gehörig mit Ideen, die ein gesellschaftliches Interesse enthalten, verbunden werden, können, so sehr sie auch die Einbildungskraft spannen, keinesweges auf die Ehre einer *erhabenen* Darstellung Anspruch machen, wenn sie nicht eine Gemüthsstimmung zurücklassen, die, wenn gleich nur indirect, auf das Bewußtsein seiner Stärke und Entschlossenheit zu dem, was reine intellectuelle Zweckmäßigkeit bei sich führt (dem Übersinnlichen), Einfluß hat. Denn sonst gehören alle diese Rührungen nur zur *Motion*, welche man der Gesundheit wegen gerne hat.[8]

Dem letzten Satz braucht man nur die pejorative Wertung zu nehmen, um in der Tat eine Besonderheit des Klopstockschen Erhabenen zu erfassen. Die abstrakte Bewegungsemphase seiner Darstellungslehre, wie sie auf der keineswegs abstrakten, sondern historisch wie literarästhetisch sehr motivierten Theorie der metrischen Wortbewegung als sprachlichen Tanzes beruht, hat trotz ihres aufgesetzten Moralismus mehr mit der »Motion, welche man der Gesundheit wegen gerne hat«, als mit einer Kantischen Erhebung zum Bewußtsein des reinen Sittengesetzes gemeinsam. Und das gilt nicht nur für die Eistanz-Oden, die nicht weniger erhaben stilisiert sind als die Oden über Gott oder die Freundesliebe. Vollends bis ins Komische gesteigert, eben darum aber um so aufschlußreicher ist diese strukturelle Trennung des Erhabenen in sich selbst in der alkäischen Ode über das Zureiten und die Fähigkeiten der Stute Iduna Hensler:

Unterricht.

$$\cup - \cup - \cup, - \cup \cup - \cup \cup,$$
$$\cup - \cup - \cup, - \cup \cup - \cup \cup.$$
$$\cup - \cup - \cup - \cup - \cup.$$
$$- \cup \cup - \cup \cup - \cup - \cup.$$

Iduna Hensler grüßet, mein Stolberg, dich
Und sagt dir leichthinspielenden Ganges, hoch
Den Kopf, die Mähn' im Fluge: daß sie
Bei der entscheuchenden Kerze Schimmer

In diesem stets noch starrenden Winter (ach,
Zum Erstenmale wagt' ich, die mürrischen
Ostwinde meidend, nicht, der Eisbahn
Tönende Flügel mir anzulegen)

Durch mich zum Aufsitz stehen gelernt, durch mich
Gelernet kurzen Zephyrgalopp, verlernt,
Doch nicht zu sehr, den allzufrohen,
Launigen Schwung in die Läng' und Breite!

Hat sie, von mir auch so durch den Fluß zu fliehn
Gelehrt, daß spritzend Wasser den Blick mir traf,
Von selbst nicht in dem See einst halbe
Kreise gemacht mit des Rehes Ansprung?

Sie sagt dir ferner, wiehert es obenein:
Mit goldner Buckel sei, dir zu Ehren, ihr
Der Zaum geschmückt. Was Buckel? sie sei
Schöner, als deine Olympione!

Das wirst du neiden, wenn ich im Lenze dir
Und Bernstorff, nach dem langen Geharr im Busch,
Sobald des Gleises Wölkchen herwallt,
Schnell aus dem Schatten entgegen fliege.[9]

Was Rang und aktuelle Lesbarkeit von Klopstocks Dich-
tung beeinträchtigt, ist nicht diese substantielle Indifferenz
ihrer zum Erhabenen gesteigerten Bewegungsemphase,
sondern eher umgekehrt die Verstellung ihres Tanzes durch
die Pseudomorphose ihrer formalen Erhabenheit an die
substantielle Erhabenheit angestrengt hoher Inhalte, die
schon Klopstocks Zeitgenossen weitgehend ungenießbar
waren. Erhaben ist bei Klopstock vor allem die Dichtung
selbst, kraft der Bewegungsenergie ihrer rhythmischen und
grammatischen Form. Daher auch die große interpretative
Relevanz der Gedichte über Dichtung. Sie eröffnen ebenso

wie die Eistanz- oder Reitgedichte die Möglichkeit der Disjunktion von formaler und substantieller Erhabenheit, von hohem Ton und hohen Gegenständen in Klopstocks Werk. Und eben diese un-Kantische Disjunktion ist nicht nur ein weiterer moderner Zug des Odentanzes, sondern zugleich eine Chance statt eine Bedrohung seines Fortlebens.

Im Zeichen des Erhabenen als stärkster Bewegung gewinnt auch die wesentliche Wortlosigkeit Klopstockscher Darstellung eine weitere Motivation. Sie koinzidiert nämlich als immanentes Moment der Theorie sprachlichen Tanzes mit einer seit Longin kanonischen Bestimmung des Erhabenen: dem Verstummen, dem Schweigen, der Ausdruckslosigkeit als höchstem Ausdruck. Die berühmte Stelle bei Longin lautet:

Die bloße Vorstellung für sich, auch wenn sie stumm bleibt, (erheischt) nur eben durch [die in ihr ausgedrückte] Seelengröße unsere Bewunderung: das Schweigen des Aias bei der ›Totenbeschwörung‹ ist in seiner Größe erhabener als alles, was Rede wird.[10]

Bis hin zu Benjamins Theorie des tragischen Verstummens und allgemeiner des »Ausdruckslosen« als »erhabner Gewalt«, die »der Dichtung ins Wort fällt«[11], bleibt Longins Apotheose emphatischer Wortlosigkeit ein mal mehr, mal weniger expliziter Topos der Analytik des Erhabenen. Auch deshalb war es für Klopstock nur ein kleiner topologischer Schritt, die »nicht in den Worten« aufgehende Wortbewegung mit dem wortlos Erhebenden zusammenzudenken. Der Primat des formalen Motivs vor einer Metaphysik des Erhabenen entsubstantialisiert dabei allerdings das Wortlose. Denn der markante Satz über das durch die Dichtung wandelnde Wortlose macht die punktuelle stumme Pathosformel nicht nur zu einem strukturellen Effekt der Sprachbewegung überhaupt, er wählt auch einen weniger pathetischen Vergleich, der wie Longins Beispiel aus Homer stammt: An die Stelle des vor übergroßem Groll verstummenden Helden treten die »in Homers Schlachten nur von wenigen gesehnen Götter« als abwesend anwesende Agenten des Geschehens. Also die reine Struktur der Abwesenheit als sichtbarer Entität bei gleichzeitig anwesender Wirkung begründet den Vergleich mit dem, was wortlos ist und doch durch ein Gedicht wandelt. Das substantiell erhabene Verstummen formalisiert sich, unbeschadet der Klopstockschen Intention auf das genus sublime, zur darstellenden Realisation von etwas, das nicht gesagt und doch in der schwer faßbaren Wortbewegung zu fassen ist.

Bewegungsmaximum und Versetzung mit Wortlosigkeit – im Zeichen dieser beiden Elemente untergräbt Klopstocks Theorie des Erhabenen den scheinbar vorkritischen Gegenstandsbegriff, an den sie die Explikation von Darstellung bindet. »Der Gegenstand muß darstellbar sein« (167), lautet ein basales und scheinbar triviales Postulat dieser Darstellungstheorie, die damit auf die Unterscheidung eines gegebenen Gegenstandes und seiner nachträglichen Vorstellung zurückzufallen scheint. Die Formel für die Erfüllung dieses Postulats negiert jedoch deren begriffliche Grundausstattung. Sie lautet nämlich: »Der Gegenstand ist vornehmlich alsdann darstellbar, wenn er erhaben ist« (168). Oder mit einer analogen Formel der *Gelehrtenrepublik*: »Erhabne Gegenstände [...] können vorzüglich deutlich vorgestellt werden.«[12] Diese Sätze sind nur denkbar kraft einer Subversion des Gegenstandsbegriffs. Denn das Erhabene erfährt von Longin bis Kant die genau gegenteilige Prädikation: virtuell undarstellbar, weil kraft seiner Größe alle Grenzen sprengend, und ebensosehr eher dunkel, undeutlich als deutlich zu sein. Kant hat am schärfsten gesehen, »daß wir uns überhaupt unrichtig ausdrücken, wenn wir irgendeinen

Gegenstand [...] erhaben nennen«; denn »das eigentliche Erhabene kann in keiner sinnlichen Form enthalten sein«. Es gibt von ihm »keine [...] angemessene Darstellung«, vielmehr beruht es gerade auf der Reflexion dieser »Unangemessenheit«.[13] Auch mit der Deutlichkeit dieser unangemessenen Darstellung eines in keiner sinnlichen Form enthaltenen Gegenstandes ist es nach Kant nicht weit her: »vielmehr [im] Chaos oder in [der] wildesten, regellosesten Unordnung und Verwüstung, wenn sich nur Größe und Macht blicken läßt, [werden] die Ideen des Erhabenen am meisten erregt«.[14] Auch Klopstock erklärt ja, wie bereits erwähnt, die Stilprinzipien der hohen und schönen Unordnung (beau désordre) – »Unvermutetes, scheinbare Unordnung, schnelles Abbrechen des Gedankens, erregte Erwartung« (168) – zu wesentlichen Elementen der (Oden-) Darstellung.

Warum also dennoch die provokative Auszeichnung des Erhabenen nicht nur als eines »Gegenstandes«, sondern sogar als eines besonders »deutlich« und gut »darstellbaren« Gegenstandes? Eben weil – so könnte die paradoxe Antwort lauten – es gerade tendenziell ungegenständlich ist und damit Klopstocks Angriff auf Gegenstand und Repräsentation, ihrer Auflösung in *Bewegung* entspricht. Der Extrem-Denker Klopstock gebraucht den Gegenstandsbegriff gerade da, wo es um die stärkste »Bewegung«, ja um eine fast schon Fichtesche Paradigmenverschiebung vom Ding zur »Handlung« geht. Jede vorkritische Gegenstandsästhetik wird damit radikal erschüttert. Pointiert formuliert: nur weil das Erhabene als schnellere, höhere, weitere Bewegungsenergie gerade nicht-gegenständlich und als Gegenstand wesentlich undarstellbar ist, bezeichnet es Klopstock überhaupt als die Darstellbarkeit und den Gegenstand der Poesie schlechthin. Und nur weil es dabei um einen ›dionysischen‹ Tanz in Grammatik und Metrum mit allen Ingredienzien offenbarer logischer Unordnung und Undeutlichkeit geht, privilegiert das Erhabene besonders »deutlich« die Dominante von Klopstocks Dichtung, eben die Wortbewegung an sich selbst.

Zitate aus den in der vorliegenden Ausgabe enthaltenen Schriften Klopstocks sind im laufenden Text durch in Klammern gesetzte Zahlen (= Seitenzahlen) nachgewiesen.

1 In denjenigen Passagen des folgenden Klopstock-Porträts, die im wesentlichen gesichertes ›Wissen‹ der Klopstock-Forschung aufbereiten, bin ich vor allem vier herausragenden Büchern verpflichtet: Irmgard Böger, *Bewegung als formendes Gesetz in Klopstocks Oden*, Berlin 1939; Hans-Heinrich Hellmuth, *Metrische Erfindung und metrische Theorie bei Klopstock*, München 1973; Ernst Kaußmann, *Der Stil der Oden Klopstocks*, Leipzig 1931 (Diss.); Karl Ludwig Schneider, *Klopstock und die Erneuerung der deutschen Dichtersprache im 18. Jahrhundert*, Heidelberg 1960. In zweiter Linie sind zu nennen: Kevin Hilliard, *Philosophy, Letters, and the Fine Arts in Klopstock's Thought*, London 1987; Gerhard Kaiser, *Klopstock: Religion und Dichtung*, Gütersloh 1963; Hans-Henrik Krummacher, *Friedrich Gottlieb Klopstock*, in: *Deutsche Dichter des 18. Jahrhunderts*, hg. von Benno v. Wiese, Berlin 1977, S. 190-209.

Der Lehrling der Griechen –
Nachahmung der antiken Vers- und
Strophenformen

1 G.E. Lessing, *Briefe, die neueste Literatur betreffend* (51. Brief), in: Lessing, *Sämtliche Schriften*, hg. von Karl Lachmann, Bd. 8, Stuttgart ³1892, S. 141.

2 a.a.O., S. 140.

3 ebda.

4 Vgl. Böger, a.a.O., S. 45.

5 J.J. Breitinger, *Critische Dichtkunst*, 2 Bde., Zürich und Leipzig 1740 (Reprint Stuttgart 1966), Bd. 1, S. 60.

6 ebda.

7 Vgl. Schneider, a.a.O., S. 92ff.

8 Vgl. Pseudo-Longinos, *Vom Erhabenen*, griech. und deutsch, hg.

von Reinhard Brandt, Darmstadt 1966, S. 75. Als absolute Regel galt Longins Bemerkung über die Konjunktionen für Klopstocks Zeitgenossen und auch für ihn selbst keineswegs. Breitinger etwa ergänzte in seiner *Critischen Dichtkunst* Longins Tilgungsdevise um ihr direktes Gegenteil: auch eine ungewöhnliche Häufung der »Verbindungs-Wörter« stehe der »hertzrührenden Schreibart« gut an (Bd. 2, S. 375).

9 Vgl. Böger, a.a.O., S. 77f., 125.

10 Norbert von Hellingrath, *Pindarübertragungen von Hölderlin*, Jena 1911, S. 1ff.

11 Vgl. Schneider, a.a.O., S. 33ff.

12 Vgl. a.a.O., S. 16ff.

13 Vgl. Böger, a.a.O., S. 122 (auch 22ff., 57ff.); zum Dionysischen ebenso Bernhard Böschenstein, *Klopstock als Lehrer Hölderlins*, in: B.B., *Leuchttürme. Von Hölderlin zu Celan. Wirkung und Vergleich*, Frankfurt a.M. 1977, S. 44-63.

14 Vgl. Schneider, a.a.O., S. 19, 39ff.

15 Zit. nach: Schneider, a.a.O., S. 39.

16 Zit. nach: ebda.

17 Zit. nach: a.a.O., S. 40.

18 Klopstock, *Grammatische Gespräche*, zit. nach: *Klopstocks sämmtliche Werke*, 10 Bde., Leipzig 1854-55 (im folgenden zitiert als *SW*), Bd. 9, S. 70.

19 Vgl. Kaußmann, a.a.O., S. 100.

20 Vgl. Böger, a.a.O., S. 41.

21 Vgl. Schneider, a.a.O., S. 38.

22 Vgl. a.a.O., S. 50.

23 Martin Opitz, *Buch von der Deutschen Poeterey* (1624), hg. von Cornelius Sommer, Stuttgart 1970, S. 49.

24 Vgl. auch Breitingers zeitgenössische Forderung nach größerer formaler »Mannigfaltigkeit« im »Bau des deutschen Verses« in: *Critische Dichtkunst*, Bd. 2, S. 447.

25 Quem tu, Melpomene, semel
    nascentem placido lumine videris,
illum non labor Isthmius
    clarabit pugilem, non equos inpiger

curru ducet Achaico
    victorem, neque res bellica Deliis
ornatum foliis ducem,
    quod regum tumidas contuderit minas,

ostendet Capitolio:
    sed quae Tibur aquae fertile praefluunt
et spissae nemorum comae
    fingent Aeolio carmine nobilem.

Romae, principis urbium,
    dignatur suboles inter amabilis
vatum ponere me choros,
    et iam dente minus mordeor invido.

o testudinis aureae
    dulcem quae strepitum, Pieri, temperas,
o mutis quoque piscibus
    donatura cycni, si libeat, sonum,

totum muneris hoc tui est,
    quod monstror digito praetereuntium
Romanae fidicen lyrae;
    quod spiro et placeo, si placeo, tuum est.

Wen du, Melpomene, einmal
    bei der Geburt mit freundlichem Auge angeschaut,
den wird nicht Leistung am Isthmos
    berühmt machen als Faustkämpfer, nicht wird ihn das feurige
                                                        Pferd

führen auf achäischem Wagen
    als Sieger, noch wird ihn kriegerische Tat, mit delischem
Laube geschmückt als Feldherrn,
    da er niederschlug der Könige stolzes Drohen,

geleiten zum Kapitol;
    nein, die Wasser, die am fruchtbaren Tibur vorüberfließen,
und der Haine dichtsprossendes Haar
    werden ihn durch äolischen Sang berühmt machen.

Romas, der Fürstin der Städte,
    Jugend achtet es wert, unter die liebenswerten
Chöre der Sänger mich einzureihn,
    und schon nagt minder an mir des Neides Zahn.

O die du der goldenen Leier
    süßen Klang, pierische Göttin, ertönen läßt,
o die du selbst stummen Fischen
    verleihen könntest, wenn so dir's gefällt, des Schwanes Lied:

ganz ist dieses Gabe von dir,
    daß auf mich weist der Finger der Vorüberschreitenden
als den Spielmann der römischen Lyra;
    daß ich atme und daß ich gefalle, wenn ich gefalle, ist dein!

(Übersetzung von Bernhard Kytzler in: Horaz, *Oden und Epoden*, hg. von Bernhard Kytzler, Stuttgart ²1981.)

26 Vgl. Hans-Peter Syndikus, *Die Lyrik des Horaz. Eine Interpretation der Oden*, Darmstadt 1972, Bd. 1, S. 11.
27 Vgl. a.a.O., S. 3ff.
28 J. G. Herder, *Briefe über das Lesen des Horaz*, in: *Herders Sämmtliche Werke*, hg. von Bernhard Suphan, Bd. 24, Berlin 1886, S. 211.
29 Vgl. insbesondere die zweite Strophe der Ode *Auf meine Freunde* (1747).
30 Vgl. Hellmuth, a.a.O., S. 107f., 139ff.

Vergleichende Prosodie und Verslehre

1 Andreas Heusler, *Deutscher und antiker Vers*, Straßburg 1917.
2 Ulrich von Wilamowitz-Moellendorf, *Griechische Verskunst*, Darmstadt 1984, S. 7.
3 Heusler, a.a.O., S. 12.
4 *SW* 10, S. 56. Klarer als Klopstock hat schon sein Gewährsmann Breitinger die Grenzen der »nicht durchgehends wahren« Annahme formuliert, »daß jede lange Sylbe einen hohen Accent, und jeder hohe Accent eine lange Sylbe erfodere« (*Critische Dichtkunst*, Bd. 2, S. 440).
5 Vgl. die analoge Brechung eines ›objektiven‹ Zeitbegriffs in Her-

ders *Shakespeare*-Aufsatz, in: J. G. Herder, *Sämmtliche Werke*, hg. von Bernhard Suphan, Bd. 5, Berlin 1891, S. 227.

6 Martin Opitz, *Buch von der Deutschen Poeterey* (1624), Stuttgart 1974, S. 49.

7 Wer Klopstocks sprachvergleichende Überlegungen zu Prosodie und Vers am zeitgenössischen Reflexionsniveau messen möchte, sei verwiesen auf die verdienstvolle Textzusammenstellung und kommentierte Bibliographie *Die Lehre von der Nachahmung der antiken Versmaße im Deutschen*, hg. von Hans-Heinrich Hellmuth und Joachim Schröder, München 1976.

8 *Grammatische Gespräche*, SW 9, S. 214.

9 ebda.

10 *Vom Sylbenmaße*, in: *SW* 10, S. 173.

11 Vgl. *Vom deutschen Hexameter*, 71-77, 81-82, 105, 108-111.

12 *Die deutsche Gelehrtenrepublik*, zit. nach: F. G. Klopstock, *Werke und Briefe*, Historisch-kritische Ausgabe, VII, 1, hg. von Rose-Maria Hurlebusch, Berlin/New York 1975, S. 183.

13 Vgl. A. W. Schlegel, *Der Wettstreit der Sprachen. Ein Gespräch über Klopstocks grammatische Gespräche* (1798), in: A. W. Schlegel, *Kritische Schriften und Briefe*, Bd. 1, hg. von Edgar Lohner, Stuttgart 1962, S. 237 f.

Empirische Parameter der Wortbewegung

1 Dabei unterläuft Klopstock eine unnötige Einschränkung der Möglichkeit von Verhältnisbestimmungen. »Lauter Längen« und »lauter Kürzen«, so Klopstock, können »keinen« Tonverhalt haben (127). Abgesehen davon, daß wohl keine Sprache die Möglichkeit zu bloßen Längen- und Kürzenreihen hergibt – selbst die exzentrischsten Maße Klopstocks kennen nicht mehr als sechs Senkungen oder Hebungen in Folge –, stimmt diese Einschränkung auch mit Blick auf kleine Silbengruppen nicht. Erstens ist auch die Nulldifferenz in ⌣ ⌣ (Pyrrhich) oder − − (Spondeus) ein Verhältnis. Zweitens hat, was als einzelner Versfuß keinen Tonverhalt haben mag, diesen doch allemal in der Relation zu anderen, insbesondere zu den benachbarten Füßen. Mit seinen beschränkten analytischen Mitteln kann Klopstock eigentlich nur den Tonverhalt einzelner

künstlicher bzw. Wortfüße erfassen (*Vom deutschen Hexameter*, 138ff.). Tonverhaltsbestimmungen ganzer Strophen sucht man bei ihm daher auch vergebens. Seine metrische Charakteristik größerer Einheiten beschränkt sich vielmehr ganz auf die Dimension des Zeitausdrucks. Diese der eigenen Theorie zuwiderlaufende Disjunktion von Zeitausdruck und Tonverhalt in der metrischen Bestimmung der Strophen verweist auf elementare Mängel des analytischen Instrumentariums Klopstocks. Er hat sie übrigens selbst offengelegt; denn bei seiner metrischen Einteilung der Strophen in *Vom gleichen Verse* sagt er vom Tonverhalt, daß er zwar »den lyrischen Versarten [...] vorzüglich angehöre«, aber bei seiner »Einteilung nicht in Betracht (komme)« (35).

Die Einschränkung des Tonverhalts auf Silbenfolgen mit unterschiedlichen Zeitwerten bringt auch eine Differenzierung zwischen Rhythmus und Bewegung mit sich, die hier unberücksichtigt bleibt. »Reihen von lauter Längen oder lauter Kürzen haben nur Bewegung und zwar eine sehr ausdrückende; aber keinen Rhythmus« (zit. nach: Hellmuth, a.a.O., S. 249). Wortbewegung gibt es demnach schon allein in der Dimension des Zeitausdrucks, Rhythmus dagegen nur in der Kombination von Zeitausdruck und Tonverhalt. Da in der Regel aber »Zeitausdruck und Tonverhalt [...] immer zusammen« sind (128) – außer eben in den rein theoretischen Extremfällen reiner Längen- und Kürzenreihen –, fällt diese Differenzierung de facto nicht ins Gewicht, und man kann den Begriff Wortbewegung mit den Phänomenen von Metrum und Rhythmus koextensiv setzen. Dabei denkt Klopstock allerdings das Metrum dominant vom Zeitausdruck, den Rhythmus dominant vom Tonverhalt her – ohne doch in der jeweiligen Dominantensetzung den anderen Pol ganz auszuschließen.

2 *Grammatische Gespräche*, SW 9, S. 198.

Metaphysik der Metrik:
Wortlose Wortbewegung als Erbin der rhetorischen
Lehre von Pathos und movere

1 Zit. nach: Hellmuth, a.a.O., S. 243.
2 Hierauf beschränkt sich die gründliche Arbeit von Kevin Hilliard

(a.a.O.), deren Grundgedanken in einem Aufsatz von Hans-Henrik Krummacher vorgezeichnet sind (a.a.O.), Klopstocks ›Originalität‹.

3 Zit. nach: F. G. Klopstock, *Werke und Briefe*, Abt. Werke II (*Epigramme*), hg. von Klaus Hurlebusch, Berlin/New York 1982, S. 54.

4 Vgl. Carsten Zelle, »*Die Schaubühne hat ihre eigene Sittlichkeit.*« *Zur Trennung von moralischem Urteil und ästhetischem Blick im 18. Jahrhundert*, in: *Akten des VII. Internationalen Germanisten-Kongresses*, Bd. 8, hg. von Albrecht Schöne, Tübingen 1987, S. 40 ff.

5 Vgl. Hilliard, a.a.O., S., 172 ff.

6 Johann Christoph Gottsched, *Versuch einer Critischen Dichtkunst*, Leipzig ⁴1751 (Reprographischer Nachdruck Darmstadt 1982), S. 356.

7 Die Berücksichtigung der Semantik qua Akzent und Wortfußgliederung gilt nur dem abstrakten Faktum bedeutungstragender Silben überhaupt, nicht aber ihrer konkreten Bedeutung im einzelnen. Oder anders: die Semantik wirkt wohl als eine Ansprüche an die Prosodie stellende Größe, nicht aber als Semantik im ›eigentlichen‹ Sinn in die Metrik hinein.

8 In den *Grammatischen Gesprächen* wird dieses Dreischichten-Modell modifiziert zu einer Unterscheidung von »fünferley Ausdruck«. Zu Inhalt, Bewegung und Klang treten noch zwei sonst unter dem Term »Inhalt« begriffene ›Ausdrücke‹: die »umendenden und umbildenden Veränderungen« der Stammworte sowie die syntaktische »Stellung« (*SW* 9, S. 298).

9 Vgl. *Vom Sylbenmaße*, *SW* 10, S. 163 und *Epigramme*, a.a.O., S. 53 und 54 (Nr. 158 und 161).

10 *Epigramme*, a.a.O., S. 21.

Dichtung als Tanz

1 Klopstock, *Oden*, hg. von Franz Muncker und Jaro Pawel, 2 Bde., Stuttgart 1889 (im folgenden zitiert als *Oden*), Bd. I, S. 219.

2 *Oden* I, S. 172 f.; vgl. auch Hellmuth, a.a.O., S. 183-188.

3 *Oden* I, S. 237.

3a *Die deutsche Gelehrtenrepublik*, S. 69.

4 Vgl. Hilliard, a.a.O., S. 23.

5 Vgl. a.a.O., S. 68f.

6 Die bisherigen Arbeiten über Klopstocks Schrift *Von dem Range der schönen Künste und der schönen Wissenschaften* gehen erstaunlicherweise fast überhaupt nicht auf die Rolle des Tanzes ein. Vgl. Wilhelm Große, »*Von dem Range der schönen Künste und der schönen Wissenschaften« – Klopstocks poetologische Programmschrift*, in: *Friedrich Gottlieb Klopstock*, hg. von Heinz Ludwig Arnold, München 1981, S. 29-44 und Hilliard, a.a.O., S. 127ff.

7 Herder, *Briefe über das Lesen des Horaz*, a.a.O., S. 207.

8 *Vom Sylbenmaße*, SW 10, S. 163. Ebenso *Vom deutschen Hexameter*, oben, S. 128.

9 *Epigramme*, a.a.O., S. 21.

10 Novalis, *Schriften*, Dritter Band: *Das philosophische Werk* II, hg. von Richard Samuel in Zusammenarbeit mit Hans-Joachim Mähl und Gerhard Schulz, Stuttgart ²1968, S. 372.

11 Novalis, *Schriften*, Zweiter Band: *Das philosophische Werk* I, Stuttgart ³1981, S. 533.

12 Herder, *Terpsichore*, in: *Sämmtliche Werke*, hg. von Bernhard Suphan, Bd. 27, Berlin 1881, S. 163.

13 Herder, *Sämmtliche Werke*, hg. von Bernhard Suphan, Bd. 20, Berlin 1880, S. 330.

14 *Oden* I, S. 225.

Bilderlosigkeit

1 *Oden* I, S. 183.

2 Vgl. Gerhard Kaiser, a.a.O., S. 288ff.

3 Diese Bestimmung widerspricht teilweise Roman Jakobsons Zuordnung der Metonymie via Kontiguität zum Syntagma. Eine eingehende Kritik von Jakobsons näheren Ausführungen zur Metonymie könnte aber leicht zeigen, daß zwischen der Definition der Metonymie von der Kontiguität her und dem, was als Anreihungsbeziehung im Syntagma erscheint, eine Lücke klafft. Die Metonymie – zumindest in ihrem traditionellen rhetorischen Verständnis, dem Jakobson mit seiner Bevorzugung der pars-pro-toto-Beispiele

entgegenkommt – gründet zwar auf Kontiguität, aber diese Kontiguität *erscheint nicht* im Syntagma, sondern liegt diesem quasi voraus. Das benachbarte Glied der Metonymie ruht genauso *virtuell* und *vertikal* auf dem erscheinenden Signifikanten wie das ähnliche Glied der Metapher. *In* der Zeichenkette als Syntagma wirkt die Metonymie genauso wenig syntagmatisch wie die Metapher, denn ihre Bildung – Beispiel: die Substitution des pars für das totum – gehört selbst noch auf die Ebene der Selektion der Terme eines Satzes und findet insofern wesentlich in einem auf Kontiguitätsbeziehungen gründenden Paradigma statt. Daß diese Kontiguität direkt als Syntagma erscheint, mag zwar – wie Jakobson mehrfach argumentiert hat – die Besonderheit des ›realistischen‹ Prosastils ausmachen, stellt in rhetorischer Hinsicht aber eher eine Ausnahme dar.

Eine analoge Kritik gilt übrigens für Jakobsons Zuordnung der Metapher via Ähnlichkeit zur paradigmatischen Achse der Sprache. Sie trifft zwar für die traditionellen rhetorischen Beispiele zu, nicht aber für Jakobsons Ausdehnung des Metaphern-Begriffs auf nichtsemantische Ähnlichkeitsbeziehungen wie Metrum, Rhythmus und Reim. Reimworte oder metrische Schemata können zwar zu Paradigmen geordnet werden, aber wesentlich ist ihnen doch, daß beide Pole der Ähnlichkeitsbeziehung stets auch im Syntagma *erscheinen*, während in der herkömmlichen Metapher das (zweite) ähnliche Glied virtuell (in absentia) bleibt. Auch wenn man also die Bestimmung von Metapher und Metonymie durch Ähnlichkeit bzw. Kontiguität aufrechterhält – Jakobsons Amalgamierung dieser Unterscheidung mit derjenigen von Paradigma und Syntagma ist trügerisch.

Darstellung, Aktion, Leben

1 Vgl. Max Kirschstein, *Klopstocks Deutsche Gelehrtenrepublik*, Berlin und Leipzig 1928, S. 173.
2 Vgl. a. a. O., S. 175 ff.
3 Immanuel Kant, *Kritik der Urtheilskraft*, in: *Kants gesammelte Schriften*, hg. von der Königlich Preußischen Akademie der Wissenschaften, Berlin 1908-13, Bd. V, S. 351 f.
4 Klopstock, *Einleitung* zu den *Geistlichen Liedern*, SW 5, S. 48.

5 ebda.

6 *Die deutsche Gelehrtenrepublik*, a.a.O., S. 10.

Seele und Herz, Empfindung und Leidenschaft

1 *Einleitung* zu den *Geistlichen Liedern*, SW, 5, S. 48.

Täuschung, Schein

1 *Laokoon: oder über die Grenzen der Mahlerey und Poesie*, in: G.E. Lessing, *Sämtliche Schriften*, hg. von Karl Lachmann, Bd. 9, Stuttgart 1893, S. 3.

2 Novalis, *Das philosophische Werk* I, a.a.O., S. 181.

Theorie des Erhabenen

1 Longin, *Vom Erhabenen*, a.a.O., S. 65 und 39.

2 a.a.O., S. 103.

3 a.a.O., S. 73.

4 a.a.O., S. 57.

5 Edmund Burke, *Philosophische Untersuchung über den Ursprung unserer Ideen vom Erhabenen und Schönen*, hg. von Werner Strube, Hamburg 1980, S. 72.

6 Kant, *Kritik der Urtheilskraft*, a.a.O., S. 258.

7 a.a.O., S. 244.

8 a.a.O., S. 273.

9 *Oden* II, S. 23 f.

10 Longin, *Vom Erhabenen*, a.a.O., S. 43.

11 Walter Benjamin, *Goethes Wahlverwandtschaften*, in: W.B., *Gesammelte Schriften* I, hg. von Rolf Tiedemann und Hermann Schweppenhäuser, Frankfurt a.M. 1974, S. 181 f.

12 *Die deutsche Gelehrtenrepublik*, a.a.O., S. 74.

13 Kant, *Kritik der Urtheilskraft*, a.a.O., S. 245.

14 a.a.O., S. 246.

Klassische deutsche Literatur
im insel taschenbuch

Klassische deutsche Literatur
im insel taschenbuch

161/2/7.88

Klassische deutsche Literatur
im insel taschenbuch

Klassische deutsche Literatur
im insel taschenbuch

Johann Wolfgang von Goethe: Faust. Zweiter Teil. Mit Federzeichnungen von Max Beckmann. Mit einem Nachwort zum Text von Jörn Göres und zu den Zeichnungen von Friedhelm Fischer. it 100

– Urfaust. Faust. Ein Fragment. Faust. Eine Tragödie. Paralleldruck der drei Fassungen. 2 Bde. Herausgegeben von Werner Keller. it 625

– Frühes Theater. Mit einer Auswahl aus den dramaturgischen Schriften 1771–1828. Herausgegeben und mit einem Nachwort von Dieter Borchmeyer. it 675

– Gedichte in zeitlicher Folge. Eine Lebensgeschichte Goethes in seinen Gedichten. 2 Bde. Herausgegeben von Heinz Nicolai. it 350

– Die guten Frauen als Gegenbild der bösen Weiber. Mit Kupferstichen von Johann Heinrich Ramberg aus dem Taschenbuch für Damen auf das Jahr 1801. it 925

– Hermann und Dorothea. Mit Aufsätzen von August Wilhelm Schlegel, Wilhelm von Humboldt, Georg Wilhelm Friedrich Hegel und Hermann Hettner. Mit zehn Kupfern von Catel. it 225

– Historische Schriften. Eine Auswahl in biographischer Folge. Herausgegeben von Horst Günther. Mit Zeichnungen von Goethe. it 650

– Italienische Reise. 2 Bde. Mit vierzig Zeichnungen des Autors. Herausgegeben und mit einem Nachwort versehen von Christoph Michel. it 175

– Klassisches Theater. Herausgegeben und mit einem Nachwort von Dieter Borchmeyer. it 700

– Die Leiden des jungen Werther. Mit einem Essay von Georg Lukács und einem Nachwort von Jörn Göres. Mit zeitgenössischen Illustrationen von Daniel Nikolaus Chodowiecki und anderen. it 25

– Märchen. Der neue Paris. Die neue Melusine. Das Märchen. Herausgegeben und erläutert von Katharina Mommsen. it 825

– Der Mann von funfzig Jahren. Mit einem Nachwort von Adolf Muschg. it 850

– Maximen und Reflexionen. Text der Ausgabe von 1907 mit den Erläuterungen und der Einleitung Max Heckers. Nachwort von Isabella Kuhn. it 200

– Novellen. Herausgegeben und mit einem Nachwort versehen von Katharina Mommsen. Mit Federzeichnungen von Max Liebermann. it 425

– Pandora. Herausgegeben von Manfred Fuhrmann. it 1075

– Reineke Fuchs. Mit Stahlstichen nach Zeichnungen von Wilhelm Kaulbach. it 125

161/5/7.88